論立法權

戚淵 著

五南圖書出版公司 印行

目錄

第五章　法律的概念 173

第六章　立法與自然秩序　　　　　207

導　言

立法權的概念涉及本體論、認識論和方法論三個方面的課題。

在本體論方面，立法權涉及法律的實體（包括法律的理念、法律的性質、以及法律的實體、關係，法律的屬性以及實體與屬性之間的關係與區別）；法律的載體（包括法律的質料、法律的形式，以及兩者結合構成的複合物）；法律的範圍（以區別法律與其他規範或規則）。法律的實體首先是作爲第一存在的實體，即作爲基礎的實體，其次是作爲第一存在即基礎實體的枝幹實體。法律的第一存在即基礎實體是自然。法律的基礎實體是一個整體，這個整體包含著其各個屬性的性質及它們的關係。如同自然物是自然的屬性那樣，法律的基礎實體與法律的實體存在著實體與屬性的關係。法律的基礎實體先於法律的實體的定義，也就是說，對法律實體的定義必須包含基礎實體的涵義和意義。法律的基礎實體先於認識；基礎實體的存在是終極的，它不述說主體，因此它先於主體的認識；它先於高於大於認識主體，因爲它本身就是主體。法律的理念存在於法律的基礎實體之中。法律的理念與法律的基礎實體互相生產。從法律的基礎實體中生產的理念進而生產法律的實體。

實質定義獲得因種的差別產生的概念。[1]職是之故，便有各類法律產生；各類法律便是具有各不相同的性質進而具有相互關係的諸實體。法律的載體是法律的實體的法律形式。法律的質料是具有基礎實體本性的東西，也就是說，法律的質料來源於自然。實體與質料的同一可以導致實體與載體的同一。正如人類是自然宇宙的一部分，法律也只是自然宇宙中的一種規範（自然宇宙同爲一體。天圓地方爲宇，古往今來是宙。春夏秋冬係自然範疇，卻是宇宙天體運行的結果）。因此，法律具有自然本性。法律的自然本性是法律自身是其所是的東西。法律的自然本性是法律區別於其他規範的東西，進而法律的自然本性決定法律的範圍。源於自然的法律的自然本性意味著法律是法律自然地之所是的東西。

---

[1] Aristotele, *Metaphysik* (Griechisch - Deutsch), 1038a11-13, Neuberarbeitung der Übersetzung von Hermann Bonitz, Mit Einleitung und Kommentar, herausgegeben von Horst Seidl, Griechischer Text in der Edition von Wilhelm Christ, Meiner, 1991.

　　在認識論方面，立法權涉及認識主體與認識客體的關係。認識主體是立法者，認識客體是法律本體論涉及的全部內容。就認識客體而言，如上所述，法律存在於自然之中。自然體現的是客觀辯證法。也就是說，在自然中存在的一切事物都是合乎辯證法的存在。就認識主體而言，人既具有自然性又具有超自然性。人的自然性意味著人來自於自然，生存在自然中；人是自然存在。人的超自然性意味著人具有認識自然的能力。人的認識特性和人對自然的認識能力不是爲了脫離自然，或者說擺脫人的自然性，而是更加深入自然，與自然融爲一體。立法就是對人與自然的關係、以及在自然中人與人之關係的反映。在認識法律的過程中，人的超自然性不能脫離自然性，因爲人只有具有自然性，才能有人的超自然性可言；人的超自然性存在於人的自然性之中。這一理解是因爲作爲自然存在的人與其他自然存在物一樣，要受到自然法則的制約。縱使人具有超自然性，人也不可能完全擺脫自然必然性的制約。人的認識能力體現出來的是主觀辯證法。認識論實際上就是主觀辯證法和客觀辯證法的結合。

　　認識與本體的聯繫產生於存在自然中的法律再現於作爲認識主體的立法者的思維之時。立法就是再現和複製自然中的法律。立法者的思維過程要受到自然運動過程的客觀辯證法的約束，這是因爲存在總是在時間上先於認識，即存在作用於認識主體的思維。但是，不是存在決定意識，而是本體先於認識。當立法者的認識活動與自然的運動過程一致時，主觀辯證法與客觀辯證法達到一致。經驗主義強調客觀辯證法的作用，先驗主義強調主觀辯證法的作用。認識始於經驗事實但須通過先驗邏輯論證表明眞理是通過經驗與先驗的結合而獲得的。同理，法律的獲得也是立法者綜合運用經驗知識和先驗知識的結果。

　　在方法論方面，法律的產生或是直接基於自然法則，或是基於自然法則所蘊含的理念，或是根據人類自身的性質從自然中發現法律。立法者在法律產生的程序中運用的方法是先驗演繹論證。先驗論證的方法要求演繹推理。演繹推理需要先驗範疇。先驗範疇存在自然之中。先驗範疇是通過先驗演繹獲得的。先驗演繹包括主觀演繹和客觀演繹兩個部分，即先驗演

繹由主觀演繹和客觀演繹構成。主觀演繹是從經驗（對立法對象的認識始於經驗）到先驗的演繹，是爲了獲得先驗範疇。通過主觀演繹獲得的先驗範疇是立法對象的客觀根據。客觀演繹是將主觀演繹獲得的先驗範疇作爲經驗的先天根據去論證該先驗範疇的普遍必然性和客觀有效性。[2]古希臘的自然哲學家和思想家從大自然的原初狀態中看到了萬物原本和諧地生長在大自然之中，構成一個公正和正義的自然秩序；自然正義適用於自然秩序中的萬事萬物，包括人類。因此，立法的論證程序以自然正義爲邏輯起點。在此前提下，立法者才可以運用其他立法方法。

立法的本體論關注「法律之所是」的問題；它包括法律自身的本質特性，法律存在何處，什麼是法律的存在，什麼是第一意義的法律存在，不同門類的法律是如何聯繫的，它們的關係如何等等。由於法律的第一存在即基礎實體是自然，因此，法律是什麼的問題應該到自然概念中去研究。

立法的認識論關注法律的起源、知性和理性在獲得法律中的作用，研究認識和發現法律的過程、規律，以及認識成果即法律的眞理性。從認識論的產生來看，沒有被反映者，就沒有認識的對象和內容，即認識客體；而作爲認識客體的法律，無論是它的第一存在還是第一存在的屬性即諸實體，都存在於和源於自然之中。因此，如何認識自然中的法律的問題也應該到自然概念中去研究。

立法的方法論關注法律的先驗範疇在法律中的體現和完全實現。自然正義不僅可以以名稱而且也可以以理念體現和實現於具體的法律之中。由於自然正義及其理念總是存在於自然之中，因此，立法者如何產生法律的問題仍應該到自然概念中去研究。

綜上可知，立法權、立法、法律的概念都在自然概念中；法學的哲學基礎是自然哲學。

2　Kant, *Critique of Pure Reason*, translated by Norman Kemp Smith, Macmillan and Co., Limited, A84ff/B116ff, 120ff. A110ff, 138ff.

　　哲學是關於自然宇宙觀的學說。自然哲學既是古希臘哲學的開端，當然也是世界哲學的開端。古希臘哲學通常被分爲三個時期：宇宙論時期（西元前600-450年）、人類學時期（西元前450-400年）和體系化時期（西元前400-322年）。[3]宇宙論時期就是自然哲學時期，這個時期的哲學家也被稱爲自然哲學家。

　　希臘哲學起源的直接背景由宇宙起源詩構成。宇宙起源詩是以神話形式敘述既有世界狀態的來歷，從而出現了「萬物的始基是什麼」、「萬物始基如何變成各個事物」、「各個事物又如何複歸於它們的始基」這些問題。首先解答這些問題的是西元前6世紀的米利都（Miletus）自然研究學派，三位主要代表是米利都學派創始人Thales（西元前624-546年）、米利都學派唯物主義哲學家、天文學家、數學家Anaximander（西元前610-546年）和自然哲學家Anaximenes（西元前585-528年）。當時，他們的方法是觀察物理、地理和天文學領域的基本現象，諸如地球如何形成，地球與天體中日月星辰的關係，太陽、月亮和行星的性質，它們運動的方式和原因。這些經驗現象遂成爲第一「哲學」的研究對象：本原的概念。「本原」在自然哲學時期以前的神話中被稱爲最高的神。Thales認爲萬物的本原是「水」，Anaximenes認爲萬物的本原是「氣」，Anaximander認爲萬物的本原是「無限」。他們認爲，宇宙物質的變化是按照確定的關係在始終同一的不變次序中進行的。宇宙萬物變化的和諧也是獨一無二的持續存在。這種和諧後來被稱作受自然規律性支配的一致性。古希臘唯物主義哲學家Heraklit（西元前535-475年）稱這種和諧爲天意、秩序、宇宙的理性。根據這種規定性，物理的、倫理的和邏輯的宇宙秩序表現出同一性。[4]

　　Heraklit認爲宇宙是一團永恆的活火，他將「火」解釋爲萬物的本原。根據永恆的宇宙法則，萬物都是從火中產生的。而Anaximenes也認

---

[3]　Wilhelm Windelband, *Lehrbuch der Geschichte der Philosophie*, Verlag von J. C. B. Mohr (Paul Siebuch) in Tubingen, 1924, S. 22.

[4]　Ibid., pp. 23-25, 27-31.

爲「土」是原始物質。這一時期的哲學家Empedocles（西元前493或495-432或435年）將土火氣水並列爲萬物始基；這就是著名的「四元素說」或「四根說」。[5]

　　古希臘自然哲學家從自然物和自然現象中獲得啟示，將自然界的有序原則和自然法則運用於城邦的生活。人被視爲自然的、生物意義上的人；人與其他動植物一樣受自然規律和自然法則的支配。規範城邦生活的「法」是自然規律和自然法則在人們觀念中的複本。這種自然觀成爲城邦個人生活和社會生活的共同基礎。

　　宇宙論時期以後的哲學家雖然沒有像自然哲學家那樣系統地觀察和研究自然，而是致力於整個科學領域，但基本上接受自然哲學的思想和觀點。人類學時期的Socrates宣稱信奉目的論的自然觀察方式，稱讚宇宙設置智慧、萬物符合目的。體系化時期的三位代表人物Democritus、Plato和Aristotlte也繼承了米利都學派的自然哲學思想。Democritus認爲，萬事萬物的自然必然性源自於各個事物本身的運動推動。[6]Plato認爲，宇宙有目的地運動給整體帶來秩序。宇宙的本原是永恆的，是永恆眞實不變化的存在。宇宙是作爲一個整體而產生出來的，它是自成一體的、唯一可見的生命體。而其他一切存在著的理性生命體都包含在宇宙之內。宇宙擁有原始生命體所具有的理性，有能力辨識清楚一切不同的形式。宇宙作爲生命體是有靈魂的，因此，宇宙能根據理性行動。[7]而Aristotlte認爲自然都具有一種合目的性，一切都是合乎目的地安排在一起的。由於一切有規律出現的事物都不是偶然地發生的，所以，自然中普遍的合目的性可以解釋爲事物的眞正原因寓於其最終原因或最終目的之內。Aristotlte認爲自然宇宙作爲一個整體有目的地運動。自然宇宙的有序進程是一種沒有假設的完全可能的設想，其完滿性或目的性是處處已經存在的自然事物的趨向。自然宇

5　Windelband, *Lehrbuch der Geschichte der Philosophie*, S. 31, 33, 40-41.

6　Windelband, *Lehrbuch der Geschichte der Philosophie*, S. 80, 151.

7　Plato, *Timaeus*, 30-33, 39-40, in *The Dialogues of Plato*, translated into English by B. Jowett, Cambridge University Press, 2010.

宙處處都有相同的基本力，這是自然從生成到完善的活力或推動力，以實現其形式和完成其適當的機能。[8]Aristotle不僅認識到自然的目的性，而且從各種自然事物生成發展變化的規律性中發現了自然事物的理性，即合目的性。Aristotle的自然宇宙觀超越了自然必然性即機械性的認識，包含自然哲學的一般原理和真理，因而它可以適用於對一切自然事物的理解和解釋。

　　斯多葛（Stoic）學派自然哲學的基本觀點是：整個宇宙組成一個唯一的統一的生命聯絡體，一切具體事物都是處於持續不斷活動中的神一樣的原始自然力所呈現的確定型態。因此，他們將神一樣的宇宙活動解釋爲原始自然力，在其中均勻地包含著萬事萬物有規律的制約性和充分的目的確定性。[9]一切事物的自然必然性是整體活力的直接結果。斯多葛學派的哲學家將自然與理性聯繫起來。對他們來說，理性不僅被視爲人的「自然力」，而且根本地也是宇宙的「自然力」。理性既是規範律令，同時也是自然力。自然的要求與理性的要求一致。倫理的積極內容顯現爲與自然的一致性，因而它們構成具有規範效力的法則。在其中，自然具有雙重涵義：一方面指整個自然、產生宇宙原始自然力、持有目的的宇宙意識、logos；另一方面指與此相符合的意義，即人的道德從屬於自然法則，人的意志服從於宇宙進程和永恆的必然性；由於在斯多葛學說中宇宙理性被稱爲神，所以人也要服從於神、神的法則，從屬於宇宙目的和天意統治：自然法即神法。與自然和理性相一致地生活是一種義務和準則。這些學說都集中體現在這樣的觀念中，即自然和理性爲每個人確定了同樣的生活法則，這種觀念通過Cicero成爲羅馬法學的構成性原則。因此，斯多葛學派的自然哲學成爲希臘化—羅馬時期的哲學。之後，希臘化—羅馬時期的哲學從倫理學觀點逐漸過渡到宗教觀點。古代哲學最終最高的問題是將宇宙作爲精神產物來理解，甚至將宇宙形體及其一切表像都理解爲本質上精神

8　Guthrie, *The Great Philosophers from Thales to Aristotle*, pp. 128, 130-131, 140-141, London: Routledge, 2000.

9　Windelband, *Lehrbuch der Geschichte der Philosophie*, S. 150.

的起源和內容。宇宙精神化是古代哲學的最終結論。[10]

　　古希臘自然哲學的範圍相當廣泛：研究萬物的本原、由於自然而存在的本體、客觀規律（logos）亦即客觀必然性、人的自然性的倫理基礎等等。古希臘自然哲學是原創性的，在整個世界文明的發展中發揮了原創性作用。自然哲學家們以清澈深刻的目光關注所處的世界、凝視宇宙的深處，這種公正與一種強烈的真實感和同樣強烈的抽象力相結合，同時用獨立的人類思想即可以以自然的方式解釋實在的邏各斯的力量建立起來的觀念世界代替神話世界，以希臘人自己的天性建立了世界上最早的民主社會、組織和制度。[11]

　　中世紀哲學通常被視爲基督教哲學和經院哲學，但Plato主義和Aristotle主義也逐漸地被接受。因此，中世紀也有自然觀和宇宙觀。中世紀的自然哲學基本上就是Aristotle的自然哲學的延續。自然被視爲不被創造而自身能創造自然的最高存在。因爲這個最普遍存在從自身產生萬物的全部，因此，沒有什麼不是這個最普遍存在的顯現。這種邏輯泛神論表明，宇宙萬物是「神的現象」（Theophanien），宇宙是從自我形成的上帝中發展而來的獨特存在。上帝與宇宙同一。這同一個「自然」，作爲創造性的個體，是上帝，作爲被創造的多樣性，是宇宙。[12]由此可以看到，自然、上帝和宇宙即使是在中世紀，也可以是同一個概念。

　　在中世紀阿拉伯的形而上學中，自然哲學和辯證法同時發展。在認識宇宙的原則上、在整個哲學概念的體系上，完全受到plato主義和Aristotle主義兩者的綜合影響。比如，Avicenna（Ibn Sina, 980-1037）所著的《形而上學》和《邏輯學》就深受Aristotle主義的影響；他的《準則》（Kanon）成爲西方和東方中世紀醫學的基礎課本。哲學發展成具有活力的自然主義學說。這一時期的猶太哲學也是如此。比如，Saadjah Fajjumi

---

10 Windelband, *Lehrbuch der Geschichte der Philosophie*, S. 151, 143, 144, 147, 196.

11 Eduard Zeller, *Outline of the Histroy of Greek Philosophy*, translated by L. P. Palmer, 1980, pp. 2-3.

12 Windelband, *Lehrbuch der Geschichte der Philosophie*, S. 243.

的《論宗教和哲學》（*über Religionen und Philosophien*）這本爲猶太學說辯護的著作也深受Aristotle主義和伊斯蘭教神學家們的影響。[13]

　　在中世紀，伊斯蘭哲學對於自然和自然問題的研究體現出共同特徵。它有兩個相關的研究方向：kalām傳統通常假定一切實體都是由原子構成的物體；falsafa區分了可感知的實體與非物質的實體，並假定實體是可以被無限分裂的物體。在希臘哲學的影響下，falsafa發展出對自然的一種更深更廣的解釋。Kalām傳統遵循Aristotle認爲自然界由土火氣水構成的四要素傳統，認爲自然界的第一哲學就是熱冷濕幹四個原則。[14]自然被認爲是變化（kinēsis）和穩定（stasis）的一個內在原則。自然哲學研究那些從屬於與自然一致變化的實體。自然世界是在空間和時間上擴展的感覺—經驗的世界；構成神學領域的更高現實只能由智力理解。[15]爲了變成現實中的智力，物質性的智力（即人類）需要始終存在於現實中的其他東西（即能動的智力）。因此，al-Fārābī（西元872-951年）將自然與天體體系結構連結起來，人類是連結帶。[16]

　　中世紀後期，自然與天啟的雙重傳統強烈地影響著所有哲學家，並成爲他們的思想前提。Saint Albettus Magnus（1193-1280）力圖證明在哲學中通過「自然之光」認識到的一切在神學中也同樣可以認識到。天啟是超越理性的，但不是違背理性的。如果上帝已經在《聖經》中和在自然中顯示自己爲雙重存在，那麼這兩種啟示的內容，一個爲神學奠立基礎，一個爲哲學奠立基礎，必定是完全同一的。Aquinas認爲，法律和權利是神的本質的流溢物，在人定法之上存在著自然法，它們是倫理和社會生活的基礎。[17]

---

[13] Windelband, *Lehrbuch der Geschichte der Philosophie*, S. 260-261.

[14] Josep Puig Montada, *Natural Philosophy, Arabic*; in Henrik Lagerlund ed., *Encyclopedia of Medieval Philosophy*, 2011, p. 849. Kalām即Ilm al-Kalām，指伊斯蘭教經院神學、伊斯蘭教思辨神學；falsafa在伊斯蘭教中指哲學以及邏輯學、數學和物理學。

[15] Börje Bydén, *Natural Philosophy, Byzantine*; in Ibid., p. 859.

[16] Josep Puig Montada, *Natural Philosophy, Arabic*; in Ibid., p. 854. al-Fārābī即Abū Naṣr Muammad ibn Muammad al Fārābī，伊朗哲學家、法學家、宇宙學家。

[17] Windelband, *Lehrbuch der Geschichte der Philosophie*, S. 269-270, 274.

　　中世紀末期，世俗文明破土而出。隨之而來的文藝復興與希臘思想有著精神上的血緣關係。文藝復興時期的哲學分爲兩個時期：人文主義時期和自然科學時期。在人文主義時期，古希臘思想取代了中世紀的思想。在自然科學時期，自然科學研究逐步取得獨立，並形成了形而上學體系。自然科學是人文主義的女兒。[18]

　　在文藝復興時期，Democritus和Epicurus的自然觀再現於這個時期。在整個希臘化—羅馬時期和中世紀哲學中流行的「對實踐、倫理和宗教生活的目的」的從屬現象在此時逐漸減少，而純粹理論精神的再生是科學的「文藝復興」的眞正涵義。正如希臘思想的開端那樣，這種理論衝動首要的是將注意力轉向自然的科學。早已投入到古代晚期和中世紀的成就的近代思想傾向與古代相比自始就表現爲已經取得更強烈的內在化的自我意識，已經深深地滲透到它自己的本質中，其獨立的理智活動在於回歸一種公正的自然觀念，整個文藝復興時期的哲學向著這一目標前進，並取得巨大成果。人類在宇宙中的地位是這一時期的主要研究課題。比如，文藝復興時期的法哲學更趨向於探索自然中存在的對一切時代和所有社會關係同樣有效力且只有通過理性才能認識的權利。在中世紀是Aquinas，而在此時是Grotius從人的社會需要中發現自然權利的基本原理，並在邏輯演繹中得到顯現自然權利的方法。理性辨認出，與人的社會性一致、並由此演繹出來且存在其中的東西才構成自然法，它不能因歷史變遷而被改變。這種絕對的自然權利的存在是由於它們可以通過理性認識。[19]古希臘的自然哲學家用符號組成的數的抽象推理探索宇宙秩序的數學意義；文藝復興時期的自然研究者則是根據經驗事實理解和證明這種數學意義。宇宙的和諧在於宇宙中的萬物是根據數的關係排列起來的。因此，原始法則就存在於宇宙的組成成分之間那種恆定不變的數的關係。[20]

18　Windelband, *Lehrbuch der Geschichte der Philosophie*, S. 295.

19　Windelband, *Lehrbuch der Geschichte der Philosophie*, S. 293-295, 362.

20　Windelband, *Lehrbuch der Geschichte der Philosophie*, § 29, 5; § 30, 3.

　　Descartes發現，一切經驗就其方式要麼是空間存在要麼是被意識到
的存在。一切存在要麼是空間的要麼是被意識到的。一切事物要麼是物
體要麼是精神。物體和精神是有限的存在，上帝是無限的存在。[21]這樣，
Descartes通過合乎邏輯的考慮，將這兩類有限實體的共同屬性確定爲無限
實體的屬性或神性。Spinoza既支持空間性和意識的質的二元論也支持空
間性和意識的構成原因的二元論。Spinoza否定有限的「事物」爲實體，
只將無限存在或神性作爲實體。[22]這個無限實體其實就是自然，作爲普
遍的宇宙本質。Spinoza自然概念的規定性是：創造自然的自然（natura
naturans）和被自然創造的自然（natura naturata）。它仍然體現爲一個和
同一個自然概念。[23]Spinoza將自然視作神，將神當作自然。神、自然、實
體這三個概念在他的思想體系中是統一的。正是因爲它們是同一，所以，
「一個實體不能由另一個實體產生」，[24]因爲不能有兩個具有相同屬性的
實體。Leibniz將宇宙進程的必然性理解爲宇宙中有生命的內容的自我實
現的方式和表現形式。在他看來，宇宙進程是一種再創造，實體本身具有
驅動力。每一種力都是以特有的方式存在的宇宙力，每一物質都是以具體
形式存在的宇宙物質。空間既不等同於物體，也不是物體存在的前提，而
是實體作用力的產物，是一種精神存在。這一原理也適用於時間，它們的
基礎不是邏輯必然性而是合目的性。[25]

　　Leibniz從機械論中得到關於無窮多的個別的力、形而上學的點的概
念，從生機論中得到這些力和點的連續性的觀念，從時空中得到合目的性
概念，並將它們聯結起來，從而構成自己的思想體系。

21　Windelband, *Lehrbuch der Geschichte der Philosophie*, S. 340-341.

22　Windelband, *Lehrbuch der Geschichte der Philosophie*, S. 342-344.

23　Klaus Düsing, *Teleologie der Natur: Eine Kant-Interpretation mit Ausblicken auf Schelling*, in:
　　Reinhard Heckmann, Hermann Krings und Rudolf W. Meyer Hrsg., *Natur und Subjektivität: Zur
　　Auseinandersetzung mit der Naturphilosophir des jungen Schelling*, Stuttgart-Bad Cannstart:
　　frommann-holzoag, 1985, S. 203.

24　Spinoza, *Ethic*, vol. I, 6. Translated by W. H. White, Oxford University Press, fourth edition, 1927.

25　Windelband, *Lehrbuch der Geschichte der Philosophie*, S. 353-354.

　　啟蒙運動時期出現了希臘智者學派運動的所有特徵。啟蒙運動哲學的
基本特性是自然神論（Deismus）。啟蒙運動哲學試圖憑藉哲學建立一種
普遍的、真正的基督教。在這種意義上的基督教與理性宗教或自然宗教同
一。啟蒙運動哲學力圖賦予它的自然宗教的內容以兩種源泉：理論理性和
實踐理性。就理論理性而言，自然神論包含基於解釋史的自然哲學的形而
上學；就實踐理性而言，自然神論包含道德哲學的宇宙觀。[26]17世紀的自
然主義形而上學形成了18世紀倫理學的背景。因此，啟蒙運動哲學的倫理
學前提是：處於原始和既定的自然規定性中的個體根本上是自然的；一切
具有決定性意義的關係都必須以個體為出發點加以解釋。因此，倫理原則
對於個人來說是先驗的；倫理真理既是先驗的也是自然有效的。根據存在
的本體論，自然法則與倫理法則恰好相合；自然法則是所有生物趨向完善
的力量。[27]

　　與啟蒙運動哲學同時發展的哲學是德國古典哲學。德國古典哲學和古
希臘哲學是人類思想史上的集大成者。與古希臘哲學一樣，自然哲學也是
德國古典哲學中的主要內容。Kant、Schelling和Hegel都建立了自己的自
然哲學體系。

　　Kant的自然觀是自然目的論和物質動力論。Kant認為自然的合目的性
具有普遍性和必然性的特性。自然為一個有機的整體。有機的自然物具有
這樣的特性，在其中一切都是互為目的地存在著。自然目的涉及到在自然
物中所包含的一切東西。[28]物質動力論的基本思想是：自然中的一切發生
在理論上都應歸因於運動。自然物的運動是自然力作用的結果。動力論是
從自然的作用力中推導出物質的存在，其目標是由自然的顯現給予的。因
此，自然形而上學也是現象形而上學。只有在自然顯現中實踐理性才成為
現實：人類有機體。聯結著這兩者，整個豐富的自然形式和機能必然展現

26　Windelband, *Lehrbuch der Geschichte der Philosophie*, S. 409.

27　Windelband, *Lehrbuch der Geschichte der Philosophie*, S. 419, 422-423.

28　Kant, *Kritik der Urteilskraft,* S. 239-240. Herausgegeben von Karl Vorländer, Felix Meiner Verlag, Hamburg, 1993.

為自然與人類統一的生命，其理性意義只能在源於物質本原的終極目的的
有機生長中尋找。**29**

　　Schelling的自然哲學的主題是「自然是生成過程中的自我」。生命是
他的自然哲學的基本概念。Schelling的自然哲學力圖根據有機論的觀點思
考自然，並從有機生命的產物的整體目的理解它們的作用力的關聯。屬於
自然特定現象的意義和重要性可以在整體的合目的性的系統中加以理解。
自然的各種範疇是種種形式，在其中，理性將自己客觀化。它們構成一個
發展系統，在其中，每一特定現象都可以找到自己被抽象地決定的位置。
Schelling還建立了自然哲學和先驗哲學共同的體系基礎。前者探討客觀理
性，後者探討主觀理性；但兩者在它們的終極本質上應該是同一的。據
此，自然與生成中的自我需要一個同一性原則，Schelling稱這個同一性原
則為絕對理性或自然與精神、客體與主體無差別。Schelling認為，自然哲
學的任務是使客觀的東西成為最初的東西並從中演繹出主觀的東西。如
果存在先驗哲學，那麼它的任務是將主觀的東西作為最初的和絕對的東
西，並使客觀的東西從其中顯現出來。一切哲學必須以要麼使理智出於自
然、要麼使自然出於理智為出發點。自然哲學和先驗哲學都不認為存在者
是本原，而認為唯一實在的東西存在於自身本來既是原因又是結果的一個
絕對之中，即存在於主客體的絕對同一性之中，這種同一性可以被稱作自
然。**30**在Schelling的自然哲學體系中，自然和人類同為主體。Schelling將
自己與Spinoza聯結起來，建立起「自然的Spinoza主義」；自然被構想為
自然產物和自然生產性的統一體。他明確地適用Spinoza對自然概念的解
釋。Hegel在《哲學史講演錄》（第四卷）中把Schelling視為「現代自然
哲學的創始人」，因為「他改變了有關自然思維的範疇，他運用概念、理
性的形式來說明自然，不僅揭示出這些形式，而且還力圖構造自然，根據

29 Windelband, *Lehrbuch der Geschichte der Philosophie*, § 38, 7-8; S. 502.

30 Windelband, *Lehrbuch der Geschichte der Philosophie*, S. 502-503, 512; Schelling, *System des transzendentalen Idealismus*, Mit einer Einleitung von Walter Schulz und ergänzenden Bemerkungen von Walter E. Ehrhardt; Hrsg. von Horst D. Brandt und Peter Müller. Hamburg: Meiner, 2000, S. 12; Schelling, *Ideas for a Philosophy of Nature* (1797/1803), translated by Errol E. Harris and Peter Heath, Cambridge University Press, 1988, p. 23.

原則來發揮自然」。[31]

　　Hegel秉持這樣的自然觀：自然自在地是一個活生生的整體。自然是由諸階段組成的系統；後一個階段從前一個階段產生是自然的必然進程。自然諸階段的運動包含著理念，這理念將自己設定為自在地是其所是的東西。自然是從構成自然基礎的內在理念裡逐漸形成的。因此，Hegel認為，在時間上，自然是先出現的，但絕對在前的是理念。這種絕對在前的事物是終極的事物，是真正的開端。在自然內，變化的型態歸因於概念本身，因為發展純粹是同一事物的變化。概念既是純粹的內在原則，又是單純作為有生命的個體存在物。[32]從Hegel的自然觀中可以看到，自然既是現實的存在又是抽象的存在。作為現實的存在，自然必然地生成、必然地產生自然物；自然以及由其產生的自然物都是有生命的，前者是整體，後者是諸個體。但是，自然不是單純機械地、盲目地生成和產生自然物。自然具有目的性和基於理性的合目的性。於是，Hegel將自然和自然物與理念和概念聯結起來。理念和概念就是自然的抽象存在。理念設定了自然生成變化發展的規定性，使自然呈現為是其所是。在自然中，理念是原型，概念是摹本。概念是理念在現實中的顯現，如同自然物是自然的顯現一樣。理念規定概念由低級向高級發展；概念在發展過程中包含著自身的理念。理念與概念的關係就是自然與自然物的關係。Hegel還認為，理念在自然中是作為精神存在的。精神就其對自身而言是與自然同步生成的。精神在自然中是抽象存在體，並且，自然的範圍與精神的範圍等同，精神與自然同一。自在的自然雖具有理性，但只有通過精神，理性才能從自然中顯現出來，成為實體。精神賦予自然以真理和終極目的、以及理念的真正的現實存在。[33]這樣，精神或理念在自然中的自我發展過程也就是自然本身的發展過程。Hegel將自然作為一個活的有機體，自然的自由存在和運動既

---

31 Hegel, *Vorlesungen Über Die Geschichte Der Philosophie*, vol. IV, Herausgegeben von Hermann Glockner, Fr. Frommanns Verlag (H. Kurtz) Stuttgart, 1928, S. 652-653; 賀麟等譯，商務印書館，2011。

32 *Hegel's Philosophy of Nature*, vol. I, Routledge, 2002, pp. 212, 216.

33 *Hegel's Philosophy of Nature*, vol. I, Routledge, 2002, pp. 205, 199, 204, 216.

引起自然自身的發展也推動自然物的運動和發展。自然和自然物運動和發展都是有目的的，這是因為精神內在於自然之中，同時，自然自身具有理性。理性使自然以及自然物合目的地運動和發展，以致精神在自然中完全實現，達到真理。人們應該根據自然的目的而不是根據人們自身的目的認識自然；自然的目的性總是趨向於正義，因為自然的目的性就是自然的合理性。因而，認識自然才能認識正義；認識正義才能認識人自身。

　　通過上述簡要的概括可以看出，哲學史實際上就是自然哲學史。Moritz Schlick也認為自然哲學占有中心地位，並提出了一系列理由。他認為，自然哲學的任務起初被規定為：1.為獲得所有自然進程的完整圖景而對知識進行綜合，以及2.在認識論上澄清自然科學的基礎。他進而認為，自然哲學的任務或目標就是為了獲得所有關於自然事件和自然進程的知識。在一種完全不同的意義上，自然哲學的任務是研究自然科學的假設。命題以公式形式表達自然知識，同樣，所有自然法則都是以命題形式表達的。自然哲學的任務就是解釋自然科學命題的意義，是探究自然法則意義的活動。通過規定自然哲學的任務，Schlick對自然哲學認識的重要意義是：他論證了自然哲學的範圍包含人文科學。他認為自然科學區別於藝術及文化科學的一般特徵僅限於下列陳述：所謂自然，就其在空間和時間上被規定的範圍而言，是指一切實在的東西。在空間存在或發生的所有客體或進程也同樣在時間上存在或發生。由於所有歷史的、文化的以及語言的對象都是空間—時間性的，它們都是自然的一部分，因而都是自然科學的對象。[34]在這裡，Schlick將自然科學的外在因素，諸如社會、歷史、文化、制度、組織及個人情感等，視為與科學的理性和邏輯具有同等地位的內容。這樣，社會系統的一切因素（社會的、經濟的、歷史的、文化的、語言的等等）本身也就是科學知識。需要指出的是，自然哲學不只是科學哲學，更不能等同於科學哲學；自然哲學也不只是自然科學的哲學。通常認為，自然科學產生了實證主義。但是，實證主義是對自然科學的片面表

---

34 Moritz Schlick, *Philosophy of Nature*, translated by Amethe von Zeppelin, Philosophical Library, Inc., 1949, pp. 1-3, 6.

述，或者更準確地說，實證主義根本不是將自然科學抽象爲一般原理，因此，實證主義根本不能被稱爲哲學。

　　哲學家們對自然哲學都有深刻的見解，但同時也可以看到，哲學家們很少給自然哲學作出定義。

　　Aristotle在《物理學》中區分了因自然而產生和存在的事物與因其他原因產生和存在的事物。由於自然而產生和存在的事物包括動物及其構成部分、植物、自然的物體如土火氣水。他說，有一門學科就是關於具有原理、原因或基質的事物的體系性知識。當人們已經發現了事物的最初原因和原理，並溯及到它的基質，人們才獲得了該事物的知識。顯然，關於自然的體系性知識始於試圖解決有關原理的問題。[35]顯然，Aristotle認爲自然哲學就是關於具有原理、原因和基質的事物的體系性知識。斯多葛學派將自然哲學作出種的劃分和屬的劃分。種的劃分爲五個部分，即關於物體、關於原則、關於元素、關於諸神、關於邊界、位置和虛空。屬的劃分爲三個部分：宇宙、元素和原因。[36]

　　Hegel也對自然哲學作過劃分。Hegel宣稱哲學的基本任務是克服對立，而只有自然哲學能夠克服主觀觀念論所造成的主體與客體、理想與現實之間的對立。Hegel認爲，理念，即自然，具有三個規定性。第一，非本質性的和無限個體化的規定性。形式的統一性，它是外在於這一規定性的，它具有觀念的性質，並且純粹是隱含的、只是被探索的。它構成物質和物質系統的觀念性，即力學。第二，特殊性的規定性。在其中，實在被設定爲具有形式的固有規定性和它自身存在的差異性。這是一種顯現的具體關係，這種關係的自在存在構成自然的個體性，即物理學。第三，主觀性的規定性。在這種規定性中，形式的實在差異複被帶入觀念性的統一中，這種統一已發現自身，並且已是自爲地存在，即有機學。[37]從Hegel的

35　Aristotle, *Physics*, 192b9-13, 184a11-23, translated by William Charlton, Oxford: Clarendon Press, 2006.

36　Diogenes Laertius，《名哲言行錄》vol. I, VII, 132，徐開來、浦林譯，廣西師範大學出版社，2010年，第711頁。

37　*Hegel's Philosophy of Nature*, vol. I, Routledge, 2002. p. 217. Hegel, *Differenz des fichteschen und*

這個劃分中可以看出，他認爲自然哲學與自然科學是一致的。自然科學用經驗方法觀察和研究自然，它所獲得的經驗知識是自然哲學研究的內容，也是自然哲學存在和發展的基礎。

Schelling認爲自然哲學是用思辨方式考察進行著創造性活動的自然，自然的原始作用力生產出型態各異的自然物，整個自然體現爲一個由無限多樣的型態組成的系統，以及一個從無機物到有機物（包括人類）的動態發展序列。[38]從Schelling的這個定義中可以看到，自然哲學研究自然存在的、發展的、擁有內在運動源泉的事物，既包括有生命的東西，也包括無生命的東西。自然哲學用理論理性和實踐理性觀察和解釋自然宇宙的結構和運行，以及人類與其他自然物在自然宇宙中的關係。在自然哲學中，沒有是與應當、事實與價值的區分，因爲它們是統一和同一的。

本文認爲，自然哲學是關於宇宙、自然和人類之關係的學說，是普遍主義、自然主義和人文主義的融貫理論，是物理學、邏輯學和倫理學的合體。

將自然哲學作爲法學的哲學基礎的意義是：1.克服法學研究的哲學基礎的片面性。長期以來，在法學研究中，研究者總是選取哲學的某一個流派的理論作爲法學的哲學基礎，諸如實證主義、分析哲學、語言哲學、現象學、存在主義、詮釋學、結構主義、解構主義、實用主義、後現代主義、馬克思主義、新馬克思主義等等，導致法學研究的結果都不可能獲得可以自圓其說的法律概念理論和法學理論。2.避免自然法來源的爭議。將自然法的根據導向自然哲學使自然法無可爭議地成爲實在法的淵源，因爲自然法本質上是自然法則的人文化表達。有的自然法則本身就是通常所說的自然法；有的自然法則是通常所說的自然法的終極來源；有的自然法則的理念產生通常所說的自然法。3.揭示法律制度的終極根據。自然概念中所蘊含的正義、自由、平等、均勻、同質、比例性和和諧的原理是所有法

---

schellingschen Systems der Philosophie, Philipp Reclam Jun, 1981, S. 1-5.

[38] Shelling, *First Draft for a Philosophy of Nature*, 1799.

律制度、法律原則和法律規則的理念所在。民主與共和的思想、主權在民原則、三權分立原則等法律原則和制度、以及所有法律規則都可以根據自然哲學證立。

一

法律之根在自然

　　普遍主義、自然主義和人文主義融貫於自然哲學之中。普遍主義包含整體性、合理性和普遍性。整體性是指整個宇宙一體化、宇宙存在的連續性和宇宙萬物的關聯性。自然作為終極本原將整個宇宙安排成一個具有理性秩序的有機統一體。宇宙一體化體現為整個宇宙的一體性、個人與宇宙的內在關聯性、宇宙在空間和時間上的連續性、宇宙內在的因果關係與理性的邏輯關係的一致性。合理性意謂基於經驗到理性的建構而獲得的自然正義。對自然宇宙的研究始於經驗觀察終於理性建構。也就是說，自然正義先驗地存在於自然宇宙之中而通過經驗觀察在理性建構中成立。普遍性源於自然法則對於任何自然物（如日、月、星辰，土、火、氣、水，動物、植物和人類）的有效性。自然主義認為每一事物都是自然宇宙的一部分；自然是有生命的、主動創造的結構；自然物自身都包含運動的本原和根源；自然主義在萬物的原初性質中尋找宇宙進程的自然原因。自然主義認為，自然是作為一個整體運動和成長；自然是自然事物和事件的原因和原則。每一事物都是自然宇宙的一部分，都受到時空和因果法則的支配；在自然秩序外不存在任何事物。自然自在地是有生命的存在。自然進程與其所體現出來的自然秩序是因為自然內在的必然性；自然進程是所有自然物整體地生成與發展的過程，因而自然自身包含運動的本原。宇宙以其自身的運動有目的地推動所有自然物運動。自然主義唯獨在萬物原初的質與力中尋找宇宙進程的自然原因。自然主義認為自然秩序是所有自然物在自然進程中體現出來的秩序。人與其他生命體存在於自然之中。自然主義的自然概念在宇宙論與人類學和倫理學中本質上是一致的。[1]人文主義的概念雖然出現在文藝復興時期，但人文主義思想充滿於古希臘自然哲學。在古希臘自然哲學中人文主義主要體現在：[2]第一，賦予自然宇宙進程以倫理必然性。這種思想認為宇宙進程包含著倫理必然性，萬物的物理必然性亦即自然必然性體現出來的自然秩序在本質上是倫理秩序；萬物的自然

1　*Historisches Wörterbuch der Philosophie*, Band 6, S. 517ff, 421-422, 424, Herausgegeben von Joachim Ritter und Kralfried Grüner, Basel: Schwabe & Co. Ag, 1984; Windelband, *Lehrbuch der Geschichte der Philosophie*, S. 149, 150.

2　Windelband, *Lehrbuch der Geschichte der Philosophie*, S. 41, 52, 50, 151, 148, 150.

進程是合目的地趨向正義的進程。自然秩序就是倫理秩序。自然哲學的物理學和邏輯學的觀點的主要傾向取決於倫理學的觀察角度。根據原則上的相互關係，其他兩者之所以被賦予重要性只是因爲正確的行動以對事物的認識爲前提，而認識又是以認識的正確方法的明澈性爲前提。第二，理性主義認識論。這種思想認爲，一方面，宇宙理性處處相同地參與個人的認識，個人必須使自己適應於自然宇宙法則和秩序；每一個人都必須具有這樣的認識，因爲這是自然宇宙法則的規範意義。個人不僅在理智而且在政治、倫理和宗教領域使自己從屬於某種共同的東西（Gemeinsame）、從屬於自然宇宙法則是一種義務。另一方面，自然現象流出的益處是爲了滿足被賦予理性的諸神和人的需要，天地及其所包含的一切事物所表現出來的方式都是爲了適合於人而被莊嚴地安排的。因此，理性是最初的人文主義要素。第三，人文自然主義。這種思想認爲，「人（小宇宙）與大宇宙一致」、「與自然一致地生活」、「自然法則與倫理規範同一」是古希臘自然哲學家的基本認識。人文自然主義將人與自然宇宙類比。靈魂如同宇宙中的萬物是宇宙進程的產物；靈魂及其活動是宇宙活動的表現形式，只有與宇宙的整個進程聯繫起來，才被認爲是科學的。[3]因此，自然宇宙的運動法則約束著個人的思想和行動。

　　普遍主義、自然主義和人文主義既是認識、揭示和產生自然法則的思想，同時也必然地與自然法則一致，因爲普遍主義、自然主義和人文主義都產生於自然。而自然法則天然地存在於自然之中。由於人既是自然物又是自然的一部分，因此，與約束其他自然物同樣約束著人類的自然法則毋庸置疑地是人類法律的來源。人類的法律天然地根植於自然之中。

---

[3]　Windelband, *Lehrbuch der Geschichte der Philosophie*, S. 156-158, 51; Aristotle時代後的教學活動將哲學探討分爲三大部分：倫理學、物理學和邏輯學；在這些探討中主要興趣處處都放在倫理學上。參見Windelband, *Lehrbuch der Geschichte der Philosophie*, S. 148. 斯多葛學派將這三個部分比作動物：邏輯學相當於骨骼，倫理學相當於血肉，物理學相當於靈魂。參見 Diogenes Laertius, *Lives of Eminent Philosophers*, vol. VII, 39-41, by Robert Drew Hicks, 2005。

第一章　自然的概念

人類的法律根植於自然之中，意味著立法首先應該認識自然。

一、自然的概念

古今學者已對自然的概念作出了豐富的解釋和定義，本文根據大量資料概括出自然概念的三個命題：自然是實體，自然是理性，自然是理念。

（一）自然是實體

實體是形而上學或本體論的核心概念。實體的概念包含如下內容：

1. 實體是基質

Aristotle給「實體」作出定義。他認為，實體是根本的、被稱作第一的和首先的東西。實體既不述說一種潛在基礎（Zugrundeliegenden），也不存在於一種潛在基礎中。每一個實體都表示一個確定的「這個」；第一實體是獨立的確定的「這個」。第一實體無相反的實體。實體不容許或多或少。實體在數上是一和同一，易於接受相反的東西。[1]

Aristotle將實體解釋為基質。Aristotle認為，任何一個事物都包含著本質、一般、屬和基質。基質是其他一切事物都由它述說，而它自身卻不述說其他任何事物的東西。事物原初的基質是該事物的第一實體（am meisen Wesen）。[2]實體也是不表述其他事物而其他一切事物都是表述它的。基質是事物的基礎質料。因此，Aristotle說，有一種來源（Same）是先在的存在和不依賴於感覺的存在，它就是基礎或基質。基礎實體沒有範

---

[1] Aristoteles, *Kategorien*, 2a12-15, 3b10-12, 3b23, 3b33, 4a10-11; Übersetzt und Erläutert von Klaus Oehler, Akademie Verlag GmbH, Berlin 2006.

[2] Aristotle, *Metaphysics*, 1028b33-1029a2, translated by David Botock, Oxford: Clarendon Press, 2003.

圍且是一個整體而不可分的。³Aristotle也稱這個永恆的實體爲第一實體。第一實體是支撐其他一切事物的載體；所有其他事物都可以用來述說第一實體，或存在於作爲主體的第一實體中。Aristotle的這個永恆實體不是可感知的事物，也不依存於可感知的事物，但並不是不可感知的事物，它只是不依賴於感覺而存在。它是思維的出發點，是思想的對象，是推動思想的自在之物；它基於時間的無限性而是永恆的；它是運動的，因而它是主動的、生產性的和創造性的。它的運動和變化同時引起其他事物的運動和變化，因而它也是現實的和實在的。它的存在使其他事物都具有相同的原因，即作爲終極基質的實體的原因是其他所有事物的原因。「沒有這個實體，屬性和運動就不能存在。」⁴實體是自我存在的，屬性是實體產生的；屬性的運動是由實體的運動推動的。因此，Descartes也說，「實體可以被理解爲只是像那樣存在的一種事物，即它不需要任何其他事物就能存在。」⁵

2. 實體是主體

實體是諸偶性的整體，它在諸偶性中顯示自己爲它們的絕對否定性，即顯示爲絕對的力量，同時顯示自己爲所有內容的豐富性。⁶Hegel認爲，只存在一個實體。Hegel的實體也是主體。實體作爲主體是設定自身的運動，通過這樣的運動，實體產生和分化它的屬性。只有將實體當作主體，實體才具有這樣的功能。實體與屬性是相互包含的，因爲實體只有通過在其屬性中顯露自己才能作爲實體。可以認爲，Hegel的實體就是自然。自然不依賴於任何其他事物而設定自身的運動，通過這種運動，自然產生和生產自然物。實體與其屬性的關係就是自然與自然物的關係。自然與自然

---

3 *Aristoteles' Metaphysik* (Griechisch - Deutsch), 1073a2-7, Neuberarbeitung der Übersetzung von Hermann Bonitz, Mit Einleitung und Kommentar, herausgegeben von Horst Seidl, Griechischer Text in der Edition von Wilhelm Christ, Meiner, 1991.

4 *Aristoteles' Metaphysik* (Griechisch - Deutsch), 1071a2-3, Neuberarbeitung der Übersetzung von Hermann Bonitz, Mit Einleitung und Kommentar, herausgegeben von Horst Seidl, Griechischer Text in der Edition von Wilhelm Christ, Meiner, 1991.

5 *The Philosophical Works of Descartes*, vol. I, p. 239, Rendered into English by Elizabeth Haldane, G. Ross, 1931.

6 *The Logic of Hegel*, § 151, Translated by William Wallace, Oxford at the Clarendon Press, 1892.

物是相互包含的，因爲自然只有通過自然物才能表明自己是實體。同時，自然物中總是包含著自然的理念。Aristotle認爲，任何具有生成來源的事物都具有自然性。這樣的事物總是一種眞實存在；因爲它是一個潛在的事物，並且自然總是處在一種潛在的事物中。[7]在這裡，Aristotle所說的「眞實存在」就是各種自然物；而它們是「潛在的事物」意味著它們必然地從自然中生成和生長。因此，自然潛在於事物中就是指自然是產生各種自然物的實體。自然是實體即自然是主體。在自然的概念中，實體等於主體；在實體概念中，自然等於主體。

Leibniz用單子概念解釋實體，稱他的實體爲單子。實體的本質在於它具有原始活動力。Leibniz認爲，作爲終極的、不可能延展的單子即單純實體，具有有機體的性質。由於作爲主體的實體包含了它的一切屬性，故單子的自然變化就不會受外部原因的影響，變化是從它內部發生。Leibniz說，「實體的性質是：它是一個完整的純粹概念，通過該概念，人們理解它，並從它之中推衍出它所表述的那個主體的全部屬性。」[8]Leibniz的實體可以被理解爲自然，因爲在他的實體理論中，實體也是主體，且包含一切屬性。實體與屬性的關係就是自然與自然物的關係，實體的原始運動力就是自然的自然力。實體也是自存的存在，它自身內具有運動的原則。實體也是內在運動的力。[9]

自然作爲主體的意義是：自然是產生萬物的有機體。自然中的萬物都有生命、靈魂，都在生、長。整個天體就是一個被賦予了靈魂和理性的生命體，並以一種交感力將萬物聯結在一起。[10]自然是一個自我運動著的世界。自然本身是生成、生長和變化。自然中的萬事萬物是基於自然必然性和自然合目的性按照邏輯關係相互聯繫著的。萬物相互聯繫構成秩序。自然是萬物的秩序的秩序。自然是一個巨大的活生生的有機體，是在空間中

7　Aristotle, *Physics*, 192b33-36, translated by William Charlton, Oxford: Clarendon Press, 2006.

8　Leibniz, *Monadology*, sec. 3, 11, by Lloyd Strickland, Edinburgh: Edinburgh University Press, 2014.

9　Leibniz, *Monadology*, sec. 10, 11, 12, 13, 16; by Lloyd Strickland, Edinburgh: Edinburgh University Press, 2014.

10　Diogenes Laertius, *Lives of Eminent Philosophers*, VII, 137-141, by Robert Drew Hicks, Cambridge University Press, 2005.

伸展、在時間上充滿運動的物質實體；整個天體被賦予了生命，以至於它的一切運動都是有活力的運動；一切這樣的運動都是由理智引導的有目的的運動。這種活的、有思維的實體在它們都是活的及都被賦予了靈魂和理性的意義上自始至終都是同質的（homogeneous）。不存在死的物質與活的物質之間的關係的問題；沒有死的物質，因爲天體的季節性循環與樹葉的季節性生長和衰落，天空中星體的運動與水中魚的活動沒有原則上的區別；也不存在物質與精神之間的關係的問題，因爲雅典人擁有和遵守Solon（雅典立法家）制定法律或者斯巴達人擁有和遵守Lycurgus（斯巴達的立法家）制定法律的方式與非人的物體擁有和遵守那些它們從屬於自然法則的方式被認爲沒有區別。沒有缺乏精神的物質世界，也沒有缺乏物質的精神世界。認識被解釋爲一種特殊的精神活動，精神被視爲一種特殊的物質性東西。[11]

3. 實體是必然存在者

Aristotle認爲，作爲本原的實體是必然存在的；但並非實體的所有屬性都是必然存在的。也就是說，實體的屬性是既能存在也能不存在。Aristotle說，所謂「存在」可以有多種方式，但所有方式的存在只與一個本原相關。這是因爲，有的事物被稱爲「存在」是因爲它們是實體，另一些事物也被稱作「存在」是由於它們是一個實體的屬性，還有一些事物被稱作「存在」是由於它們是通向一個實體的路徑，或者是一個實體的消解、欠缺、形成、產生、生成的過程，或者是指與實體有關的事物，或者是指對這些事物中的一個事物或一個實體的一個屬性的否定。[12]在這裡，作爲本原的「存在」即實體就是自然，而實體的屬性就是各個自然物。被理解爲「朝向自然的過程」的「存在」就是自然物的生長過程；「實體的消解、欠缺、形成、產生、生成的過程」都是自然本身運動和變化的特徵；「與實體有關的事物」可以被理解爲諸如土、火、氣、水之事物；

11　R. G. Collingwood, *The Idea of Nature*, Oxford, 1945, pp. 111-112.

12　Aristotle, *Metaphysics*, 1003b5-10, translated by Christopher Kirwan, Oxford: Clarendon Press, 2003.

「對這些事物或實體本身的否定」則可能是指人與自然關係中人的行為的「作用」。作為本原的實體也是第一存在。如果視宇宙為一個整體，那麼實體就是它的最初的部分；而且如果認為宇宙中各種事物是以序列存在的，那麼實體也是它的最初部分，繼而產生質，然後產生量，後面的這些甚至已經不是本來意義上的存在，而是宇宙的特性和運動。[13]

Spinoza將必然存在的東西規定為實體，更確切地說，規定為一個絕對的普遍的實體。必然存在的東西首先被思維為存在的普遍主體。僅作為自身的存在還不能被思維為存在者，而只是一個前提，即存在的可能性。個別現實的事物儘管存在著，但它們絕不是存在的主體本身，它們只是通過參加而存在著。這不是說，它們根本不能不存在，毋寧是說它們能夠不存在。[14]Spinoza說實體自身是自身的原因，即「自因」（Causa Sui），而不是其他任何東西作它的原因；對實體的認識也只有通過它自身。實體在時間和空間上都是無限的、不可分割的；它是無所不包的整個自然。Spinoza給實體和自然冠以上帝的名義。[15]一個實體可以表現出不止一種屬性，不可能存在具有同樣性質的兩個不同實體。實體是必然的、無限的、永恆的、獨一無二的、包括一切的。實體與完全自足、包括一切的實在等同。雖然Spinoza的實體也指上帝，但他明確地指稱實體為自然。這樣，他所概括的實體的特性也就是自然的特性。Spinoza也稱上帝為「自因」，即上帝通過他的本質的單純必然性而存在著。在Spinoza那裡，上帝與自然是同一。這兩個概念的區別是：上帝存在著，但不是作為一種原因而存在著。[16]而自然作為實體和主體是其他一切事物的原因。

通過實體的性質認識自然的必然性，它具有如下內涵：自然是必然存在的普遍主體。自然是絕對的普遍實體；絕對的也是必然的。自然是必然存在的、無限永恆的、獨一無二的、包括一切的主體。

13　*Aristoteles' Metaphysik* (Griechisch - Deutsch), 1069a19-24, Neuberarbeitung der Übersetzung von Hermann Bonitz, Mit Einleitung und Kommentar, herausgegeben von Horst Seidl, Griechischer Text in der Edition von Wilhelm Christ, Meiner, 1991.

14　F. W. J. Schelling, *Zur Geschichte der neueren Philosophie*, Reclam, 1984, S. 57-58.

15　Spinoza，《倫理學》，賀麟譯，商務印書館，1959年版，第1-2頁。

16　F. W. J. Schelling, *Zur Geschichte der neueren Philosophie,* Reclam, 1984, S. 58-59.

　　對自然必然存在的特性，哲學家們有更爲深刻的認識。斯多葛學派的哲學家認爲自然爲必然，作爲整體的自然是理性的和神助的結構，日、月、星辰有秩序有規律地循環運動表明它們是有意識的必然存在者。宇宙是運動中的物質有目的地組成的；在初始狀態中，神和宇宙是同一的。自然維持著由它產生的事物的秩序，通過萬物顯示其自在地亦即必然地運動的法則，使宇宙成爲一個活生生的生命體。[17]Plato認爲，一切極好的和完善的事物都是由於自然和天意產生的，它們產生於自然原初的創造。火、水、土、氣都是自然而然地存在。[18]凡是通過自然過程發生或產生的東西必然有發生或產生的原因。宇宙具有必然性。[19]根據Plato的意思，一切自然物要麼是必然發生的要麼是偶然發生的，都是自然必然產生的產物。自然是一切事物的原因，也即自然是萬物的開端。「開端是存在著的一切事物開始存在的東西。」[20]自然作爲原因或開端不同於一般意義上事物過程的開始。自然作爲原因或開端的意思是萬物包含於自然之中，自然是萬物的元素。根據Aristotle的解釋，元素就是內在於萬物的原初成分。[21]這些論述表明，自然物的存在本身論證了自然的必然存在，因爲各自然物相互作用體現出來的自然秩序是源於自然力的功能。一切都以一種從自然中溢出（fayd）的方式存在，它遵循著一種精確的秩序。開端發源出第二，即一種無實體的實體，這就是智力。它是思維本身，也是對開端的思維。從對開端的思維中發源出第三；從思維本身中，開端成爲實體。實體在這裡就是第一神。[22]

　　自然是實體的意義在於：自然的原初和首要意義是作爲在自身內具有本原的事物的實體。終極的基質或第一基質就是自然。Aristotle在《自

17　*The Cambridge History of Hellenistic Philosophy*, edited by Keimpe Algra, Jonathan Barnes, Jaap Mansfeld, Malcolm Schofield, Cambridge University Press, 1999, pp. 682, 433-436.

18　Plato, *Laws*, 889b-d. Benjamin Jowett, *The Dialogues of Plato*, Thoemmes Press, 1997.

19　Plato, *Timaeus*, 28C, 29B; in *Plato's Cosmology, The Timaeus of Plato*, translated with a Running Commentary by Francis MacDonld Cornford, Routledge, 1937.

20　al-Fārābī Abū Nasr, *On the Perfect State*, edited And translated by R. Wakzer, Oxford University Press, 1985, pp. 88-89.

21　Aristotle, *Metaphysics*, 1003b5-10, translated by Christopher Kirwan, Oxford: Clarendon Press, 2003.

22　Josep Puig Montada, *Natural Philosophy, Arabic*; in Henrik Lagerlund ed., *Encyclopedia of Medieval Philosophy*, 2011, p. 853.

然哲學講義》（Phusikee Akvoasis）和《形而上學》中對自然作出多種
解釋。Aristotle的Phusikee Akvoasis也譯爲《物理學》；但是，Aristotle的
《物理學》實在是應該譯爲《自然哲學》，因爲physics在古英語中的意思
就是自然哲學。在《物理學》中，Aristotle認爲，自然是一種來源，是變
化和保持不變的原因，因爲這種原因屬於自然自身。自然是每一個在自身
內具有運動和變化根源的事物的原初的潛在質料。自然是與事物的根據相
符合的形狀和形式。自然是在其自身內有變化根源的事物的形狀和形式。
自然是朝向自然的生成過程。[23]在這些定義中，自然是實體或第一實體，
其原屬的事物是自然這個實體的屬性即各種自然物，這些自然物或處於運
動狀態或處於靜止狀態，而自然是它們運動或靜止的根源或原因。自然物
具體地由質料和形式構成；自然物的存在不僅具有質料，而且還具有形
式。只有這兩者構成的東西，才是由於自然而存在。自然是自然物的首要
質料，自然是使各自然物成爲其所是的形式或形狀的東西，並且是自然規
定性中的形式或形狀。由於自然本身始終處於運動狀態之中，因此自然是
生產性的，自然也是產生自然的過程，或者說是產生自然物的過程。廣義
地說，一切本體都是自然，因爲自然總是某種本體。

　　在《形而上學》中，Aristotle認爲自然的涵義和意義是：1.出現的事
物逐漸生成。2.自然是適於生長的事物生長的最初成分。3.使任何自然存
在的事物的最初變化成爲該事物本身的一個成分。4.任何自然存在的事物
首先從它產生或由於它生成。5.自然是自然物的實體。[24]總之，在基本和
嚴格的意義上，自然就是諸事物的實體，這些事物在自身中具有運動的源
泉；質料被稱作自然是因爲它適合於容納諸事物的運動；生成和生長的過
程被稱作自然是由於其運動發生於自身。在此意義上，自然就是自然物的
運動本原或源泉，它以某種方式或潛在地或現實地存在於自然物之中。在
這些定義中，自然是自然物的發生源和內在因素，是自然物生長的基質。

---

[23] Aristotle, *Physics*, 192b21-23, 193a28-30, 193b1-2, 4-5, 12-13, translated by William Charlton, Oxford: Clarendon Press, 2006.

[24] Aristotle, *Metaphysics*, 1014b16-36, translated by Christopher Kirwan, Oxford: Clarendon Press, 2003.

自然內在於自然物之中作爲其運動的根源；原初的運動就是由自然開始。
自然也是任何非自然存在物開始存在、生成和構成的原始質料，例如，青
銅被說成是一座青銅製成的雕像的自然；木材是木製品的自然。[25]這樣，
人們也稱構成自然物的元素爲自然物的自然。這些元素是土、火、氣、
水。自然就是自然物的實體。

（二）自然是理性

自然是理性的命題是建立在自然是具有生命的主體的思想之上的。在
這裡，主要論述：理性概念的來源；理性是人的最高認識官能；自然與理
性的同一性。

1. 理性概念的來源

理性的概念起源於古希臘哲學家對自然的本原的思考。在宇宙論
時期，自然哲學家們總是從物質方面思考自然的一般原則。比如，
Herakleitus認爲火是萬物的始基、自然宇宙生存變化的動力和終極創
造者。逐漸地，古希臘的自然哲學家從經驗直觀上升到先驗抽象。
Anaxagoras的nous（理性）概念就是先驗抽象的結果。Anaxagoras將nous
當作一種物質、一種實體元素，它自身同質，精細均勻地流溢於整個宇
宙，與所有有機體結合在一起，成爲宇宙的生命原則。因此，自然的運動
就是理性的作用；宇宙萬物有序地運動是理性的原因。理性就是宇宙秩
序。[26]由此可知，理性的概念最初是在自然哲學領域裡出現的。理性概念
是從自然概念的合目的性涵義中產生的。這樣，理性的概念最初就代表著
自然宇宙、客觀秩序和萬物生存變化的原則。Democritus的自然必然性原
則和Aristotle的自然合目的性原則中都包含著理性概念。斯多葛學派往往
也是在這同一意義上使用「自然」與「理性」一詞。[27]目的論自然觀是斯
多葛學派哲學家思想的土壤。自然以相同的方式一次又一次持續地呈現自

---

[25] Aristotle, *Metaphysics*, 1014b28-30; translated by Christopher Kirwan, Oxford: Clarendon Press, 2003.

[26] Windelband, *Lehrbuch der Geschichte der Philosophie*, S. 34-35, 46-47.

[27] Diogenes Laertius, *Lives of Eminent Philosophy*, vol. VII, 107-111, by Robert Drew Hicks, 2005.

己。斯多葛學派哲學家就是交互地用理性和天意這兩個概念描述萬物這樣一再重現的必然結果。[28]

2. 理性是人的最高認識官能

如果說自然哲學家對自然與理性的關係的解釋仍然具有一種神學色彩，也就是說，未將理性導向人自身，那麼，後來的哲學家既不否認理性與自然的一體性，也肯定人基於理性的認識能力。Schleiermacher（Friedrich Daniel Ernst Schleiermacher，1768-1834年，德國神學家、哲學家）就是從自然哲學觀點出發認為「理性一直存在於自然之中，而自然也一直被理性所浸透，因為真正的人類活動就是人類理性對自然的認識，然後，趨向於與自然一致的活動。理性與自然相互滲透，無始無終，一直處於自然進程之中。」[29]一切倫理學知識都是對自然中的理性的表達。自然中萬物因果相循的自然必然性和萬物趨於正義的自然合目的性既是理性原則也是倫理規範。理性作為人的最高認識官能，並不是說人的理性超越了自然的理性，自然的理性賦予人的理性的模型。「理性作為人的最高認識官能，使人獲得了符合人類天性的準則。理性是合理的理智力或思維能力。」[30]但知識（如自然法則、自然法）內在於自然本身。人基於理性的認識活動須符合自然的理性。作為最高認識官能的理性，它指涉人的知性運用方式，即知識的聯結與統一，旨在形成思維能力（理解力）。因為只有將認識活動回歸到理性的基礎上，人才能控制本能。惟有通過感官可以察知、在經驗上已被給與，理智才能起作用。[31]根據自然哲學，人的理性是自然宇宙賦予的，因為人是自然宇宙的產物。與古希臘自然哲學家所認識的一樣，Hegel給予理性同樣的地位。他說：理性在宇宙中，這意思是理性是宇宙的靈魂、宇宙的內在原則、宇宙固有的深邃的自然力、宇宙中普遍存在的事物。[32]

---

28 Windelband, *Lehrbuch der Geschichte der Philosophie*, S. 152, 154-155.

29 Schleiermacher, *Ethik*. Felix Meiner verlag, Hamburg, 1990. S. 6, 210.

30 A. Kaufmann and W. Hassemer (Hrsg.), *Einführung in Rechtsphilosophie und Rechtstheorie der Gegenwart, 6.*, unveränderte Auflage, G. F. Müller Juristischer Verlag, Heidelberg, 1994, S. 57-58.

31 a. a. O., S. 57.

32 *The Logic of Hegel*, p. 46, translated by William Wallace, Oxford at the Clarendon Press, 1892.

3. 自然與理性的同一性

　　從詞源學上看，「自然」一詞雖然意謂生長，但也與生長的目標或目的聯結著：自然表示存在以及成為（become）。[33]因此，自然與理性的同一性也可以從自然的目的論中推知。Plato引用Anaxagoras話說，「理性是萬物的原因，理性安排並創造萬物。理性在安排萬物時就會把每一事物安排得恰到好處。」[34]Aristotle說，「萬物的秩序與安排皆出於理性的原因；理性在宇宙中與在動物中一樣，是萬物運動的原因。而事物在理性的指引下使自身趨向於正義，正是事物自身運動的原因。」[35]事物的生成、存在、發展便是在理性的引導下的有目的的活動。從自然的有目的有秩序的運動推論到運動的理性原因，這便是對自然作目的論解釋。目的論自然觀即自然的自在自為的合目的性是一元論自然觀的核心內容。這種自然觀蘊涵著先天理由：從合目的性的觀點將自然當作整體，在自然因果關係的神秘必然性中看到最高理性目的的實現。自然是理性的客觀系統，理性內在於自然本身。自然作為一個有機整體即被賦予了一個客觀的理性產物的完整涵義。自然在生成過程中是自我或自身。[36]一元論自然觀認為理性與規範內在於自然本身，這意味著自然是一種具有內在關係和內在動力、符合某種目的和實現某種潛能而運動的實體，因此，在有機自然觀中自然本身是建構性的。自然是幾何學的實在版，幾何學是自然中的生產力的運算式。理性與規範是自然本身的形式和動力。正是自然本身具有這樣的特性，自然本身才能構成一個有機的整體。在這個有機的整體內，自然與精神是同一實體的不同表現。自然本身就是客觀理性。Shelling的同一性哲學也是基於理性，這種絕對之知把事物視為自在之物，視為理性內之物。[37]Schelling這一認識的意義在於，將人的認識範圍與自然的範圍等同

---

33 Jacob Klein, *On the Nature of Nature,* in *Independent Journal of Philosophy*, 1979, vol. 3, pp. 101-109.

34 Plato, *Phaedo*, 97b, R. S. Bluck, Routledge, 2001.

35 Aristotle, *Metaphysics*, 984b, translated by Christopher Kirwan, Oxford: Clarendon Press, 2003.

36 Windelband, *Lehrbuch der Geschichte der Philosophie*, S. 503-504, 475-476.

37 Schelling, *Ideas for a Philosophy of Nature* (1797/1803), translated by Errol E. Harris and Peter Heath, Cambridge: Cambridge University Press, 1988, p. 349.

起來；既將理性作爲人的認識能力，也將自然視爲通過理性可以達到的對象。自然或在理性之中或與理性同一。理性作爲絕對者就是一切，其外無物存在；其作爲全體而達到自身與自然同一。

（三）自然是理念

1. 理念、靈魂與自然

理念一詞起源於Plato關於事物共性的認識。Plato認爲，當人們給雜多的個別事物取一個相同的名稱時，就推定有一個理念存在。[38]後來的哲學家認爲Plato的「理念」是指每一個別事物與它同屬於一類的其他事物所共有的東西。[39]這樣，在一切事物中都存在著理念，不僅有事物本身的理念，而且還有屬性、關係、活動的理念，不僅有自然事物的理念，而且還有人工製品的理念。理念的邏輯學意義是它能夠使認識者辨認相同者、區別不同者、從宇宙萬物中獲得秩序。[40]在Plato的哲學體系裡，理念作爲抽象實體是眞正的存在。理念表示事物眞正的存在。[41]也就是說，任何事物都有理念存在於其中；只有具有理念的事物才是存在者，基於此，一切存在者本身即是存在者。這樣理念也具有原因和推動力的涵義，它們使宇宙的事物成爲其所是。理念將認知的力量給予智者，它是知識和眞理的原因，也是知識的對象。[42]

因此，自然與理念的關係是這樣的：對於自然事物，實在先於理念；理念顯示一個事物是其所是。對於人工製品，理念先於實在。理念使一個事物成爲其所是。自然事物總是先於人工製品。因此，自然事物的理念通過對實在的認識而獲得；人工製品的理念從自然事物的理念產生。只有這樣理解才能符合自然哲學的原理。

[38] Plato, *Repulic*, X, 596a, edited by G. R. F. Ferrari and translated by Tom Griffith, Cambridge University Press, 2000.

[39] Edward Zeller, *Outline of the History of Greek Philosophy*, translated by L. P. Palmer, 1980, p. 130.

[40] Plato, *Theaetetus*, 185a-186e, in *Theaetetus and Sophist*, edited by Chritopher Rowe, Cambridge University Press, 2015.

[41] Plato, *Phaedo*, 65d, 78d, R. S. Bluck, Routledge, 2001.

[42] Plato, *Repulic*, 508d-e; *Sophist*, 247e, 248c, in *Theaetetus and Sophist*, edited by Chritopher Rowe, Cambridge University Press, 2015.

在Plato的哲學體系裡，在自然與理念之間還有一個概念即靈魂。Plato認爲，靈魂通過它自身的視覺和聽覺等感官功能來領會事物的異同，通過考察對事物的實在的相互關係感知和推斷相同與不同、相似與不相似、在與不在。一切知識就是靈魂對整個自然事物的感知所產生的整體感。[43]這樣，知識就不僅在於對自然事物的經驗觀察而且在於對它們進行論證的過程。

Aristotle也用靈魂的概念描述自然。Aristotle認爲生物（動物和植物）都具有靈魂或是靈魂的部分或是包含靈魂的某種東西。靈魂是「一」。軀體或形體由靈魂結合在一起就是生物的自然。[44]由於自然及其自然物都具有靈魂，而自然又是具有生命的有機體，因此，靈魂就是一種使各個生物成爲其所是的東西。這個理解具有如下意義：靈魂既作用於形式也作用於實質，它不僅在形式上而且在實質上賦予各個生物的生命意義，也就是說，各個生物不僅在形式上而且在實質上是各不相同的。自然物自由和諧地生長意味著自由就是一生物使自身成爲其所是時未妨礙另一生物使其自身成爲其所是。可以認爲，Aristotle的靈魂概念就是Plato的理念概念。理念是具體的靈魂，靈魂是抽象的理念。

2. 自然是理念的表現方式

Hegel的理念概念不僅是一個概念體系而且也是一個思想體系。Hegel的理念是他的自然哲學體系中的主要思想。自然與理念的關聯在Hegel的自然哲學中體現爲兩個論述層次。一是將理念等同於自然；另一是將理念與自然都視爲過程。

Hegel 認爲，(1)理念是自在與自爲的眞理，即概念與客觀性的絕對一致。理念就是眞理，因爲眞理就是客觀性與概念的符合。自主的或自爲的理念，從其與自身的一致來看，是知覺或直覺，而知覺的理念就是自然。當人們回復到以其爲起點的理念的概念時，這種向起點的回復又是一種發

---

43 Plato, *Theaetetus*, 184d-187d, in *Theaetetus and Sophist*, edited by Chritopher Rowe, Cambridge University Press, 2015.

44 Aristotle, *On The Soul, Parva Naturalia, On Breath*, 411a20-411b31. London: W. Heinemann Ltd., 1957.

展。人們從抽象的存在開始，在那裡又獲得生命的理念，但這種具有生命的理念就是自然。[45]在這裡，Hegel論述了理念、自然、真理三者的關係。理念存在自然中，自然是理念的表現型態。對自然的認識也是對理念的認識，而對理念的認識可以形成概念。概念是與自然本身相符合的客觀性，真理乃是符合自然理念的事物的客觀性。「自然是在不同物的形式中使自身生長為理念的。」[46]自然是理念的表現方式。理念等同於真理，也是因為這種存在是原初的存在、第一性意義的存在，是自然地存在的存在物。在理念中，概念和對象是統一的，因而也是概念完全實現之處。理念是真理等於理念是自然，因為自然不僅是客觀存在而且自然作為概念等同於自身。也就是說，客觀存在與概念在自然中達到統一。(2)一切現實的事物，就其是真實的而言，是理念，且只有通過和由於理念才具有它的真實性。[47]一方面，理念存在於現實的事物之中，且是作為事物存在的根據而存在於事物之中的；所有有限事物的存在都依賴於理念。在這裡，現實的事物首先是指自然事物，所有自然事物都具有理念，因而理念是對象的自然。另一方面，認識一個對象就是認識它的理念。只有認識了事物的理念，才能認識事物本身。對於自然的認識也是如此。自然現實地存在著；對自然的認識就是認識自然的理念，因為「自然是理念，但只是隱然存在的理念。」[48]自然的理念關聯著認識者的主觀性。作為自然的理念存在於主觀性的規定性之內，在這種規定性中，形式的實在差異複被帶入觀念性的統一中，這種統一已發現自身，並且已是自為地存在。[49](3)理念，就其具有其存在方式的普遍性而言，自主自為地存在；如客觀性本身具有概念的本質，同樣地理念是其自己的對象。[50]在這裡，Hegel揭示了理念的本體性，即理念是一切事物的本原，是自在自為的事物本原；一切事物都具

---

45 *The Logic of Hegel*, pp. 352, 379, translated by William Wallace, Oxford at the Clarendon Press, 1892.

46 Hegel, *Philosophy of Nature*, vol. I, edited and translated with an introduction and explanatory notes by M. J. Petry. London: Routledge, 2002, p. 205.

47 *The Logic of Hegel*, p. 352, translated by William Wallace, Oxford at the Clarendon Press, 1892.

48 Hegel, *Philosophy of Nature*, vol. I, p. 206, edited and translated by M. J. Petry, Routledge, 2002.

49 Miller, *Hegel's Philosophy of Nature*, p. 217.

50 *The Logic of Hegel*, p. 362, translated by William Wallace, Oxford at the Clarendon Press, 1892.

有理念等於一切事物都具有本原。同時也指明了理念的客觀性；理念客觀地存在著。自然事物之為自然事物是客觀存在著的理念的外在形式。理念的客觀性與認識理念的主體的主觀性在自然中達到統一。理念先於認識而存在，因為「在時間上，自然是首先出現的，但絕對在前的是理念。理念是開端。」[51]Hegel進而也表達了自然是實體的立場，因為「理念原本是第一普遍實體。」[52]也就是說，理念是產生萬物的實體。理念就是自然。

　　Hegel也將理念與自然同視為過程，並且是兩個相互關聯的過程。Hegel認為，理念本質上是一個過程；因為理念是辨證的。理念作為過程在它的發展中使自己流過三個階段：理念的第一形式是生命，即處於直覺形式中的理念。理念的第二形式是起仲介作用或辨異作用的形式；因而這是認識形式中的理念，在此際，理念以理論的理念與實踐的理念雙重面向出現。認識的過程以回復由差異而豐富了的統一為結果。接著出現第三個形式，即絕對理念。絕對理念原本是理論的理念與實踐的理念的統一，因此同時也是生命的理念與認知的理念的統一。[53]理念存在於自然中，是自然事物的原型。自然生成發展變化是一個過程，存在於自然中的理念自然也處於相應的過程中。正如自然物的過程始於生成那樣，自然物的理念的過程同時發生。這個過程是一個辯證進程。在這個辯證進程中，認識的理念與自然的理念獲得統一，這便是絕對理念，即最高概念。對於自然，Hegel認為，自然是由諸階段組成的系統，後一個階段從前一個階段產生是自然的必然進程。自然是從構成自然基礎的內在理念裡逐漸生成的。一個階段從另一個階段獲得實現是理念的必然性。自然由低級到高級的發展順序中，每一個階段都構成一個獨特的自然領域，每一個階段都是後繼階段的力量，[54]自然諸階段的運動包含著理念，這理念將自己設定為自在地是其所是的東西，即理念從它的直觀性和外在性流出，進入自身。理念這

---

51 Hegel, *Philosophy of Nature*, vol. I, p. 211, edited and translated by M. J. Petry, Routledge, 2002.

52 *The Logic of Hegel*, p. 353, translated by William Wallace, Oxford at the Clarendon Press, 1892.

53 *The Logic of Hegel*, pp. 357, 356, 358, 374, translated by William Wallace, Oxford at the Clarendon Press, 1892.

54 Hegel, *Philosophy of nature*, vol. I, edited and translated with an introduction and explanatory notes by M. J. Petry. London: Routledge, 2002, pp. 212-213, 219.

樣做首先是爲了呈現有生命的存在，但也是爲了超越這樣的規定性，即在
這規定性中理念只是生命；理念是爲了將自己帶入精神的實在，精神賦予
自然以眞理和終極目的，是理念的眞正的現實存在。[55]自然的過程同樣始
於生命，因爲自然本身就是活生生的有機整體。因此，自然必然地生產自
然物。人類通過實踐的和理論的認識而獲得自然物的理念。在此際，生命
的概念與認識的理念達到統一，進而獲得自然的絕對理念。絕對理念就是
作爲萬物本原的自然。絕對理念是辯證發展的最後階段，因爲「理念自身
是辯證法。它一直將自我同一從差異中、將主觀從客觀中、將有限從無限
中、將靈魂從肉體中分開，並使前者有別於後者。只有這樣，它才是一種
永恆的創造力、永恆的活力、永恆的精神。」[56]絕對理念正是自然的基本
特性的體現。自然具有絕對理念，自然才能永恆地創造和永恆地被創造，
才能具有永恆的生命和精神。因此，自然永恆地自在地是一個活生生的整
體。

二、自然概念的意義

從上面的論述可以知道，自然哲學的意義實際上就是自然概念的意
義。自然哲學由物理學、邏輯學和倫理學構成，因此，自然概念的意義也
體現在物理學、邏輯學和倫理學三個領域。以這三個領域的思想和知識爲
背景，本文在這一節論述「自然概念與人類」、「自然概念與法律來源的
認識」和「自然概念與法學研究」諸關係。

（一）自然概念與人類

古希臘自然哲學家對自然的豐富認識和解釋使人們認識到人類的自然
生活實際上等同於倫理生活。這是自然概念的規定性。這主要體現爲人類
的自然觀或者說人類與自然關係的認識的形成。「人是宇宙的一部分」是

55　A. V. Miller, *Hegel's Philosophy of Nature*, Oxford: Clarendon Press, 1970, § 251, p. 216.
56　*The Logic of Hegel*, p. 356, translated by William Wallace, Oxford at the Clarendon Press, 1892.

自然與人類的物理學關係；「人是自然的產物」是自然與人類的邏輯學關係；人「與自然一致地生活」是自然與人類的倫理學關係。物理學關係和邏輯學關係的歸宿是倫理學關係。

　　「人是宇宙的一部分」和「人是自然的產物」這樣的物理學和邏輯學原理在今天已是公理性的常識。倫理學是希臘化—羅馬時期哲學的最大流派斯多葛學派哲學的核心部分。斯多葛學派的倫理學基於其自然哲學。斯多葛倫理學是以自然爲中心的自然主義倫理學；人「與自然一致生活」是其公理。與自然一致地生活意味著與單一的、和諧的理性生活。[57]人「與自然一致生活」體現在兩個方面：1.在選擇自然事物時有理性地行動。2.以實現所有應該的行動而生活。[58]個人目的的實現與自然的內在目的一致，或者說，「與人的自然一致的」也應「與宇宙的自然一致」，因爲，個體的自然是整個宇宙的自然的一部分。因此，在這個公理中，自然具有雙重涵義：一方面指自然的自然，即天然生成的自然，產生宇宙原始自然力，持有目的的宇宙意識，logos；另一方面指與此相符合的意義，即人的道德從屬於自然法則、人的意志服從於宇宙進程和永恆的必然性。[59]對於人這類理性動物而言，唯一重要的是認識神聖的自然規律性並自覺地合乎自然規律地生活。自然的規律具有規範性效力。因此，自然的規律也是宇宙理性的體現。而人的生命是宇宙生命的同質部分，所以，人「與自然一致生活」也符合人性即人類的自然性。

　　在這個公理中，存在著人與自然的雙重關係：外在和內在。在這雙重關係中，斯多葛倫理學的核心概念是德性。斯多葛學派認爲，德性屬於存在的「關係」範疇。在這裡，「關係」既指內在關係也指外在關係。前者存在於人自身，而後者就是宇宙、自然和人類的理性關係。斯多葛學派哲學家視自然萬物和諧生存爲「德性」。他們用自然哲學作爲倫理學的論證基礎，將「德性」定義爲「與自然一致生活」。他們力圖證明「與自然一

---

[57] Stobaeus, Ecl. 2. 75, 11-12. Citing from Marcelo D. Boeri, *Does Cosmic Nature matter? Some Remarks on the Cosmological Aspects of Stoic Ethics*, in R. Salles ed., *God and Cosmos in Stoicism*, Oxford, 2009, pp. 187-189.

[58] Diogenes Laertius, *Lives of Eminent Philosophy,* vol. VII, 89.

[59] Windelband, *Lehrbuch der Geschichte der Philosophie*, S. 143-144.

致生活能爲人類提供最高的幸福」。當所有行爲都促進了個人的精神與
統治宇宙的意志和諧一致時，就構成個人的德性和生活的綿延之流。[60]因
此，德性等同於與自然一致生活。希臘文Συνεπής和homolougmenos（一
致）也有「與同樣的logos（理性、邏輯）一致」的意思。因此，與自然
一致也意味著一個人的自我一致，因爲德性就是靈魂的和諧；這樣的品格
是一種強大的內心力量。[61]

德性在古希臘傳統的貴族政治、雅典公民政治和哲學家的討論中是最
常用的概念。Aristotle在其倫理學著述中證明靈魂中的德性是幸福的核心
部分；而斯多葛學派哲學家認爲德性是幸福的全部內容。斯多葛學派倫理
學中的堅不可摧的人性尊嚴和無條件地履行道德義務的思想與羅馬上層階
級的思想緊密地融合在一起，通過羅馬文明在歐洲哲學中得到發展。[62]人
具有德性，人就具有力量，具有能力，人就能夠認識自然必然性。而更重
要的是，人只有認識到自然必然性，人才能與自然一致地生活，才能遵從
自然法則。[63]

斯多葛學派的哲學家對人類與自然的關係的認識基本上體現了古希
臘人的自然觀，或者說，是古希臘自然觀的進步思想體系。在斯多葛之
後，對人類與自然關係具有深刻認識的是德國古典哲學時期的思想家和自
然哲學家Kant。[64]Kant區分了自然體系中的人與作爲自然人的人。「在自

---

60 Diogenes Laertius, *Lives of Eminent Philosophy*, vol. VII, § 87-89.

61 汪子嵩等著，《希臘哲學史》，第4卷，人民出版社，2014年，第632頁。

62 Hans Joachim Störig, *Kleine Weltgeschichte der Philosophie*, S. 197, Verlag W. Kohlhammer, Stuttgrt, Berlin, Köln, 1993.

63 a. a. O., S. 196.

64 在斯多葛哲學之後的16世紀，同時出現了機械論自然觀和活力論自然觀，機械論自然觀認爲
一切生命都是按照力學法則進行的；一切天體和地球上的無機物、植物、動物以及人的軀體
都受到同樣的力學法則支配的機械系統；力學的因果律被認爲是自然界的根本規律。人與
宇宙一樣，具有精神實體與物質實體。活力論自然觀認爲從原始物質中生長出許多種子，
每個種子都在預定的時間內發展爲一種特殊的、不是被動的而是活的、自主的實體；肯定
人是一個小宇宙，宇宙是類似於動物和人的有機體；假定宇宙中存在著靈魂，支配著整個
宇宙的運動和變化。參見梁志學，《論黑格爾的自然哲學》，人民出版社，2018年，第2-7
頁。在17-18世紀，Leibniz繼承了活力論自然觀，他認爲，自然宇宙是由無數自主的性質不
同的單子組成。單子是自然的真正原子，是事物的元素。單子是組成複合物的單純實體，即
單子沒有部分。單子不可能延展，沒有形狀和不可分。單子無始無終，有知覺，在其自身之
內具有生命的原理和自足性，這使它們成爲其自己內在活動的源泉，成爲無形體的自動機。

然體系中，人是一般存在物，與其他動物一樣，是自然的產物。人通過
自己的認識和能力超越其他動物，可以為自己設定目的，但這只是賦予
人的作用的外在價值。也就是說，自然體系賦予人比其他動物更高的價
值。當人被視為一個自然人時，即被視為道德上的實踐理性的主體時，人
超越了任何價格。人具有絕對的內在價值，即擁有尊嚴。人要求地球上
所有理性存在物尊重人。人可以用每一種其他存在物衡量人，並在與其
他存在物平等的基礎上估價人自己。」[65]在這裡，Kant認為人是自然宇宙
的一部分，人是自然物，人是不同於其他自然物的理性自然物。「自然
體系中的人與作為自然人的人的差別同於作為現象顯現於我們的人（the
homo phaenomenon）與作為理智存在者的人（the homo noumenon）。」[66]
這樣的區分來源於人的三種面向：1.作為有知覺的存在物，此時，人是動
物種類中的一類。2.作為理性存在物，此時，人被定義為活生生的自然存
在物，人被賦予了具有理論能力的理性的存在物。3.作為理智的存在物，
此時，人不只是作為具有理性的存在物。[67]人的第一面向不包括理性的人
的面向；人的第二面向包含理論的甚至是實踐的理性，但只是以其用於感
官的能力中的理性；人的第三面向包含為實踐本身的理性，即無條件的立
法理性。[68]重要的是，Kant認為人高於其他自然物的價值是自然體系賦予
的，這是人類與自然關係的結晶。人類從自然中獲得價值意味著人類同樣
應賦予自然以價值、尊重自然的價值。從Kant的上述論述中可以看到，人
類活動的合目的性應該服從於自然的合目的性原則。自然的合目的性概念
屬於先驗原則，對此，人們能夠從為研究自然先天地奠立基礎的判斷力準

參見Leibniz, *Monadology*, sec. 3, 11, 15, 17, 18, 79, by Lloyd Strickland, Edinburgh: Edinburgh
University Press, 2014。Leibniz的單子論是其後有機論自然觀的來源。機械論自然觀和活力論
自然觀雖然也揭示和解釋了人在宇宙中的地位以及自然與人類的關係，但主要是認識自然宇
宙，揭示和解釋自然宇宙的特性。

[65] Kant's gesammelte Schriften, Akademie-Ausgabe: *Die Metaphysik der Sitten*, 1797, vol. 6, S. 434-
435.

[66] Joachim Hruschka, *Kant and Human Dignity, in Kant and Law*, edited by B. Sharon Byrd and
Joachim Hruschka, Ashgate, 2006, p. 70.

[67] Kant's gesammelte Schriften, Akademie-Ausgabe: *Die Metaphysik der Sitten*, 1797, AA, vol. 6,
Berlin: Druck und Derlag von Georg Reimer, 1914, S. 418, 456.

[68] Kant's gesammelte Schriften, Akademie-Ausgabe: *Die Religion innerhalb der Grenzen der bloßen
Vernunft*, 1793, AA, vol. 6, Berlin: Druck und Derlag von Georg Reimer, 1914, S. 28.

則中認識到；然而，這些準則只是停留在經驗的可能性，因此也是自然知識的可能性。這些準則作為形而上學的智慧格言，比如，自然取最短路徑；自然在其變化的次序和各種特別不同的形式的排列中都不作飛躍。自然在經驗法則中的豐富多樣性因此統一在必要性原則之下。自然只是根據它的法則行動，它延續著特殊性的豐富多樣性的統一性。[69]人類活動的合目的性在於人類具有通過知性和理性對自然的實在合目的性即客觀的合目的性作評判的能力。進而，認識的判斷必須建立在概念之上。所以，一個先天的判斷必須包含一個源自客體的概念，該概念包含有對這個客體的認識原則。[70]也就是說，人類對自然的認識是通過概念達成的。概念的形成在於對理念的認識，而理念存在自然之中。這表明人類活動與自然不可分割的特性。自然的合目的性是人類活動的目的性的基準。「自然的目的性或目的因的意義在於它取代了科學單純的因果性；活力、生命力、Εντελέχεια（Entelechie、Entelechy、圓滿實現）、生命原理、整體性等要素都包含在目的性或目的因的概念之中。科學成為人文主義的一個組成部分。」[71]自然的目的性或目的因與自然的因果性一樣同受自然法則的約束，但自然的目的性或目的因包含著自然的理性與合理性，具有倫理屬性；因而它將科學變成了倫理學的部分。單純的因果性可能是機械性的，但自然產生的因果性必然是符合各自然物本身的目的性的。因此，自然的目的性或目的因包含著活力、生命力、Εντελέχεια、生命原理、整體性等要素。自然的目的性或目的因原理的深刻意義還在於人類對自然的認識是一個持續的由淺入深的過程。「知性只能從整個自然中認識到什麼是存在的、什麼是曾經存在的、什麼是將會存在的。理性是從一切經驗能力中區分出來的完全真實和優秀的方法，因為理性只根據理念考慮它的對象並據此規定知性；然後，知性經驗性地運用它自己的概念。理性具有原因性，或者至少可以先設定理性具有這樣一種原因性。應當表示一種必然性的特

---

69 Kant, *Kritik der Urteilskraft*, Herausgegeben von Karl Vorländer, Hambung: Felix Meiner Verlag, 1993, S. 18-19.

70 Kant, *Kritik der Urteilskraft*, a. a. O., S. 131.

71 Zeno Bucher, *Die Innenwelt der Atome*, Lucerne: Josef Stocker, 1946; Erwin Schrödinger, *Nature and the Greeks, Science and Humanism*, Cambridge University Press, 1996, p. 104.

性，以及在整個自然中並不顯露出來的各種根據的連結。這一原因性必定從屬於經驗法則。因此，作爲這樣一種原因，人也像其他自然物一樣具有經驗的特性。這種特性是通過人在其作用中的力量和能力而發現的。在無生命的自然或動物生存的自然裡，找不到任何根據設想不同於人的單純以感性爲條件的能力。這些能力被稱爲知性和理性。」[72]

（二）自然概念與法律來源的認識

人的倫理生活與自然生活的一致性意味著倫理規範與自然法則的同質性。自然和自然法則先於認識而存在。自然法則是人類在認識自然的過程中發現的。而倫理規範是人類在認識人類自身與自然的關係中發現的。因此，倫理規範與自然法則都源於自然；倫理規範與自然法則都約束人類與自然的關係。這也是自然概念的規定性。

自然概念的規定性包含著認識的概念。認識就是將那些通過感官知覺而獲得的觀念進行思維的邏輯推理而形成觀點。「理智認識並合理地解釋永恆存在的事物；非理性的感覺知覺把握變化著存在的事物。」[73]思維作爲普遍有效的意識活動遠在感覺之上，感覺只適合於認識單個事物，只對單個認識起作用，正如眞實的存在要比作爲現象的顯現物更深、更純正、更原始。Demokrit和Platon都十分重視這一原理。Demokrit認爲，如果在感覺中沒有發現知識，那麼一定能在思維中找到。他確信有解釋現象的理論途徑。眞正的存在具有解釋諸現象的理論價值。眞正實在的知識本質上就是不容改變的、保持不變的存在的觀念（Vorstellung）。Platon認爲，只有通過正確的知識才能獲得德性，而知識就是對眞實存在的認識：如果未在感覺中發現德性，那麼通過思維一定能獲取它。以德性爲構成成分的知識一定是對眞正實在（即存在）的認識。眞正的存在是構成德性的知識的對象，具有實踐價值。[74]基於此，自然變化過程或者生成是低級的

---

[72] Kant, *Kritik der reinen Vernunft*, A546-A547. 鄧曉芒譯，人民出版社，2004年。

[73] Plato, *Timaeus*, 27d-28a, in Plato's Cosmology, The Timaeus of Plato translated with a Running Commentary by Francis MacDonald Cornford, Routledge, 1937.

[74] Windelband, *Lehrbuch der Geschichte der Philosophie*, S. 87-89.

實在，是感覺的對象；自然變化過程或者生成的原因就是更高級的實在，是思維的對象。由此可知，認識的概念具有物理學、邏輯學和倫理學的屬性。在認識的概念中，物理學的意義是發現自然的原因；邏輯學處理的是感覺與思維的關係；而認識主體從自然宇宙中獲得自然必然性（即自然事物的因果相循法則）和自然的內在目的性（即自然事物趨向於合乎正義、平等與和諧的存在和發展）的認識則屬於倫理學範疇；不止於此，認識主體的立場與方法也屬於倫理學範疇。「一般地，個人根據道德規則或法律判斷自己的行為是否正直，道德規則和法律的真正基礎就是自然法則；而絕大多數人通過理性之光認識和證實自然法則。」[75]認識的概念是自然哲學的基本概念。

　　米利都學派的自然哲學家用宇宙物質的存在、發展和變化這樣的自然進程說明形成世界的類似過程，將自然事物的生存變化的過程視為因果相循的必然過程，從而將世界的發生作為倫理的必然性，將物理的必然性理解為倫理秩序。[76]由此可見，自然哲學自始就與倫理觀念密切關聯著。宇宙萬物持續不斷生成發展變化體現出來的自然秩序也是倫理秩序。自然法則也是倫理法則。自然法則構成了整體的意義和價值。在斯多葛學派的哲學體系中，νόμος（法律）＝ Φύστς（自然），[77]因為斯多葛學派認為「與自然一致」是倫理原則，因而是一種必須履行的義務，是一種必須遵守的法則（ein Gesetz）。正是借助於對天體的觀察，希臘人才更明確地認識到自然秩序合乎法則的思想。[78]自然宇宙根據自然法則形成秩序意味著自然宇宙理性的存在。人是宇宙的一部分；人類的認識活動便具有不同程度的自然宇宙理性。認識是人人都可以運用的，因而認識這個概念具有規範的意義。古希臘哲學家根據logos（邏輯）和理性認識到自然的規律和秩序。自然宇宙的這種物理學觀念藉由邏輯原則與人類的倫理性聯結在一起。靈魂如萬物一樣真實地是宇宙整個進程的產物。因此，靈魂的活動是

---

[75] Locke, *An Essay Concerning Human Understanding*, vol. II, cha. 28, § 6; vol. I, cha. 3, § 6. Oxford University Press, 2008.

[76] Windelband, *Lehrbuch der Geschichte der Philosophie*, S. 40-41.

[77] Windelband, *Lehrbuch der Geschichte der Philosophie*, S. 143-144.

[78] Windelband, *Lehrbuch der Geschichte der Philosophie*, S. 143, 47.

宇宙運動的一種形式。希臘倫理學是以一個與物理學的第一個問題完全平行的問題開始：既然自然中萬物的本原永恆不變、自然法則支配著自然並使之形成秩序，[79]從永恆的自然及其秩序可以推知人類社會的秩序同樣受一種真正實在的支配。這是上述認識概念的規定性的現實化。這種法是真正的實在、思維的對象。這種法既是人定法的來源又是解釋人定法來源的原則，對人定法具有價值評價的規範意義。

在自然哲學意義上認識法律的來源既符合早期希臘人的自然觀也符合他們的法律觀。早期希臘人將人和社會及一切生活準則都看作是屬於自然領域的；人和社會只是自然的組成部分。早期希臘人認為宇宙萬物的生成和動植物的產生都是自然的，並且有足夠的理由相信人的靈魂和軀體也是自然創造的；自然充溢於所有事物之中；這只能通過人的理智予以理解。[80]自然聚集的人群就是最早的clan（氏族），後來發展起來的胞族、部落、部落聯盟都是自然形成的。再後來發展為kōmē（村莊）和polis（城邦）。「自然的同質性是法律觀念存在的必要條件，這一認識基於世界上的相似點和同一性的發現。自然的同質性也是所有知識以及自然法則的公式化的必要條件。」[81]Aristotlte的by nature（「由於自然」、「按照自然」、「具有自然」）[82]意味著自然法則在自然物產生之前就一直存在著，在自然物形成之中自然法則一直起著規範作用，在自然物形成之後自然法則仍包含於自然物之中。在立法範疇內，就自然和自然物本身的立法實際上是自然法則的複製；當自然物與自然人發生關係（包括自然人與自然人之間的關係）時，立法的目的、意圖、過程、技術、結果等都受自然法則的約束。所謂「立法是發現」就是說立法實際上就是解釋和揭示自然法則對於人自身的約束和意義。法律在立法之前就已經存在於自然之中。

---

[79] Windelband, *Lehrbuch der Geschichte der Philosophie*, S. 52, 50, 61.

[80] Plato, *Laws*, 887e-888a, 889b-c, 899b-c. Benjamin Jowett, *The Dialogues of Plato*, vols. 1-5, Thoemmes Press, 1997.

[81] Moritz Schlick, *Philosophy of Nature*, translated by Amethe von Zeppelin, Philosophical Library, Inc., 1949, pp. 89-90.

[82] 「自然」一詞用於指稱符合自然運動變化的各種事物。參見Aristotle, *Physics*, 193a30-33, translated by William Charlton, Oxford: Clarendon Press, 2006。

「開端是存在著的一切事物開始存在的東西。」[83]

Maimonides（出生於西班牙的猶太哲學家、科學家及神學家，1135-1204年）提出了這樣的觀點：一個固定和永恆的「實在的自然」是一切哲學（當然也包括神學）的檢驗標準。正如Maimonides極力主張單一眞理，他也極力主張一個單一和固定的支配實在的自然。自然是一個固定的運行模式，宇宙通過一套固定不變的法則致使萬物以一種特定的樣式運行而發揮其功能。引申開來，「自然」指任何固定不變的規則，它可以被適用於嚴格地說並不屬於自然世界的實體。[84]顯然，Maimonides認爲自然法則同樣可以約束人類社會；但並不是說人類不是自然的一部分。

（三）自然概念與法學研究

從合目的性的觀點將自然當作整體，將自然視爲合目的性的，即自然的普遍形式與具體內容是完全相互協調一致的，且同時從屬於倫理目的；在自然因果關係的神秘必然性中看到最高理性目的的實現；這一切都蘊涵著先天理由。爲了實踐理性的優先權，這個最高目的只能是倫理法則以及它們在人類整體歷史發展中的實現：道德信仰中的目的論的思考通向神聖的世界秩序。[85]這仍是自然概念的規定性。自然的概念要求法學研究以自然哲學爲最高理論根據，它包括：通過物理學找到法律的原始的、眞正的存在。法律是概念體系。由於概念的理念總是存在於自然中，因此概念的存在（Dasein）形式也在自然中。概念體系即自然體系。概念關係即自然關係。Hegel認爲，概念發展過程中的種種規定性本身就是概念，這些規定性具有存在的形式，因爲概念本質上就是理念。這種發展過程所產生的一系列概念就是一系列有特定形狀之物。[86]物理學是研究、發現和解釋自然的原因的學說。沒有物理學，就不可能發現和解釋自然的原因，當然也

---

[83] al-Fārābī Abū Nasr, *On the Perfect State*, edited and translated by R. Wakzer, Oxford University Press, 1985, pp. 88-89.

[84] Tzvi Langermann, *Natural Philosophy, Jewish*, in Henrik Lagerlund ed., *Encyclopedia of Medieval Philosophy*, vol. 2, 2011, pp. 864-865.

[85] Windelband, *Lehrbuch der Geschichte der Philosophie*, S. 476.

[86] Hegel, *Elements of the Philosophy of Right*, p. 60, translated by H. B. Nisbet, Cambridge University Press, 1991.

就不可能認識和揭示自然法則。法學研究必須認識自然；只有認識自然，才能認識自然法則。認識自然同時需要認識自然的原因，才能在法學研究（當然也包括對立法的研究）中運用自然法則。這是法學與物理學的基本關係。認識自然法則，藉助自然法則、基於自然法則發現、產生、解釋和說明法律，使法律的目的性符合自然必然性和自然的內在目的性，因為法學是人學，人是自然宇宙的一部分。否則，就等於將人類排除在自然宇宙系統之外，但事實上人類不可能置身於自然宇宙系統之外。法律的原始的、真正的存在就是自然法則。

通過邏輯學將具有現象偶然性的感覺認識上升為基於思維的符合自然必然性和自然的內在目的性的理性認識。「一切知識的獲取都始於感官，再由感官進入知性，而終止於理性。沒有超越理性的更高能力來加工直觀的材料並將它們納入思維的最高統一之下。」[87]只有理性認識，才能認識到真正的實在；只有理性認識，才能揭示自然法則。對自然世界的探究始於對自然進程的認識，這種認識又必須始於對各種自然事物的認識，這些事物在自然中是較不明顯的，但在人們看來是較明顯的，然後通過認識進到根據自然是較明顯的和較易知的。通過對這些要素的分析，最終可獲得基質和原理。[88]法學一直被當作社會科學，因而法學研究也總是將社會現象作為它的對象。但根據自然哲學可以知道，社會現象是自然現象的體現，因為社會是從自然中產生的，兩者具有必然的邏輯關係。通過揭示自然現象的原因獲得自然的原理；通過自然的原理可以獲得社會現象的原因和社會存在的原理。只有通過自然原理才能認識社會現象。換言之，法學研究如果能夠準確地認識社會現象，只有先認識自然現象；社會存在的原理在自然概念中。Locke論述了實體、觀念、心靈的關係。實體存在於自然中，是某種原始的事物。實體是產生觀念的源泉。它們給心靈提供可感的性質的觀念；心靈給理智提供它自身加工的觀念。兩者是一切觀念產生的來源。[89]也就是說，存在於自然中的實體是觀念的一個來源；心靈的加

---

[87] Kant, *Kritik der reinen Vernunft*, A298-A299. 鄧曉芒譯，人民出版社，2004年。

[88] Aristotle, *Physics*, 184a19-22, translated by William Charlton, Oxford: Clarendon Press, 2006.

[89] John Locke, *An Essay Concerning Human Understanding*, vol. II, cha. 23, section 1; cha. I, sections 5,

工是觀念的另一個來源。後者基於前者。第二個來源具有社會屬性，而第一個來源純爲自然屬性。自然屬性是社會屬性的根據。法學研究的對象既具有社會性也具有自然性，因爲法學是人學。法學研究需要通過基於思維的理性認識將具有偶然性的法律素材和法學素材上升爲符合自然必然性和自然的內在目的性的素材，始能獲得符合自然法則的法律以及符合自然哲學原理的法學研究成果。這就是法學與邏輯學在認識論上的基本關係。不止於此，法學研究在方法論上與邏輯學也具有密切關係；邏輯學爲法學論證提供了主要的方法論。而在本體論上，邏輯學要求法學研究去探究一個具體的概念、規則、原則、制度和體系的本原。

通過倫理學將自然宇宙秩序論證爲人類社會的法律秩序。Aristotle以及步其後塵的中世紀和文藝復興時期的學者完全確信自然的可理解性。自然擁有一種人類心智可以觀察到的秩序，自然擁有一種以人類顯示自然的方式原初地顯露自身的秩序。[90]而「目的論的判斷力被理解爲通過知性和理性對自然的實在合目的性（客觀的）作評判的能力。」[91]這是人類的能力，因爲知性和理性屬於人。這是人類應該具有的能力，因爲知識只能通過知性和理性獲得。不通過知性和理性、不運用知性和理性，就不能獲得知識。法律與倫理的關係悠久深遠。在自然哲學產生之前的自然宇宙神話中即存在法律與倫理的關係。比如將diké比作女神，人間的正義根植於天體中；人們將天體的正義作爲最高道德標準而敬畏。[92]進入自然哲學時期，米利都學派的自然哲學家將自然宇宙一些事物的生成變化的過程視爲自然因果相循的過程和自然合目的性進化的體現。這個樸素的倫理原理在世俗領域便是一個具有約束力的原始倫理規範，成爲後來的法律的不同程度的基礎。作爲自然宇宙之靈魂的正義就是作爲法律之靈魂的正義。這就是法律與倫理的關係。法律與倫理的關係必然體現爲法學與倫理學的關

4. Oxford University Press, 2008.

90 Johannes M. M. H. Thijssen, *Natural Philosophy*, in Henrik Lagerlund ed., *Encyclopedia of Medieval Philosophy*, vol. 2, 2011, p. 840.

91 Kant, *Kritik der Urteilskraft*, Herausgegeben von Karl Vorländer, Hambung: Felix Meiner Verlag, 1993, S. 31. 鄧曉芒譯，人民出版社，2002年。

92 W. Jaeger, *Die griechische Staatsethik in Humanistische Reden und Vortraege*, Berlin, 1937, S. 93.

係。從自然哲學中人們可以看到，倫理或倫理學不是與法律或法學並立的兩個範疇或科學門類。它們相互包涵和融合。因此，長期以來，將倫理視同道德概念或者將道德視爲倫理範疇與法律對立起來的認識以及基於此認識而形成的所謂「古典爭議」與自然哲學的基本原理大相徑庭，或者說在自然哲學面前完全喪失了證明力。

需要注意的是，物理學、邏輯學和倫理學這三者在法律和法學中不是分離的理論和方法。作爲理論，它們同時存在於一個法律概念、規則、原則、制度和體系之中；作爲方法，它們應該同時運用於對一個法律概念、規則、原則、制度和體系的研究之中。自然的概念綜合了物理學、邏輯學和倫理學的各自的基本原理。因此，只有將法律概念置於自然概念中，才能獲得眞正的法學知識。「一切可能的經驗性概念的一種系統化的一致必須從更高更普遍的概念中推導出來，這是一條經院規則或邏輯原則，沒有它，就不會發生理性的運用。這樣的一致也可以在自然中找到：沒有必然性，開端就不會被加強。」[93]自然概念告訴人們，制定法沒有必然性，制定法的最高存在才具有必然性；依據最高存在的制定法才能成爲必然存在的法律。只有將法律置於自然哲學的理論體系中，才能獲得可證立的各別概念體系、規則體系、原則體系和制度體系。只有將法學作爲自然哲學直接的下位學科，才能使法學成爲科學。

「科學」一詞的拉丁文對應詞Scientia的本義是「知識」。當今，哲學與科學是兩個領域，但在過去，它們之間並不存在分界線將之隔開。當代所理解的科學在中世紀大致對應於「自然哲學」。物理學、化學、生物學、地質學、氣象學、心理學在16-19世紀都是自然哲學的分支學科。[94]中世紀的自然哲學立基於古代哲學。著名英國哲學家Sir Bernard Arther Owen Williams（1929-2003年）這樣評價：「希臘對西方哲學的饋贈是西方哲學。」在Newton發表《自然哲學的數學原理》之前，Aristotle的自然哲學就是具有廣泛影響的著作。中世紀和文藝復興時期的學者是在Aristotle的

---

[93] Kant, *Kritik der reinen Vernunft*, Riga, 1787, Suhrkamp, 1995, B680/A652, B681/A652.

[94] Edward Grant, *The Foundations of Modern Science in the Middle Ages: Their Religious, institutional and Intellectual Context*, Cambridge University Press, 1996.

著作中發現自然哲學的。在中世紀的大學裡，自然哲學是與道德哲學（或倫理學）和第一哲學（或形而上學）並列的課程。後來被稱爲「科學」的大多數學科都是在自然哲學的標題之下。在中世紀，「科學」一詞指擁有某種事物的知識的精神狀態。它是通過邏輯證明而產生的知識類型。就此而言，「科學」將其自己與「觀點」或「見解」區分開來，後者不是基於特定的方法，也不是廣泛有效的和確定的，也就是說，後者不是基於思維而是基於感覺的認識。在派生的意義上，「科學」在中世紀還可以指具有其自己的研究領域、原則和方法論的某一學科。在這個意義上，「科學」是關於某個特定論題的命題集，它們是由一系列融貫論證和證明而組織起來的。總的說來，「科學」這個中世紀的術語適用於任何包含著確定和有效陳述的領域。[95]近代以來，將哲學與科學分離，不是進步而是退步。Kant、Schelling和Hegel是著名的「人文」哲學家，同時也是擁有豐富自然科學知識的自然哲學家，並且具有自己的自然哲學理論體系。更重要的是，他們的邏輯學和倫理學蘊涵著物理學的基本原理，或者說就是立基於物理學。因此，準確地說，他們就是自然哲學家，因爲自然、人文、科學在他們的哲學體系中被融合爲一體。從自然出發的任何研究必然產生和包含物理、邏輯和倫理知識和原理；以自然概念爲邏輯起點的哲學體系必然包括物理學、邏輯學和倫理學。這就是自然哲學的來源和結構。這也應該是哲學的來源。從這裡可以看到，物理學、邏輯學和倫理學既是自然哲學的因也是自然哲學的果。這正是有機體的特性；在有機物中，部分與整體是一種相互因果關係。因此，在自然概念下，物理學、邏輯學、倫理學和自然哲學都是活生生的科學。德國古典哲學以後的各別哲學流派都沒有從自然概念出發建立自己的理論體系，因而未能形成如希臘古典時期和德國古典時期的哲學體系，不免帶有不同程度的片面性。因此，哲學研究需要沿著古希臘哲學和德國古典哲學的思想路線前進！

　　法學研究以自然哲學爲其哲學基礎始能使法學理論具有科學性。舉例

95　Johannes M. M. H. Thijssen, *Natural Philosophy*, in Henrik Lagerlund ed., *Encyclopedia of Medieval Philosophy*, vol. 2, 2011, pp. 839-840.

來說，以自然哲學的理念爲理念論述人與自然的關係產生生態法學體系而不是環境法學體系。環境法學只是以人爲中心而論述涉及人與周圍的環境的關係。而根據自然哲學，自然也是主體。因此，在人與自然的關係上，人與自然同爲主體。自然也是生產性和創生性的主體。由於人類只是自然宇宙的一部分，因此，作爲主體的自然的內涵比人類豐富，外延比人類廣大。自然概念可以視爲人與自然關係的先驗範疇。它先天地是任何科學研究的基礎。以自然爲先驗範疇演繹人與自然的關係，便可以獲得一個具有先驗範疇和先驗演繹的生態法學體系。生態法學的體系以自然爲邏輯起點。按照作爲科學學的Kant的《純粹理性批判》體現的知識標準，[96]這樣的生態法學體系就是一個科學的知識體系。這樣的體系突破了傳統法學中以人爲中心的自然觀，自然的環境只是生態法學體系中的一部分。不僅是生態法學，對於其他法學門類同樣重要的是，科學的知識體系是立法或法典的理論基礎；科學的知識體系可以科學地規範立法權的行使。質言之，科學的知識體系具有規範功能。但是，在現有的生態法學研究中，只有很少這樣的科學體系；法學界甚至很少使用生態法學的名稱。在蒐集資料時，本人獲得俄國法學家М. М. Бринчук的《生態法學》，遂將目錄譯成中文獻給法學家們以資參考。

《生態法學》[97]

導言

第1章　自然與社會的相互作用問題

　　1.1.自然：生命的來源、物質和精神財富；1.2.世界和俄國的生態問題的概括評述；1.3.社會與自然的關係的觀點；1.4.國家環境危機狀況的原因；1.5.解決生態問題的途徑；1.6.自然發展規律的作用；1.7.里約環境與

---

[96] Kant的《純粹理性批判》本身就是眞正的科學或包含眞正的科學學，因爲它對於一切科學都是有效的。參見*Philosophie Briefe*, I, 304; AA, I, 3, 72。

[97] 譯自Михаил Михайлович Бринчук, Экологическое право, Масква - Воронеж, 2011。

發展宣言

第2章　生態法：法律的一個分支
2.1.生態法的主題；2.2.生態關係的客體；2.3.生態關係法律調整的方法；2.4.生態法的體系；2.5.生態法的原則

第3章　生態法的淵源
3.1.生態法淵源的概念、特徵、分類和體系；3.2.俄羅斯聯邦憲法、聯邦條約；3.3.國際條約；3.4.法律；3.5.「關於環境保護」的聯邦法律：概括評述；3.6.生態立法；3.7.民法、憲法、行政法、企業法、刑法及其他立法；3.8.俄羅斯聯邦總統、俄羅斯聯邦政府、聯邦各部和部門的規範性法律行為；3.9.俄羅斯聯邦主體的規範性法律行為；3.10.地方自治機關的行為和地方性行為；3.11.司法實務的作用

第4章　生態法律關係
4.1.生態法律關係的概念和種類；4.2.生態法律關係的主體、權利能力和行為能力；4.3.生態法律關係的客體；4.4.生態法律關係的內容；4.5.生態法律關係的發生、變更和終止

第5章　人的生態的─法律的地位
5.1.人的生態權利的概念和對其承認的重要性；5.2.人的生態權利的法律規制的狀況；5.3.良好環境的權利；5.4.人的生態權利的保證和保護；5.5.生態權利保護的機制；5.6.維護自然的義務

第6章　自然資源所有權
6.1.自然資源：公共財產；6.2.自然資源的概念、內容和所有權型態；6.3.自然資源所有權的客體和主體；6.4.私人所有權；6.5.國家財產權；6.6.地方所有權；6.7.所有權的根據、產生和終止
第7章　自然資源利用權

　　7.1.自然資源利用權的概念及種類；7.2.一般的自然資源利用權；7.3.專門的自然資源利用權；7.4.自然資源利用權的原則；7.5.自然資源利用權的主體；7.6.自然資源利用權的內容

第8章　自然資源利用的管理和環境保護的法律基礎
　　8.1.自然資源利用和環境保護的管理的概念和形式；8.2.自然資源利用和環境保護的國家管理機構的種類、共同主管的機構；8.3.專門授權的自然資源利用和環境保護的國家管理機構；8.4.通過其他機構的自然資源利用和環境保護的國家管理

第9章　自然資源利用和環境保護的資訊保證的法律基礎
　　9.1.生態學上重要資訊的概念和作用；9.2.公民獲取重要生態資訊的權利；9.2.1.獲取環境狀況真實資訊的權利；9.2.2.獲取影響健康的重要生態因素的資訊的權利；9.3.收集、積累、傳播重要生態資訊和許可利用的法律規制；9.4.對自由獲取重要生態資訊的法律限制；9.5.重要生態資訊的來源；9.5.1.規範性重要生態資訊的來源；9.5.2.國家的統計清查和報表；9.5.3.環境監測；9.5.4.自然資源和自然物的國家調查資料和登記表；9.5.5.企業的生態說明書、機構和區域的放射—衛生說明書、工業項目安全宣言；9.5.6.俄羅斯聯邦自然環境狀況的國家報告

第10章　生態規定標準的法律基礎
　　10.1.生態規定標準的概念、生態標準的體系；10.2.環境品質的標準；10.3.對環境狀況有害影響的許可極限的標準；10.4.自然資源使用的許可取消的標準

第11章　環境影響評估和生態技術鑑定的法律基礎
　　11.1.生態法律機制中環境影響評估的概念和地位；11.2.環境影響評估的原則和內容；11.3.環境影響評估的公眾參與；11.4.生態技術鑑定的概念及在生態法律機制中的重要性；11.5.生態影響評估的種類和原則；11.6.國

家生態技術鑑定的客體；11.7.國家生態技術鑑定的實施程序；11.8.社會的生態技術鑑定

第12章　技術調節的生態的—法律的基礎：技術操作規程、標準化、證明

12.1.技術調節的概念和基本特性；12.2.技術操作規程；12.2.1.技術操作規程的生態學要求；12.2.2.技術操作規程的擬制和批准程序；12.3.生態標準化；12.4.生態證明

第13章　自然資源利用和環境保護的許可的—協議的基礎

13.1.作為法律調整工具的許可和協議；13.2.重要生態活動的許可種類；13.3.生態許可的程序；13.4.專用自然資源的使用和保護的許可和協定調整的特徵；13.4.1.地下資源使用權的許可和協議基礎；13.4.2.水資源使用權的許可和協議基礎；13.4.3.森林使用權的許可和協議基礎；13.4.4.野生動植物作為客體的使用權許可和協議基礎；13.4.5.排除環境廢料活動的協定特徵

第14章　生態審計的法律基礎

14.1.生態審計的概念和目標；14.2.生態審計的種類和實施程序

第15章　自然資源利用和環境保護的經濟—法律機制

15.1.合理的自然資源利用的保證和環境保護的經濟—法律機制的概念和作用；15.2.自然資源利用和環境保護的計畫；15.3.環境保護的財政撥款；15.4.自然資源利用費；15.4.1.自然資源使用的費用；15.4.2.對環境不良影響的懲罰；15.5.生態保險

第16章　生態監督的法律基礎

16.1.生態監督的概念、種類和任務；16.2.國家的生態監督；16.2.1.國家的整體性生態監督；16.2.2.國家的專門性生態監督；16.3.政府部門和生

產部門的生態監督；16.4.地方自治和社會的生態監督

第17章 生態違法的法律責任

17.1.法律責任的概念和功能；17.2.生態違法的概念、種類和構成；17.3.紀律責任；17.4.行政責任；17.5.刑事責任；17.6.民事的法律責任；17.6.1.生態危害的概念、賠償方法和原則；17.6.2.危害自然環境的賠償；17.6.3.由環境的不良影響引起的人的健康和財產損害的賠償；17.6.4.由擴大的危險源引起的生態損害的責任

第18章 自然物法律制度的特徵

18.1.自然物法律制度的一般特徵；18.2.土地法律制度的特徵；18.3.地下資源法律制度的特徵；18.4.水資源法律制度的特徵；18.5.大氣層大氣法律制度的特徵；18.6.森林和森林外部的植物界法律制度的特徵；18.6.1.森林法律制度的特徵；18.6.2.森林外部的植物界法律制度的特徵；18.7.動物界法律制度的特徵

第19章 專門自然保護區和自然物法律制度

19.1.專門自然保護區：歷史、教育目的、種類；19.2.國家規定的禁伐（獵、漁）自然保護區法律制度；19.3.民族公園和自然公園法律制度；19.4.國家規定的季節性禁伐（獵、漁）區法律制度；19.5.自然文物法律制度；19.6.診治—保健自然區、療養地、休養地法律制度；19.7.專門自然保護物法律制度

第20章 使用物質、材料和廢料的法律基礎

20.1.使用有潛在危險的物質和材料的法律規制；20.1.1.使用有潛在危險的化學和生物物質和材料的法律要求和措施；20.1.2.使用臭氧損害物和含有臭氧損害物的產品的法律要求和措施；20.1.3.使用放射性物質和材料的法律要求和措施；20.2.使用遺傳變異生物的法律規制；20.3.廢料及廢料立法的概念和種類；20.3.1.使用生產和消費的廢料的法律規制；20.3.2.使

用放射性廢料的法律規制

第21章　不安全生態區域法律制度
21.1.危險生態情境形成的概念和因素；21.2.預防危險生態情境和危險生態情境中活動的立法狀況；21.3.預防不良生態情境的法律措施；21.3.1.預防事故的法律規制；21.3.2.自然災害預測和預防的法律規制；21.4.不安全生態區域的概念和種類；21.5.不安全生態區域的法律制度

第22章　外國環境法
22.1.獨聯體成員國和其他中東歐國家的環境法；22.2.國家經濟發展中的環境法；22.2.1.環境法發展的一般規律；22.2.2.環境法的主要來源；22.2.3.環境保護的國家管理機構；22.2.4.環境保護的組織—法律的措施；22.2.5.違反環境法律的法律責任

第23章　國際環境法
23.1.國際環境法發展的因素；23.2.國際環境法的概念和來源；23.3.國際環境法的原則；23.4.國際生態組織；23.5.國際環境會議；23.6.獨聯體成員國的環境保護合作；23.7.國際生態法院
應用：俄羅斯聯邦在自然資源利用和環境保護領域中的法律和其他規範性法律文件

第二章　自然與法的起源

法律的觀念產生於自然。法律的起源最初總是與被人格化的自然中的諸神關聯著。

一、自然與神

在原始人類中，神被說成是萬物的本原、萬物最初的源頭。在哲學中，有多神論，意指自然宇宙中存在著高高低低的眾多神氏；有泛神論，意指一切是神，神也是一切；宇宙萬物都是神的樣式或神的顯現；神被當作宇宙的整體；有一神論，意指神既是個體又是全體，宇宙中只有一個神，神與宇宙合二為一。神的概念既存在於神話和宗教中也體現在形而上學的理性論證中。無論是多神論中的神還是泛神論和一神論中的神，都在自然宇宙中。

（一）自然中的神

自然中的神是指人類先是將各種自然物加以人格化，成為諸神，直至將自然或宇宙神化為唯一的神──上帝。進而對上帝存在作出各種證明。

1. 自然中的諸神

大量資料記載，原始人類將各種自然物人格化，用以象徵與人類自己有關的自然物。

古代人對自然的認識從神話或者說將自然物神化開始。無論是希臘人還是羅馬人，他們意象中的諸神不是虛構的，而是最為確定的實在。諸神既是自然存在也是人造的（即推定的）實在，每個城邦都可以根據法律創造諸神。[1]基於這樣的認識，古希臘人和羅馬人創造出的神就

---

[1]　Plato, *Laws*, 887e, 889e. Benjamin Jowett, *The Dialogues of Plato*, Thoemmes Press, 1997.

是各種自然物的本原。諸神的名稱即包含著這樣的意思，比如，天神Zeus，太陽神Apollo，日神Helios，月神Selene，啟明星之神Eosphopus，風神Zephyrus，雲神Wephele，雷霆之神Brontes，閃電之神Steropes，大地之神Gaea，地母之神Demeter，諸河之神Alpheus、Eridanus、Ister和Scamander，海神Nereus、Poseidon，火神Hephaestus，黎明之神Eos等等。[2]正如Plato所說，假如有人進行推論而把土、火、氣、水視爲一切事物中原初的事物，那麼，「自然」只是他賦予給這些東西的名稱。[3]諸神存在於自然中。

　　古希臘人和羅馬人創造出的諸神都具有具體的特性和功能。[4]比如，太陽給人類帶來光明，因此人人尊奉太陽爲神。再如，Oceanus是大洋神。Homer認爲，所有海洋、江河、溪泉都是從Oceanus流出，並視其爲巨大的秩序井然的宇宙力量，是一切有生命的東西賴以生長的神。再如，Nyx爲黑夜之神，神學家藉此認爲世界從黑夜中產生；自然哲學家藉此製造出「混沌狀態」的概念，認爲宇宙最初混沌一片，萬物最初混在一起。除了將自然物神化以外，在遠古時期，人類爲了生存，把在實踐中學會和發明的各種技藝和本領也賦予神。他們認爲，依靠神賜予的智慧學會耕作、建築、縫紉、發明有音節的語言、學會給事物命名等等。原始人類認爲每一樣東西都是神賜的。比如，Dionysos是耕作與釀酒之神；火神Hephaestus賜予人類冶煉術；Muses帶來語言和音樂。[5]

2　Hesiod, *The Homeric Hymns And Homerica*, translated by Hugh G. Evelyn-white, M. A., London: Willian Heinemann, First Printed 1914, Reprinted 1920, 1926; Gustav Schwab, *Die Schönsten Sagen des Klassichen Altertums*, Naumann & Göbel, 1984. 引自《工作與時日神譜》，張竹明等譯，商務印書館，2011年。

3　Plato, *Laws*, 891c. Benjamin Jowett, *The Dialogues of Plato*, vols. 1-5, Thoemmes Press, 1997.

4　Homer, *The Iliad*, translated by E. V. Rieu, 1956, vol. 18, 607; vol. 21, 194-200; vol. 14, 201, 246, 302. 6; Hesiod, *The Homeric Hymns And Homerica*, translated by Hugh G. Evelyn-white, M. A., London: William Heinemann, First Printed 1914, Reprinted 1920, 1926.

5　汪子嵩等著，《希臘哲學史》，第2卷，人民出版社，2014年，第151頁。Aristotle明確否認這樣的認識。他認爲，有實際的存在原因才會有運動的形式。參見Aristotle, *Metaphysics*, 1071b28-29, in *The Basic Works of Aristotle*, edited by Richard Wokeon, The Modern Liberary, 2001。這表明兩種認識都是缺乏認識，或者說是認識者本身的認識「混沌」。宇宙的運動不分白晝黑夜；在人類開始認識之前，宇宙萬物也是根據自然法則處於各自生長、發展和運動之中。

2. 上帝存在的論證

　　神的概念最初只是存在於神話領域和宗教方面，將自然物神化只是爲了按照神的存在行事；繼而，神的概念上升到形而上學層面，體現爲考察神存在的理性論證。關於上帝的存在，主要有三個連續的證明：本體論論證、宇宙論論證、自然神學論證。[6]

　　本體論論證認爲上帝既存在於人們的理解中，也存在於現實中。由於「存在」的概念在這個論證中所起的決定性作用，它被稱爲本體論論證。[7]上帝不能被認爲是不存在的。Schelling 認爲，「上帝」這個概念的涵義不是指「他必然地存在著」，或者說，他是一個必然存在著的本質，而是指「他必然是一個存在者」，亦即單純的存在者或純粹的存在者本身。不可否認，上帝是一個必然的存在者（Gott ist das nothwendig Seyende.）與上帝必然是一個存在者（Gott ist nothwendig das Seyende.）的涵義不同。[8]Schelling的意思顯然是上帝不是天然生成的存在，而是上帝只能被設想爲存在的，但無論如何不能被設想爲不存在的。上帝這個概念始終只有一個意思，即他是一個純粹的存在者。這個理解符合自然中的諸神的起源；這個理解也符合本體論論證的涵義。「本體」是事物的最終存在。本體論論證是對事物本原之存在的論證。原始人類將自然物人格化爲神，便是爲了追溯事物的本原。因此，Kant認爲，本體論論證是從概念上論證一個最高存在者亦即上帝的存在，這個最高存在者是一個絕對必然的存在者。本體論論證是通過思辨理性的論證，因此這個概念是純粹理性概念。[9]Kant假定上帝僅僅是一個理性概念或理性理念。在這裡，Kant是說上帝不是經驗上的存在，無法通過經驗觀察而獲得，因而不是運用知性的結果，而是通過理性規定的存在。「一切只是意圖被規定爲存在的東西，正是從非存在過渡到存在。它先是以一種潛能或可能性的形式存在著。但

6　F. W. J. Schelling, *Zur Geschichte der neueren Philosophie*, Reclam, 1984, S. 87.

7　Christopher John Fards Williams, *What is Existence?,* Oxford University Press, 1981, p. 17.1.

8　Schelling, *Zur Geschichte der neueren Philosophie*, Reclam, 1984, S. 88.

9　Kant, *Kritik der reinen Vernunft*, A592/B620, A602/B630, Heraugegeben von Raymund Schmidt, Verlag von Felix Meiner, Nachdruck 1976. 鄧曉芒譯，人民出版社，2004年。

只有通過以潛能行動（ad actum）的階段，它才能成爲現實的存在。」[10]
本體論論證將上帝的存在論證爲自然宇宙的最高存在。

宇宙論論證是從一個存在者被預先給予的必然性論證上帝爲最高實在的存在者（entis realissimi）；這個最高實在者以必然的方式存在著。宇宙論論證以一般經驗爲基礎，從純粹的理性原則出發，即從一個由一般經驗意識給予的實存的存在者推論出一個必然的存在者。[11]宇宙論論證以自然事物爲邏輯起點，通過自然事物存在的必然性推論出自然事物的最高存在的必然性以及諸自然事物之最高存在的同一規定性。這個同一規定性就是上帝的本質。由於自然目的性原則既是自然事物存在的必然體現也是自然事物存在的經驗保證，因此，上帝的本質是必然存在的，因而上帝也就是必然存在的。Kant充分肯定宇宙論論證，因爲它是自然目的論的證明。宇宙論論證符合Kant的先驗邏輯：對上帝的認識基於自然始於知性；由於知性的作用，自然目的概念是人能夠思維的一切概念中唯一適合於超感官的對象。這樣，知性只是認識的前提條件；在知性的基礎上，通過理性認識最高存在者的同一規定性，便獲得了上帝存在的論證。在這個認識過程中，包含著主體性概念的全部內涵。

Schelling對宇宙論論證的認識和解釋與Kant基本相同。他認爲宇宙論論證不是從一個單純的概念出發，而是從存在本身即從宇宙的存在出發，這樣，人們就能推論出存在，而僅僅從概念出發，就不可能在結論中到達存在。[12]Schelling強調的是論證的起點是實在的存在而不是抽象的概念本身；這個實在的存在應該就是Kant的自然概念即實在的自然事物。Schelling表明宇宙論論證是基於Aristotle已經使用過的一條原理，即在一個序列裡從原因到原因的連續，那麼在這個序列裡絕對不可能找到一個終極原因，這樣的無限循環根本不能解釋任何東西。因此，宇宙論論證必須設定一個原因，它本身不再以任何原因爲前提；這就是絕對原因。這個終

10　Schelling, *Zur Geschichte der neueren Philosophie*, Reclam, 1984, S. 87.

11　Kant, *Kritik der reinen Vernunft*, A604/B632, A606/B634, A614/B642, Heraugegeben von Raymund Schmidt, Verlag von Felix Meiner, Nachdruck 1976. 鄧曉芒譯，人民出版社，2004年。

12　Schelling, *Zur Geschichte der neueren Philosophie*, Reclam, 1984, S. 88.

極原因只能從純粹的存在者裡發現。如果一個東西不是純粹和絕對的原因，那麼它也不可能是純粹的存在者。通過這個論證，經院哲學家們以為已經證明瞭上帝的存在。一個不再被推動的第一推動者作為終極原因正好適合於宇宙論論證。這是Aristotle創立的原理。[13]Schelling認為「本體論論證只能基於一個絕對實體的概念進行論證，而宇宙論論證只能基於一個一般意義上的原因的概念進行論證。」[14]也就是說，宇宙論論證必然假定一個無限的、永恆的、完善的存在是一切有限實體的終極原因。那麼，本體論論證的最高存在是絕對實體，而宇宙論論證的終極原因也是永恆實體。Schelling所理解的Aristotle原理更應該是本體論論證的來源。宇宙論論證以事物的存在論論證上帝的存在。其方法是從宇宙的運動和因果性推證出必然有一個必然存在。在哲學史上，Plato提出「自動的第一性」，Aristotle發明「非被推動的推動者」，後來的Aquinas、Descartes、Leibniz和 Locke都是這個論證的支持者。[15]宇宙論論證就是將宇宙存在和運動的原因推定為上帝。宇宙論認為需要有一個無條件的存在即上帝作為解釋宇宙的原因。

　　自然神學論證是上帝存在的宇宙論論證的下一個論證。自然神學論證也稱為自然—邏輯論證。藉此論證，形而上學對上帝存在本身的證明似乎到達這樣的程度：從自然無論在整體還是在個別的合乎目的的機制出發，它所推導出來的不再是一個一般的原因，而是一個理智原因。但僅僅是一般地設定一個理智原因還不足以解釋自然的合目的性，而且，作為單純理智原因的上帝本身還沒有被規定為上帝。為此，必須區分兩種合目的性，

13 F. W. J. Schelling, *Zur Geschichte der neueren Philosophie, Reclam*, 1984, S. 88-90. 源於整體存在的本原（Erste）是不變動的，但卻產生原初的和統一的運動。運動的事物必須被某種東西推動。第一推動自身是不變動的，永恆的運動必須源於一個永恆的東西。這就是第一推動的原理。參見*Aristoteles' Metaphysik* (Griechisch - Deutsch), 1073a27-33, Neuberarbeitung der Übersetzung von Hermann Bonitz, Mit Einleitung und Kommentar, herausgegeben von Horst Seidl, Griechischer Text in der Edition von Wilhelm Christ, Meiner, 1991. Aristotle的這一原理被認為是關於上帝存在的宇宙論論證的來源。Aristotle創立了這個論證的基本公式，各個事物表現出來的不完善與較完善的差異必然要假設一個最完善的東西。參見Windelband, *Lehrbuch der Geschichte der Philosophie*, cha. 3, § 13, 5。

14 Schelling, *Zur Geschichte der neueren Philosophie*, S. 89-90.

15 蔣永福等主編，《東西方哲學大辭典》，江西人民出版社，2000年，第931頁。

一種是未深入到質料之內的、可通過單純外在形式顯現的合目的性，比如機器的用途；這種合目的性尚未進入質料，僅由某些部分的外在形式和外在關係產生。另一種是內在的合目的性，它發生在形式與質料不可分的有機體內部。比如藝術作品。因此，在解釋有機自然界的合目的性時，不是將一個一般意義上的理智原因作爲前提，而是必須以一個寓於質料自身之內的理智原因爲前提。但是，形而上學將上帝看作是始終外在於事物和質料的原因。因此，僅以一個理智原因爲前提不足以解釋自然的合目的性。同樣，僅通過知性也不足以創造一個質料的世界。在每一個創造中，知性只是被應用，顯然，它不是實際的創造力量。對上帝的終極辨別在於創造質料的力量，如果不能被證明或者使人領會到上帝具有這樣的力量，那麼，上帝就還沒有作爲上帝而被設定。單純的理智自然的概念並不包含有關上帝的眞正獨特的東西。上帝本身是一個創造質料的原因——造物主。因此，眞正將上帝區別爲獨特的概念是造物主。Schelling進而認爲，自然神學是作爲一切科學頂點的科學。[16]自然神學論證的起點在自然之中，造物主的概念是從自然中產生的。在Schelling的哲學體系中，這個造物主也就是自然。正是因爲如此，Schelling才將自然神學作爲科學。

　　Kant認爲，自然神學證明是最古老最明白最適合一般人類理性的證明，它鼓舞著人類對自然的研究。[17]Kant將目光集中於天體在其無限多樣性中、在它的體系結構的和諧中從自身顯示出來的完善，在它的創造物的幸福旁邊，總是出現創造物在倫理上的完善和崇高。[18]因而，Kant將星空與道德律聯結在一起，他也因此經常激動不已。Kant的這種認識實際上與古希臘人將自然物神化的自然崇拜一脈相承。天體中存在著諸神，諸神使天體完善，給天體帶來和諧。而造物主也像諸神那樣發揮著使自然宇宙和諧的作用，造物主的創造物也與天體中的物質那樣完善、崇高和神聖。但是Kant也認爲，自然神學論證本身不足以證明上帝存在，因爲它依賴於存在最高的存在者這個前提。這個論證從根本上說是以本體論論證爲基礎

---

16 Schelling, *Zur Geschichte der neueren Philosophie*, Reclam, 1984, S. 90-92, 87.

17 Kant, *Kritik der reinen Vernunft*, B651.

18 Windelband, *Lehrbuch der Geschichte der Philosophie*, S. 411.

的。對本原的或最高存在者之存在的自然神學論證是依據宇宙論論證，而宇宙論論證又是依據本體論論證。全然從純粹理性概念而來的本體論論證明就是唯一可能的證明。[19]

上述關於上帝存在的論證對於人類認識上帝的存在具有重要意義；這些論證的意義在於其檢驗了人類認識和證明上帝存在的可能性。本體論論證實際上是將上帝論證爲自然宇宙和世界的本原，但這仍然是一種既是超經驗的又是非先驗的假定，因爲可感覺到的經驗事物都不是本原，而本原也不是先驗概念；先驗概念是從經驗事物中抽象而來。本原是客觀實在。因此，在本體論論證中，上帝只能被理性設定爲一個必然的作爲本原的存在。宇宙論論證是從自然本身出發論證上帝的存在，將上帝設想爲自然事物的最高存在的規定性。自然神學論證也是從自然出發，將上帝定義爲一個造物主。這些論證都是將上帝作爲外在於人自身的一個存在；上帝與人類的關係實際上如同自然、宇宙與人類的關係那樣，只不過是上帝與人類的關係是人類與其他事物的關係的最高關係或來源。對上帝存在的論證與古希臘人將自然物神化爲諸神的區別只是從多神論到一神論；諸神和上帝都是人格化的存在。前者本身就是各種具體自然物，後者是具體自然物即具體存在之上的抽象存在。在這些論證中，上帝存在對於人自身的意義並不能直接從論證結果中獲得，而需要從論證結果中進一步解釋和揭示。

Descartes對上帝存在的人類學—形而上學論證將上帝、自然、人聯結在一起。Descartes的著名命題「我思故我在」包含著這樣的理性主義原理：所有清晰明確如自我意識一樣的事物一定是眞實的存在。Descartes將「清晰」定義爲心靈由直觀得到的呈現，「明確」是指自身完全的清晰和牢固的確切。清晰明確的觀念的顯著性是在自身中建立起來的。Descartes稱之爲「天生的觀念」。這種觀念是上帝刻印在人類靈魂上的。這種直接的理性顯著性具有認識論的意義，它表明自我意識的優越性是在完全的清晰明確中發現的。這是意識的自然眞實性。Descartes的理性主義即以此爲

---

[19] Kant, *Kritik der reinen Vernunft*, A630, B658. 鄧曉芒譯，人民出版社，2004年。

內容。[20]這樣，在Descartes那裡，上帝是存在的；人類與上帝是同在的；上帝存在的清晰性和明確性如同自然事物在人的自我意識中的清晰性和明確性一樣，他們都是由自然事物所包含的觀念和自然之光呈現在人類心靈面前的存在。

Hegel直接將其認識與古希臘的自然觀聯繫起來。雖然古希臘的自然觀也充滿神意，但古希臘的諸神存在於自然之中，或者說就是各種自然物。Hegel認爲，上帝有兩種啟示：一是作爲自然，一是作爲精神；這兩者的表現形式就是他任職的神殿，他在場於自然和精神之中。當作爲一種抽象物時，上帝並不是眞正的上帝。上帝的實際存在是他的他方、生存進程和世界的設定。只有在精神中與自己的他方結合，上帝才是主體。上帝是存在者，在這種存在中精神與自然是同一的。[21]在Hegel那裡，上帝是一種觀念存在，是概念的定在。

本文認爲，論證上帝存在的方式還可以有多種。比如，物理—神學的證明將上帝論證爲藝術家。在自然宇宙中處處存在這位藝術家的標記。萬物秩序的合目的性、事物結構的完善、事物在蓬勃進程中的生命和諧，這一切都是物理—神學的源泉。自然宇宙的合目的性是這種證明的根據。一切不完善的單個事物在宇宙的完善中消失了，每一個不和諧聲音在宇宙的和諧聲中消逝了。[22]本文同時認爲，重要的是上帝存在的意義。無論在多神論時代還是在一神論或泛神論時代，諸神和上帝的存在都具有重要意義。

（二）神的意義

神的存在對於人類的意義不僅體現在神學和宗教領域，而且也體現在自然哲學、人類學、法學以及許多學科領域。神的意義大致可以概括爲：對自然宇宙的崇敬、秩序觀念的來源和科學思考的起源。

---

[20] Descartes, *Die Prinzipien des Philosophie*, I, 45. von Artur Buchenau, Hamburg: F. Meiner Verlag, 1961; E. Grimm, *Descartes' Lehre von den angeborenen Idee, Jena, 1873; Descartes, Meditations*, cha. III, V; citing from Windelband, Lehrbuch der Geschichte der Philosophie, S. 329.

[21] *Hegel's Philosophy of Nature*, vol. I, Routledge, 2002, pp. 199, 204.

[22] Windelband, *Lehrbuch der Geschichte der Philosophie*, S. 409-410.

1. 對自然宇宙的崇敬

　　原始人類將對於社會生產和生活產生巨大影響因而具有直接關係的自然物和自然力視爲由生命和意志的東西予以崇拜。比如土地崇拜，人們將它當作滋養萬物的東西；再如天體崇拜，人們認爲太陽對人的影響最大；天體現象可以給人類帶來收穫。自然崇拜體現人對自然的依賴、對自然力的敬畏。自然崇拜時期的多神論表明遠古時期的人類對自然宇宙的崇敬，各種自然現象都有一個相應的神或神的一種性能和屬性。人成爲崇拜諸神的唯一動物。雖然遠古人類對自然力量和人類自身的問題還無法用科學思維方式予以解釋，但對自然宇宙的崇敬使遠古的人們朦朧地認識到人與神基本上是同形同性的；其合乎邏輯的結果便是各種社會現象也被賦予神的烙印，諸神（Götter）要求所有的人都具有同量的正義感和道德崇敬感。[23]遠古人類由於生存的需要，在實踐中，觀察和探索與生產直接有關的自然現象，漸漸地認識到一些較爲具體的規律，在天文、氣象、數學、以及與日常生活密切相關的建築、航海、醫學方面都積累了一些基本知識。遠古人類每發明一種技藝、每發現一樣自然的東西，就會將其賦予一個相應的神或者將其作爲神一個性能或屬性。不止於此，遠古人類還創造了豐富的神話；在神話中，採用將自然事物和自然現象人格化的方法，表現和描繪自然宇宙的各種現象，表示對自然宇宙的崇敬。這些認識和成果因其富有哲理性而成爲古希臘宗教思想的來源和組成部分。[24]

　　從多神論發展到一神論，表明人類將自然宇宙作爲一個整體予以崇敬。一神論一方面將神視爲宇宙，然後認爲宇宙神永恆、無始、無終，另一方面認爲對事物的認識和理性指導是宇宙神的功能。宇宙神是其餘的神和人中的最高者。一神論者實際上是將神等同於自然整體或宇宙整體，一切都流向同一個有生命之物，即自然。[25]將自然宇宙整體奉爲上帝的哲學家爲數眾多，在古希臘，Xenophanes（西元前570-475年，古希臘哲學家、神學家、詩人）持一神論的觀點。[26]Aristotle將解釋宇宙的最

---

[23] Windelband, *Lehrbuch der Geschichte der Philosophie*, S. 61.

[24] 汪子嵩等著，《希臘哲學史》，第2卷，人民出版社，2014年，第151頁。

[25] Windelband, *Lehrbuch der Geschichte der Philosophie*, S. 29-30.

[26] Windelband, *Lehrbuch der Geschichte der Philosophie*, S. 29.

高原則和根據這些原則對宇宙的整體性觀察的形而上學稱爲神學。自然神論的觀點可以追溯到Aristotle，他的第一推動說就是一神論思想的體現。在Aristotle之後，如Spinoza認爲只能有一個實體存在，一切屬性和樣式都爲它固有。這個實體有兩個名稱：神或自然（deus sive nature）。Spinoza將自然或實體冠以上帝的名義。在Spinoza那裡，神可以被想像爲世界的創造者，自然亦可以被想像爲神的創制者。神就是自然，自然就是神。Spinoza將deus與自然等同使用。這是Spinoza形而上學體系的第一原理。這樣，Spinoza也就否定了神與自然的對立，而這正是基督教的本質命題。[27]根據Spinoza的思想體系，他可能只是將神的名稱冠於自然概念之上，而眞正的實體就是自然；因爲根據Spinoza的解釋，實體只能是一個，那麼與自然相比，神不可能是實體，而只能是自然爲實體。如果將神也作爲實體，那麼神與自然就不是並列或等同的實體。要麼神產生自然，要麼自然產生神。但是，第一實體（根據Spinoza的解釋，神和自然都是第一實體）不產生實體，而只產生實體的各種屬性。因此，將Spinoza的實體理解爲自然更符合他的思想體系。只有這種理解才能理解Spinoza將神的名稱冠於自然之前或之上的意義：通過對神的崇敬而產生對自然宇宙的崇敬。Hegel也將神與整個存在視爲同一。Hegel認爲，上帝作爲主體是一種抽象的無限性，是一種外在於特殊性的普遍性。特殊性是在普遍性之內確立起來的，因而存在就是普遍與特殊的統一。這樣，上帝就與作爲特殊性的事物統一起來。上帝作爲主體就是在此統一中，即在精神中。因此，自然哲學的規定性和目的就是精神在自然內發現它自己的抽象存在體、它的複製品，即自然中的概念。自然的內在本質是普遍的事物。[28]在Hegel的自然哲學中，精神就是主客的統一。精神中的客體即自然物對於主體即上帝來說不是異己或對立而是統一的東西。這就意味著他將上帝等同於自然。由於自然是作爲整體的存在，上帝也就體現爲自然整體了。

　　自原始人類開始，對自然宇宙的崇敬是多神論、一神論或泛神論的基本內涵。換言之，多神論、一神論或泛神論的立論就是出於對自然宇宙的

---

27 Ninian Smart, *Historical Selections in the Philosophy of Religion*, 1962, p. 124.
28 *Hegel' Philosophy of Nature*, vol. 1, p. 204, Routledge, 2012.

崇敬。

2. 秩序觀念的來源

將自然宇宙整體視爲神賜爲古代人類帶來了秩序觀念。

自然爲整體，這種根深蒂固的整體性、統一性觀念發源於荷馬史詩與神話傳說。Plato的靈魂就是一個立體的有序分層的綜合整體。Aristotle認爲自然爲整體，實體是整體的最初部分，繼而產生質，然後產生量。[29]斯多葛學派認爲「火」是宇宙的本原，其也體現出從上到下的整體性。萬物一體的觀念可以說是希臘精神最典型的特性。而人是整體中的部分。人與自然的關係是自然中部分與整體的關係。[30]

整體是秩序的同義詞。整體是秩序的結構；秩序只能體現爲整體。整體的最高秩序就是正義。這個認識和原理產生了城堡或城邦。原始人類從分散的個體變爲群居，聚集在一起建立了城堡和城邦。城邦這個共同體也是爲了免受野獸侵害而建立的。古希臘人認爲城邦秩序甚至法律都是神授予的：正是諸神（Götter）賦予人們正義感和道德崇敬感這樣的品德，城邦才有了秩序。於是，正義感和道德崇敬感成爲建立城邦秩序的原則，從而進入了政治倫理領域。Plato接受了將正義作爲城邦秩序的原則並將其作爲建立理想國的準則。Plato多次論及「與神相似」的要求。他說：「諸神絕不會忽視致力於正義、並且盡己所能實踐德性以使自己成爲與諸神相似的人。與神聖的和有秩序的東西結合也會使自己變得神聖和有秩序。」[31]「惡魔在諸神的世界裡也沒有任何位置，所以他們要出沒於凡人自然生活的區域。因此逃離惡魔意味著變得盡可能像諸神，而與諸神相似意味著在智慧的幫助下變得正義。」[32]Plato將自然宇宙的秩序作爲城邦的

---

[29] *Aristoteles' Metaphysik* (Griechisch - Deutsch), 1069a20-22, Neuberarbeitung der Übersetzung von Hermann Bonitz, Mit Einleitung und Kommentar, herausgegeben von Horst Seidl, Griechischer Text in der Edition von Wilhelm Christ, Meiner, 1991.

[30] Plato, *Timaeus; Laws;* Aristoteles, *Metaphysica*, vol. XII; R. G. Collingwood, *The Idea of Nature*, Oxford, 1945, pp. 3-4, 72-79, 80-85.

[31] Plato, *Republic*, 613a-b. 500c, translated by Robin Waterfield, Oxford University Press, 1993.

[32] Plato, *Theaetetus*, 176a5-b2, in *Theaetetus and Sophist*, edited by Christopher Rowe, Cambridge University Press, 2015.

倫理秩序，而聯結兩者的就是「與神相似」的要求：個人在日常思維、生活方式、價值取向、行爲選擇、決策決定各個方面都要接受神的影響而與神相似。Plato教導並要求個人自始至終應該具有這種道德洞見和正義觀念。這種道德洞見可以使個人通過自然宇宙整體地有理性地合目的地運動而體現出來的秩序領會人類社會自覺地模仿和複製諸神的理性和行爲的必然性；這種正義觀念可以使個人將自己與諸神、自然宇宙秩序、城邦秩序聯結在一起而不會偏離正義的軌道。個人憑藉倫理判斷認可自然秩序植於個人心中；而個人的德性實踐的認識源泉又是根植於神賦予的自然宇宙秩序之中。Aristotle也將正義原則作爲其政治學和倫理學的重要原則。Aristotle用正義原則說明人的獨特性。他認爲，人的獨特之處就在於他具有區別善與惡、正義與不正義以及諸如此類的品質，正是在對這些事物的共同知覺中的聯合才產生了家庭和城邦。Aristotle強調正義是最高的德性。他說，正義就是共同生活中的德性。凡是具備這樣的德性，其他所有德性也會隨之而來。[33]這就是說，「正義不是德性的一部分，而是德性整體。」特別是，Aristotle認識到正義是一個關係範疇。他說，正義是相關到他人的。正因爲如此，在各種德性中，人們認爲正義是最高的德性，它比星辰更加光輝、更令人崇敬。所有德性都彙集在正義中。[34]更重要的是，Aristotle視正義爲政治秩序。當個人具有了正義這樣的德性時，城邦的政治秩序便產生了。因此，Aristotle說，正義是政治的基準，正義因其可以決定何爲公正而顯示爲政治共同體的秩序。[35]從這些論述中可以看到，Aristotle的正義觀是自然正義觀。正義爲德性整體是自然爲整體的希臘觀念的體現。正義存在於事物的physis（自然）之中。正義的事物就是符合自然關係的事物。

---

[33] Aristotle, *Politics*, 1253a15-17, 1283a39-40, The Politics, and the Constitution of Athens, Cambridge University Press, 1996.

[34] Aristotle, *Nicomachean Ethics*, 1130a7, 1129b25-29, translated by Christopher Rowe, Oxford University Press, 2002.

[35] Aristotle, *Politics*, 1253a37-39. *The Politics, and the Constitution of Athens*, Cambridge University Press, 1996.

3. 科學思考的起源

　　科學思考起源於神話與宗教。一神論產生了精神一神論，也帶來了科學一元論。米利都學派的自然哲學家通過宇宙起源的神話思考萬物的本原。Anaximander將始基（Urstoffs）這個概念作爲絕對必要的假設。他已經認識到始基概念的這個要求（即無限）不可能由可察覺到的任何物質所滿足，因此，在他看來，宇宙物質的始基處於一切可供經驗觀察的範圍之外。[36]這與神話時期的人類將自然物人格化爲諸神一脈相承。諸神是存在於可供經驗觀察的範圍之外的。Anaximander因此稱宇宙物質爲τό ἄπειρον（das Unendliche、 the Infinity、無限），並將始基這個概念應有的一切規定性賦予「無限」，即無始、無終、不竭、不可摧毀。此外，「無限」還有另一個稱號即τό θείον（the divine、神性）。[37]這與神話時期的遠古人類將自然物神化的區別是Anaximander的萬物的始基或本原只能是一神即上帝。於是，自然哲學家們在獲得對自然宇宙的科學認識的同時，也將自然世界理解爲「神性世界」。在宇宙論時期的哲學家中，「神」是引導他們用以解釋宇宙的最高概念。Anaximander的「無限」既是自然宇宙的本原也是「神性世界」的本原。自然世界是知覺世界、物質世界，神性世界是非物質的世界。而形成科學對象的正是非形體的世界，這是因爲通過超越一切感覺表象的認識是倫理需要。通過一般概念認識到的倫理知識的對像是眞正的存在：物理的、邏輯的、倫理的始基是同一的。基於此，Plato區分了理念世界與現象世界。[38]理念世界與現象世界的關係是高級世界與次級世界的關係，是本在（Seiende）與形成的關係，這種關係存在於原型與原型的複製品之間。理念世界爲現象世界提供了價值規定；理念是現象的目的因。Plato就是運用這種思想在Republic中闡述了他的德性體

---

[36] Windelband, *Lehrbuch der Geschichte der Philosophie*, S. 28.

[37] Windelband, *Lehrbuch der Geschichte der Philosophie*, S. 28-29.

[38] Windelband, *Lehrbuch der Geschichte der Philosophie*, S. 29, 96-98, 106, 99-100, 107.

系，[39]在Timaios中擬訂出他的自然哲學提綱。[40]理念與現象的關係首先產生了科學的邏輯任務，即認識一般與特殊之間的正確關係。科學的任務就是揭示從一般現象中產生特殊現象、從對於概念的一般洞見中產生對於知覺的特殊洞見的邏輯必然性。這便是Aristotle的科學理論：推導（即演繹）的概念。對源自眞實存在的現象作科學解釋與科學論證爲同一邏輯過程，即從一般根據中演繹知覺中的東西。Aristotle借助事物內在聯繫和推導的概念解決了希臘哲學的基本問題，即通過變化的現象推想一致的和保持不變的存在。[41]Democritus視原子和原子的運動、Plato視理念和理念的意義規定爲諸現象的起因，而Aristotle斷定存在（Seiende）是作爲在諸現象中發展的本質。對於Aristotle來說，本質的發展體現爲形式與質料的關係。形式是由本質根據內容決定的型態。質料是在完成了的事物中由於形式變成現實的可能性。生成就是本質通過形式從純粹的可能性變成現實。當全部事物形成一個整體時，Aristotle稱這整體爲自然。因此，自然就是一個有生命的存在物相互聯繫著的統一系統。在其中，質料通過大量的型態，從一種形式向更高的形式發展，接近靜止的諸神的存在，通過模仿諸神，將可能性吸收於自身。[42]神的概念中的主要內涵如純粹存在、純形式、精神性、靜止不變性、合理性、永恆性等等，不僅可以啟動科學思維而且也是科學研究的對象。

39　Plato認爲正義是最高的善；善的理念體現爲責任和目的；善的理念爲宇宙理性和神性；善是一切良好事物的原因，正如神也是一切良好事物的原因那樣；神和屬於神的事物必定在所有方面都會處於最佳狀態；最優秀的靈魂始終尋求對人的事務和神的事務作整體的關注；而最優秀的靈魂也最不易被任何外部勢力影響和改變。Plato還認爲好的教育能夠培養出有德性和有良好品格的人。Plato在倫理學說和政治學說中發現了理念世界與現象世界的關係，並將他的倫理理想引入他的政治理想。Plato的倫理理想是人類整體的倫理的完滿；他認爲，靈魂在每一個組成部分都有一個確定任務要完成，智慧中包含著靈魂的理性部分，靈魂的精神部分由意志力體現出來，貪欲部分通過靈魂自我控制；完成了這些任務，靈魂就達到自身的完滿境界。各個組成部分作爲靈魂的全部德性必須參與到正確的關係，即完全的正義。這幾種德性的眞正意義能夠在政治領域得到充分發揮。參見Plato, *Republic*, 367c, 379b-c, 381b, 381a, 424a, 486a, Windelband, *Lehrbuch der Geschichte der Philosophie*, S. 104-107.

40　Plato, *Timaeus*. Windelband, *Lehrbuch der Geschichte der Philosophie*, S. 108.

41　Windelband, *Lehrbuch der Geschichte der Philosophie*, S. 111-113, 116.

42　Windelband, *Lehrbuch der Geschichte der Philosophie*, S. 116-117, 122-123.

二、自然與不成文法

（一）Physis的概念

Physis這個名詞源於動詞phuein。Phuein的意思爲「生出」、「生產」、「長出」、「生長」、「變大」、「萌芽」。因此，physis的意思是：1.起源、開始；生長；2.作爲生長結果的人或事物的自然形式或構造，包括本性、結構、外觀、形狀、氣質等；3.規律性秩序；4.屬與種；5.性或性別。[43]

Physis具有三個規定性：自然而然的、本性使然的和自然界的。「自然而然的」這一規定性表明physis被理解爲一個開端。開端的意思是：1.一個實在的東西可以從它首先移動的確定位置；2.每一事物可以最適當地從它產生出來的確定位置；3.一個事物可以首先由它生成的成分；4.使一個事物生成、變化、運動的意圖；5.首先由它可以認識一個實在事物的確定特點。所以，開端的基本性質是「第一點」。開端可以是一個自然，一種元素、一種思想、一個決定、一個實體或者一個事物的目的因。[44]自然而然的東西不是與人工製造的東西相對，而是人工製造的東西源於自然而然的東西。這是古希臘人對自然概念理解的一個重要內涵。理念是現實的原型，現實是理念的摹本。「本性使然的」這一規定性意味著physis是其本來所是的東西，以及體現爲其本來所是的東西。在這個意義上，physis包含著自然法則，因爲自然法則產生於自然，只是它們是由人類認識和揭示的。進而，人爲約定的東西也是來源於自然，因爲人爲約定的東西不能違反本性使然的東西；或者說，本性使然的東西對人爲約定的東西具有約束力。因而，人爲約定的東西應該是本性使然的東西的反映和體現。「自然界的」這一規定性一般來說總是被認爲與「社會的」這一規定性相對。其實不然，「社會的」事物包含於自然宇宙之中，因而也是屬於

---

[43] H. G. Liddell & R. Scott, *A Greek-English Lexicon*, Oxford, 1958, pp. 1964-1965.

[44] Aristotle, *Metaphysics*, 1012b34-1013a18, 1013a21-24, translated by Christopher Kirwan, Oxford: Clarendon Press, 2003.

「自然界的」。這仍然是古希臘人的自然概念的一個內涵。人是自然宇宙的一部分；人類的社會事物或事務不可能與自然界的事物分離，不可能脫離自然界的事物而存在。人類的社會事物或事務根據自然界的事物產生和存在。比如，人的生活、生存是社會事物和事務，具有社會性，但這樣的社會事物和事務不能脫離和違背自然界的規定性，這不僅因爲人的社會性是從人的自然性中產生的，而且人與其他自然物一樣存在於自然之中，人們的社會生活、生存關係以人與其他自然物的關係爲基礎。人的社會性包含在自然界的這一規定性之中。

　　Physis這個詞在Heraclitus以前的哲學家的著述裡沒有一個確定的實指。「自然」（nature）作爲physis這個詞的譯名是一個正確的關鍵詞。Physis既是自然過程也是自然構成，還是自然物發展的形式。米利都學派的自然哲學家對physis的這些涵義充滿興趣。在更爲一般的意義上，這個詞指各種自然事物的現實構造和性質，包括自然事物體現出來的方式。根據Guthrie的研究，physis這個概念是Ionian科學家的一個創造，他們總結了對宇宙的理解。宇宙不是由物質構成的，而是由自然（physis）構成的。這個理解在於用自然的原因代替神話的原因。這是通過這個詞的規範用法對其涵義的最好表達。自然在本質上是宇宙內在的和固有的東西，是宇宙生成和現實構成的原理。在5世紀，它開始特別地用於指稱人類的自然性和個人的自然性。[45]Jaeger認爲，將physis這個詞應用於人的自然性，特別是應用於人的獨特的智力特徵，在其涵義上是「一個重大的發展」，即physis這個詞從指涉整個宇宙而轉換爲指涉宇宙的一部分即人類。如果更深入地考察，自Homer起，這個詞就一直既用於指稱單一事物或物種也用於指稱整個宇宙。[46]也就是說，physis這個詞自神話時期始就包括人類。將人的自然性和人的智力解釋爲physis的應然涵義更是豐富了physis作爲自然概念的意義。由此可知，用今天的法學用語來表達，physis這個

---

[45] W. K. C. Guthrie, *A History of Greek Philosophy*, vol. I, pp. 82-83, Cambridge University Press, 1962; vol. II, p. 351, Cambridge University Press, 1965.

[46] Jaeger, *Paideia: the Ideals of Greek Culture*, vol. I, p. 303; As quoted in Guthrie, A History of Greek Philosophy, vol. II, p. 351, Cambridge University Press, 1965.

概念是認識法律、制定法律的基礎。

（二）Physis與不成文法

Nomoi這個概念在出現時即與physis關聯著。在古希臘人的認識和觀念中，physis（自然）是一個整體，人是自然的部分而與自然不可分離。人的自然性是自然的屬性，因爲自然作爲第一實體，人就是這實體的屬性。這引出了physis和nomoi（風俗習慣、法律）之間的關係。所有的人法都是由神法孕育而來。[47]就是說，nomoi是從physis中演繹而來。

不成文法最初的名稱是nomoi，起初是一些確定的倫理規範或道德原則，是在社會共同體中形成的風俗習慣。這些倫理規範或道德原則在整個古希臘社會被認爲是普遍有效的，它們的制定者是諸神，它們是神的法令，是約束人類的最早被稱爲法的原則和規範。人是通過神的啟示才知道nomoi的。因此，不成文法nomoi來自於physis，它們與自然界有非常密切的關聯，因爲古希臘人將自己視爲自然的一部分。Physis與nomoi的這種關係是古希臘人將人們生活的社會倫理秩序類比於自然宇宙秩序而來。根據這種類比，physis就是在物理的意義上即在自然法則的意義上與人類的社會倫理規範發生關聯。自然宇宙的法則是作爲小宇宙的個人的道德法則。[48]在希臘神話時期，nomoi不僅在人間而且在神性世界和人神之間都起著主導作用。在人制定的法律出現之前，nomoi維繫著社會，是社會成員公認的權威性規範。Hesiod（西元前8世紀，古希臘詩人）說，nomoi是最高原則，是Zeus賜予人類的最偉大的禮物。在Hesiod看來，nomoi是自然界的有序原則或規則。與野獸不同，人類應該擁有正義。Pindar（古希臘詩人）認爲nomoi是萬物的主宰；Herodotus（西元前484-425 年，古希臘歷史學家）也認爲nomoi是支配萬物的原則。[49]Aristotle也將不成文法等同於普遍法則，並稱這普遍法則是符合自然的。[50]在這些論述中，nomoi

---

[47] Guthrie, *A History of Greek Philosophy*, vol. II, pp. 350-353, Cambridge University Press, 1965.

[48] Guthrie, *A History of Greek Philosophy*, vol. III, cha. IV, Cambridge University Press, 1969.

[49] Guthrie, *A History of Greek Philosophy*, vol. II, p. 354, Cambridge University Press, 1965; vol. III, p. 55, Cambridge University Press, 1969.

[50] *The Rhetoric of Aristotle*, 1368b, 1373b, 1375a, translation by Richard Claverhouse Jebb, Cambridge

的作者既是神也是自然，因此，nomoi仍然是從physis中產生。這是physis
和nomoi的最初關係。這也是法律（即不成文法）來源於自然即神的最初
觀念。

不成文法的另一個涵義是從nomoi這個語詞演繹而來的。由於它指涉
一個國家以及它的法律的習慣，不成文的nomoi代表在這個國家被認為是
正確和適當的東西，實際上不是成文法規範內的東西。[51]Guthrie對nomoi
的這個理解是古希臘以後人們所稱的不成文法，它們包含著比風俗習慣
更廣泛的內容。當nomoi演進為包含由人制定的法律時，physis實際上在
生物和社會功能法則的意義上成為這樣的法律的自然基礎；這是因為古
希臘人將自然宇宙與生物和社會意義的人視為同質；另一方面，也引起
人們對physis與nomoi的對照。Guthrie的研究表明，這種對照認為，physis
是不可改變的，而nomoi是可以改變的。但是，籠統地認為nomoi是可以
改變的認識是不正確的，因為nomoi不只是指稱由人制定的法律，它本身
還包含著比人制定的法律更高的法，並且它本身即來源於physis。因而，
當nomoi包含著神的法律（比如自然法則、自然法）時，仍然是不可改變
的。僅取nomoi的一部分而將其與physis對立的理解是不正確的。這樣認
識於有助於認識為何會出現自然法與實證法對立的問題。

既然不成文法和人制定的法律都可以從physis中演繹出來，那麼
physis也是自然法的來源就是一個不證自明的命題。本文將在下面的章節
中論述這個命題。

三、成文法的起源

（一）思想背景

在古希臘，法律產生的思想背景體現在下列幾個方面：

University Press, 1909.

51 Guthrie, *A History of Greek Philosophy*, vol. III, Cambridge University Press, 1969, p. 129.

1. 歷史記載

　　根據古希臘哲學家Diodorus（西元前90-30年）的記載：第一代生活在原始社會中的人類在與野獸搏鬥的經歷中體會到需要互相說明，由於恐懼而聚集在一起，漸漸地觀察到彼此的特徵。在雜亂的呼喚中創造出各種語言；為了表述各種事物創造出各種思想交流方式。首先形成語言的群體便成為其他群體的典範。[52]古希臘人用諸神代表正義與秩序。他們認為諸神賜予各種生物以獨特的能力，給予各種生物生存的手段，分配給各種生物不同的食物和因季節變化而需要的不同遮蓋物，使萬物各得其所，秩序安然。人類因此從諸神那裡獲得了生存的技藝和能力。自然崇拜也包括對秩序的渴求。然後，古希臘人從自然中萬物的生長和發展的過程中看到自然秩序，並認為城邦的秩序就是神賜予的。[53]從這兩則記載可以看到，群居和秩序是社會、城邦和法律產生的原因。

2. 法律思想

　　現代意義上的法律哲學在Plato之前並不存在，但法律思想在關於法律的思維的意義上無可爭議地存在。它們散見於詩人、哲學家、辯術家和歷史學家的著述中。這些人被希臘人統稱為智者。在成文法出現之前，法律思想在類似司法的意義上也已經在希臘社會存在。大約在西元前750年被引入希臘的書寫，起初只是用於私人事務。一個多世紀後，開始用於公共事務和最早的公共銘文，它們在性質上主要是法律方面的。書寫創造了這樣的思想觀念：法律是受到城邦權力機構支持的特定種類的規則。[54]大約在西元前8世紀寫作的Homer和Hesiod的詩歌已經表明希臘人依附於他們為和平解決爭端而發展出來的基本程序。[55]後來，對支配人類自己的生活方式的規則和標準即實體法有了更多的興趣。比如Heraclitus就認識到實體法對於城邦生存的重要性。他說：「當人民為城牆戰鬥時，他們也必

52　Ibid., p. 81.

53　Plato, *Protagoras*, 321-323, in *The Dialogues of Plato*, translated by B. Jowett, third edition, 1892.

54　M. Gagarin and P. Woodruff, *Early Greek Legal Thought,* in *A History of the Philosophy of Law from the Ancient Greeks to the Scholastics*, 2007, pp. 7, 12.

55　*Early Greek Political Thought: from Homer to Sophists*, edited and translated by Machael Gagarin and Paul Woodruff, Cambridge University Press, 1995, p. 6.

須爲法律戰鬥。」[56]立法源於爭議的和平解決的思想。但是，在那時，並沒有立法，而是訴訟。「訴訟接受最直的（即最公平的、合意的、最公正的）裁決，並且是和解的；社會因此仍處於和平之中。」[57]「直的」正義首先要求有一個聽取訴訟雙方的抗辯，然後才能做出裁決。[58]直的正義不僅理想地解決了訴訟當事人之間的衝突，而且有利於共同體的整體和諧和凝聚力。[59]正義、公平、公正、合意是最早的法律思想。

3. 科學的誕生

科學是在希臘人那裡誕生的。科學在希臘誕生後即成爲一種社會力量、一種政治生活的決定因素。人們將自然研究所取得的認識作實際使用，比如建築學。甚至在醫學中到處都是自然哲學的一般概念和生理學研究的具體學說、知識和假設。希臘民族此時需要用科學探究各種問題，需要科學提供建議和 明，這引起狂熱的智力競爭熱情。在實踐活動的各個領域，個人獨立思考和自我判斷的有益方法取代了被習俗支配的舊生活。科學界即智者們走出校門進入社會，向民眾傳授他們自己學到的和發現的東西。與智者同時代的Sokrates針對當時的社會問題提出對理性的信仰、對普遍有效的眞理的確信。智者學派追隨Sokrates，力圖通過科學洞見獲得倫理生活方式的原則。在科學活動中Sokrates的思想和智者學派的思想奇妙地交織在一起，不過，他們研究的人類學方向仍然是一致的。因此，智者們的研究必然地指向人的思維和意志。就這樣，希臘科學從本質上選擇了研究人的內在活動、觀念和意志的人類學或主體性的相關方向。當智者們的活動面對人的意志和觀念的多樣性時，那麼是否存在對所有行爲同樣有效力的東西這個問題就成爲希臘哲學或者希臘啟蒙運動的人類學問

---

56 Heraclitus, DK 44, as quoted in *Early Greek Political Thought: from Homer to Sophists*, edited and translated by M. Gagarin and P. Woodruff, Cambridge University Press, 1995, p. 7.

57 M. Gagarin and P. Woodruff, *Early Greek Legal Thought*, in *A History of the Philosophy of Law from the Ancient Greeks to the Scholastics*, 2007, p. 9.

58 Hesiod, frag. 338, as quoted in *Fragments. In Franmenta Hesiodea*, edited by Reinhold Merkelbach and Martin L. West, Oxford: Clarendon, 1967.

59 *Early Greek Political Thought: from Homer to Sophists*, edited and translated by M. Gagarin and P. Woodruff, Cambridge University Press, 1995, p. 11.

題。[60]在這個時期，科學活動從單純地探究自然獲取自然知識發展到研究人們的內心活動和人們的觀念和意志的力量。智者們的科學活動既是理論的也是實踐的。

（二）成文法的起源

在希臘原始時期（西元前700-500年），大多數城邦的政治結構是至少設有一個審議機構的寡頭政治形式。民主政體通過賦予富人以外的公民權在一些城邦得到發展，而在另一些城邦也經歷了一段時期的一人統治。[61]大約在西元前5世紀，人們漸漸地認識到風俗習慣不能滿足愈來愈複雜的社會需要，而此時，哲學也開始從神話和宗教中分離出來。人們不再把風俗習慣看作是不可改變的神授命令，而認為它們可以是人為創造的東西。

希臘城邦國家形成以後出現了由人制定的法律，這些法律也是普遍有效的。但此時，希臘人還沒有對人制定的法律與風俗習慣（不成文法）作出區分，因此，仍然稱人制定的法律為nomoi。到了智者時代，nomoi包含神法、適用於所有人的法、人定法、倫理規範、基於傳統信仰和習慣信仰的風俗習慣。無論在大城邦還是在小城邦，physis和nomoi適用於人們的整個生活。[62]此時的nomoi在古希臘人的理解中具有如下涵義：nomoi是人們自己約定的，它們只對約定者有效。與神的法令（也稱為nomoi，不是由人制定的而是由神頒布的）相對照，每一個城邦都有自己的nomoi。到希臘古典時期（西元前500-322年），每一個城邦都受其自己的一套法律統治。但這些獨立的法律體系具有相似性，一些小的城邦可以採用大的城邦的法律，只是稍作修改。後人所稱的希臘法其實是各個城邦法律的總

---

60 Windelband, *Lehrbuch der Geschichte der Philosophie*, S. 54-57.

61 *Early Greek Political Thought: from Homer to Sophists*, edited and translated by M. Gagarin and P. Woodruff, Cambridge University Press, 1995.

62 Guthrie, *A History of Greek Philosophy*, vol. III, pp. 55-57, 75-76, Cambridge University Press, 1969.

稱。[63]

　　大約在西元前5世紀左右，在希臘的一些地方，法律被書寫在相對耐久的物質上，並在公眾中展示。這具有幾個效果。首先，它區分了共同體的某些規則，以至於它們可以被認作法律。其次，它傳達了這些規則的一種穩定和持久的涵義。複次，它假定法律對共同體成員是有利的。再次，它傳達了這樣的觀念：這些是具有特定權威的一套特定規則——它們是成文的規則，或者是由人制定的規則。最後，它意味著後者確認了這些規則受到具有權威的、制定這些規則的政治機構的支持，後人稱其為城邦的法律。[64]

　　早期希臘法和雅典法中沒有一個單獨的詞或短語表達一般的「法律」概念。與「法律」一詞涵義相似的希臘詞是nomoi，它的意思可以是一個法律規則或由人制定的法律；在廣義上，它也用於指稱風俗習慣、慣例、倫理規範、社會規範等等，但絕對沒有英語詞可以包含的最一般意義上的「法律」的意思。Nomoi可以表示一整套共同體的法律。但在希臘城邦形成後以及有了由人制定的法律以後，nomoi仍然只標記法律即人制定的法律，並不一定包括在法律過程中形成的法律，例如司法裁決。[65]在這裡，作者是在立法機構產生的法律和判例法的比較範圍裡論述nomoi，而沒有排除也不是排除nomoi包含不成文法的內涵。

　　在西元前5-4世紀，nomoi和physis便成了人造的法與自然的法之關係的兩個關鍵概念。它們體現著早期希臘的法律思想。Heinimann認為physis和nomoi的對比最早是由 Hippocratic（西元前460-370年，古希臘醫師）提出的。Hippocratic認為，physis是神性的和不可改變的，nomoi作為人造的和可以改變的。[66]Archelaus（西元前5世紀，古希臘哲學家）認為，生物是從黏泥中生長出來的，而何為正義和何為卑劣不是基於自然

---

[63] Stephen Todd, *The Shape of Athenian Law*, Oxford University Press, 1993, pp. 15-16, 32-33.

[64] M. Gagarin and P. Woodruff, *Early Greek Legal Thought,* in *A History of the Philosophy of Law from the Ancient Greeks to the Scholastics*, 2007, p. 13.

[65] Ibid., pp. 7-8.

[66] Guthrie, *A History of Greek Philosophy*, vol. II, pp. 354ff, 353, Cambridge University Press, 1965.

而是基於約定。[67]很多研究者根據諸如此類的對比認為在此一時期的希臘人已經將nomoi與physis對立起來。這種見解並無道理。對比不是對立。從整體上看，nomoi從未與physis對立；nomoi是從physis中生長出來的。Nomoi先是體現為合乎physis的nomoi即不成文法；後來有了由人制定的法律，nomoi的範圍擴大了，nomoi既包括由人制定的法律也包括不成文法。作為由人制定的法律的nomoi有可能不合乎physis，但不可能完全不符合physis。即使有一部分nomoi不符合physis，但這一部分nomoi是可以改變的。Archelaus所說的正義和卑劣不是基於physis而是基於nomoi，這就是說有的由人制定的法律產生正義，有的由人制定的法律產生卑劣。而產生正義的法律符合physis，產生卑劣的法律不符合physis，後者是可以根據physis被修改的內容。Nomoi與physis在整體上是一致的，因為nomoi產生自physis。這樣理解符合古希臘人的思想。例如，Heraclitus認為所有人法都是由神法孕育而來。Guthrie在評價Archelaus時也說，「這個有趣的並列使人們想起進化的自然理論與道德和法律的傳統起源的歷史關聯。」[68]Guthrie實際上是肯定成文法是從自然中產生的，因為他不可能不知道古希臘人將自然視為諸神。神性世界是現實世界的原型，現實世界是神性世界的摹本。古希臘自然哲學家和哲學家都是從自然宇宙秩序中看到正義的存在。在他們看來，無論是神話時代還是哲學時代，正義都彌漫於整個自然宇宙。正如倫理學原則來源於物理學原理那樣，道德和法律都是從自然知識和自然原理中產生的。

正是基於這樣的思想，才有後來的不成文法與成文法的區分。Plato注意到這樣的事實，人們現在經受的所有東西就是人們所稱的「不成文法」，而人們所稱的「祖先的法律」只不過就是這些不成文法。Plato說，一切偉大的事物顯然都是自然的產物，人造的作品只是對自然創造出來的原始作品進行一些塑造而已。立法者應該堅持這樣的立場：法律本身

---

67 Diogenes *Laertius, Lives of Eminent Philosophers*, vol. II, 16-17, by Robert Drew Hicks, 2006.

68 Guthrie, *A History of Greek Philosophy*, vol. II, p. 351, Cambridge University Press, 1965; vol. III, p. 58, Cambridge University Press, 1969.

和立法技藝是自然的。[69]人制定的nomoi是physis的一部分。正是有physis
存在，不符合physis的nomoi便可以及時得到修正，直至nomoi成為physis
的一部分。Aristotle將nomoi分為特殊的法和普遍的法。他用前者指成文
的法律，用後者指不成文法；普遍的法也指自然法。而特殊的法部分是成
文的，部分是不成文的。由人制定的法律就是特殊的法，即指各城邦的
成文法；而普遍的法是不成文的但所有人都承認的法。[70]可以肯定，普遍
的法全部直接地來源於physis，特殊的法部分直接地來源於physis，部分
間接地來源於physis。在作出這樣的區分時，Aristotle強調「對法律的分
類應該從屬於公正和不公正之區分的目的，因為公正與不公正行為是在
這兩類法的劃分中被界定的」。[71]Aristotle認為，儘管存在兩種不成文法
（人類全體的和各城邦的），但它們並不像是牴觸的。他堅持如下觀點：
1.特殊共同體的nomoi既有成文的也有不成文的，後者基於習俗和傳統，
與前者不相衝突而補充前者。2.不成文法也可以表述為普遍法和自然法。
Aristotle的這一解釋是古希臘人的自然觀和城邦思想的精確反映。

（三）成文法的名稱

　　當古希臘人有了自己約定的法律時，他們仍然將這樣的法律稱為
nomoi。根據大量資料記載，在那時，關於法律的名稱引起很多爭論，
主要是涉及到physis與nomoi的關係。本文不討論爭論的內容，僅就在有
了由人制定的法律時對physis與nomoi的關係作些評述。需要注意的是，
在涉及「成文法」名稱的問題時，只能在physis與nomoi的關係範圍內認
識和討論。在這裡，physis與nomoi的關係實質上就是自然法與人制定的
法律的關係。具體地說，人制定的法律是根據自然還是根據約定產生。
Plato認為，名稱根據自然而得是在其作為自然作品的意義上，而其他人
認為名稱根據自然而得在其作為現實事物的人工設想的意義上。換言之，

69　Plato, *Laws*, 793a, 889a, 890d, Benjamin Jowett, *The Dialogues of Plato*, Thoemmes Press, 1997.

70　*The Rhetoric of Aristotle*, 1373b, translated by Richard Claverhouse Jebb, Cambridge University Press, 1909.

71　Aristotle, *Nicomachean Ethics*, 1134a-1134b.

「根據自然」可以指涉一個名稱或其內容的來源。同樣，Ammonius（3世紀，基督教哲學家）認爲，當Hermogenes（Plato對話中的人物）說名稱根據約定而得時，其意思是任何人都可以根據他的願望命名任何東西；而其他人「根據約定」的意思是指名稱是由一個名稱給予者施加或制定的。[72]在這裡，Plato認爲名稱來源於自然作品的意義。根據作品的意義決定其名稱，那麼，在約定之法律的意義符合physis時或與其一致時，人們就會將nomoi等同於physis；當約定之法律的意義不符合physis時或與其不一致時，人們就只能將約定之法律稱爲nomoi；此時的nomoi僅僅是根據約定而沒有根據自然。這也就是上述其他人的認識，即名稱取決於約定之法律的人爲意義。而Hermogenes的意思是名稱是根據命名者的意願賦予的。這個認識已經超出了physis與nomoi的關係範圍，因此無法得出具有意義的解釋。

在physis與nomoi的關係範圍內，Socrates認爲，「根據自然」與「根據約定」是可以相容的。一個智慧的立法者可以根據其意願爲內容是自然的東西制定名稱。[73]這就是說，成文法的名稱可以是nomoi，因爲在Socrates看來，根據約定的成文法也可以是根據自然的。Socrates通過揭示約定之法律（nomoi）的「約定」涵義轉變了傳統的對比。當古希臘哲學家希望強調習俗性約定時，他們談及習慣（ethos）、不成文法（agraphos nomoi）和合作協定（sunthēkē or homologia）；當他們希望強調由上級對下級的有意規定和制定時，他們用動詞tithēmi（impose）的變體修改名稱（onoma）或法律（nomoi）的詞語。Socrates訴諸立法者作爲名稱的來源改變了關於何爲自然與何爲約定的整個討論。換言之，何爲自然與何爲約定的傳統討論變爲何爲自然的與何爲實證的討論。當Socrates評述一個立法者根據自然制定名稱時，他實際上區分了在來源上何爲實證與在內容

72 *Ammonius in Aristotlis De interpretation commentaries*, pp. 34.23, 35.8, 35.15-16, 36.22ff. As quoted in James Bernard Murphy, *Positive Language and Positive Law* in *Plato's Cratylus, in Plato and Modern Law*, p. 110.

73 *Ammonius in Aristotlis De interpretation commentaries*, pp. 34.23, 35.8, 35.15-16, 36.22ff. As quoted in Murphy, *Positive Language and Positive Law in Plato's Cratylus, in Plato and Modern Law*, p. 111.

上何爲實證。[74]Aristotle認爲,制定法律(即約定)需要大多數意見的贊同。[75]因此,成文法的名稱的約定者實際上是立法者。約定與自然的關係應該是一致的,因爲違反自然的約定不符合古希臘自然哲學的思想。立法是在自然的引導下進行的。Aristotle更具體地分析了事物名稱定義的重要性,他說,當若干個事物有共同的名稱,而與名稱相應的這些存在物的定義也相同時,那麼這些事物被認爲是同義的。例如,「有生命之物」既可以用於指涉人也可以用於指涉牛,兩者具有一個共同的名稱,都被稱作「有生命之物」,這些存在物的定義也是相同的。但如果人們要對它們分別作出定義,即將它們作爲有生命的存在物時,人們對人和牛作出的定義必須相同。[76]但事實上,人與牛作爲動物的下位概念具有完全不同的涵義。這個例子表明立法確定概念的涵義與意義的重要性。自然,特別是當它與「約定」(convention)對照時,當然也意味著何爲永恆的、真實的和基本的。古希臘關於自然的哲學思想並不明顯地區分關於事物來源的經驗性問題與關於它們本質的規範性和非世俗性問題。[77]約定的事物也可以來源於神。Antisthenes(西元前445-365年,古希臘哲學家)這樣說,根據約定,存在許多神;而根據自然,只存在一個神。[78]這種解釋意味著無論是自然的法律還是制定的法律都來源於神;這種解釋間接地解釋了約定的或制定的法律來源於自然法。

Aristotle對自然物與人造物的區分是明確的。Aristotle認爲,自然地產生出來的事物顯然是由於自然的作用而生成的;而另一類生成的事物都被稱爲「制造物」,所有制造物的製造或出於技藝,或出自能力,或出自思想。[79]但是,將這個區分用於physis與nomoi的關係上卻缺乏實際意義,因

---

74 Murphy, *Positive Language and Positive Law in Plato's Cratylus*, in *Plato and Modern Law*, pp. 111-112, 115.

75 Aristoteles, *Sophistische Widerlegungen*, 173a, von Dr. Theol, EUG Rolfes, Zweite Auflage, *Der Philosophischen Bibiothek* Band 13, Leipzig 1922, Verlag von Felix Meiner, in *Aristoteles Philosophische Werke*, Band III, Verlag von Felix Meiner in Leipzig.

76 Aristoteles, *Kategorien*, Übersetzt und Erläutert von Klaus Oehler, Akademie Verlag GmbH, Berlin, 2006.

77 Murphy, *Positive Language and Positive Law in Plato's Cratylus,* in *Plato and Modern Law*, p. 103.

78 Heinimann, *Norms und Physis*, p. 42, Basel: Fridrich Reinhardt, 1945.

79 *Aristoteles' Metaphysik* (Griechisch - Deutsch), 1032a15-30, Neuberarbeitung der Übersetzung von

爲在這對關係中，physis不是具體的自然物，因而不能與人造物比較。這也是這對關係概念引起爭論的原因。Aristotle還在工具論的意義上論述名稱的問題。Aristotle說，一個名稱因約定而說和聽起來才是有涵義的，沒有一個名稱是自然而然產生的；只有當名稱成爲一個符號時，它才具有涵義。[80]Aristotle將被說的事物的名稱與靈魂的感覺聯結起來，即被說的名稱是靈魂的感覺所形成（約定）的符號，而這靈魂所感覺的事物就是事物本身的自然相似物。靈魂總是與物質聯結在一起的，即靈魂的屬性依存於質料，因此，它的定義必須與此相符合。[81]這是理念事物與現實事物的關係。名稱本身雖然是一個形式，但名稱應該來源於並反映事物的意義，這樣，名稱才具有意義。事物的意義是該事物的自然本性，因此，名稱的約定必須符合事物的自然本性。質言之，名稱存在於自然之中。Aristotle關於語音、名稱和涵義的解釋就是將約定的符號與自然相似物相聯結，因而超越了Hermogenes與Cratylus（Plato對話中的兩個人物）的爭論（即關於是「自然的」還是「習俗的」名稱的爭論）。約定的名稱建基於自然相似物；自然相似物是約定的名稱的原型。根據Aristotle的認識，靈魂的感覺功能是所有人都具有的，因而是自然的；而說出的詞語和成文的標記是根據約定；成文的標記是說出的語詞的涵義。[82]從這個論述可以知道自然與約定的關係，在Aristotle看來，對於同一事物，其事物本身是自然的，其事物的名稱是約定的。那麼就一個由人制定的法律而言，這法律本身即內容是根據自然的，而這法律的名稱是根據自然約定的。因此，對於同一事物，自然與約定是不可分割的。

從Socrates的論述中可以看到的是自然法與實證法爭議的來源。從Plato和Aristotle的論述中可以看到的是自然法與實證法的一致性。本文將在下面的章節予以討論。

Hermann Bonitz, Mit Einleitung und Kommentar, herausgegeben von Horst Seidl, Griechischer Text in der Edition von Wilhelm Christ, Meiner, 1991.

[80] Aristotle, *On Interpretation*, 16a19, 16a27. De Gruyter, 2014.

[81] Aristotle, *On The Soul, Parva Naturalia, On Breath*, 403a4-26, London: W. Heinemann Ltd., 1957.

[82] Aristotle, *On Interpretation*, 16a3-8. De Gruyter, 2014.

第三章　自然法

　　在法學領域，自然法總是被當作觀念型態或道德原則加以論述；這種認識切斷了自然法與自然的直接聯繫。在哲學領域，自然法要麼是被當作神意要麼是被當作自然律來看待。本文認為，自然法直接來源於自然；有的自然法則就是自然法，有的自然法是自然法則的倫理化。自然法是物理、邏輯和倫理的統一體。古希臘哲學家通過物理學發現和揭示自然法則；通過邏輯學將因果性、從屬性等屬於同一體系的整體的知識聯結起來；通過倫理學將萬物生存發展變化的因果性體現出來的自然秩序視為倫理的必然性，從而將自然宇宙秩序的價值賦予人類，並視其為人類社會的秩序。因此，自然法的理論基礎是自然哲學。

一、自然法的概念

　　自然法的概念在狹義上涉及自然法是什麼，即給自然法作出定義；自然法的概念在廣義上除了自然法的定義外，還包括自然法的基本原理。由於對事物的理念的認識可以形成概念，那麼自然法的概念還包括對自然法的理念的認識。基於這樣的理解，對自然法概念的解釋存在自然的、神學的和道德的三種取向。

（一）自然取向的解釋

　　對自然法作自然取向的解釋就是認為自然法直接來源於自然。古典自然法理論和現代自然法理論都是對自然法作自然取向的解釋而形成的理論。

　　古希臘宇宙論時期的自然哲學家認為萬物的本原始終不變，經過千變萬化，這個本原仍然存在，他們稱這個本原為自然。埃利亞學派的哲學家提出「存在」的概念，從「存在」概念中發現了規律，從「規律」的概念

中看到了秩序。他們將存在與思維聯繫在一起。他們認為，不存在是不能存在，也是不能被思維的。因為一切思維都將自己與存在的事物聯結著，構成存在的內容。思維與存在被解釋為完全同一的。沒有思維，這內容就不能歸於存在；沒有存在，就不能構成思維。存在既是一個統一的天體，同時也是一個單純的宇宙概念。雖然他們的本體論過於抽象——存在既是抽象概念（指思維）也是具體概念（指天體）——但是，這種本體論基於存在概念思考自然的一般原則，為認識和獲取自然法提供了本體論和認識論的方向。因此，他們認為，自然宇宙中萬物的生成變化是按照確定的關係在一種同一的不變的次序中進行的。萬物始基就是自然宇宙進程本身。永恆的、理應得到神之名的東西不是物和物質，而是宇宙的運動、進程、生長本身。萬物生成變化的和諧、自然的規律性是獨特的持續存在。這是天意、宇宙理性和秩序。在這種秩序中，自然法則發揮著特定功能。換言之，從這種秩序中，可以看到自然法則，進而看到法學意義上的自然法，因為在這種秩序中，物理的、倫理的和邏輯的宇宙秩序顯示為同一。[1]

古希臘哲學人類學時期的哲學家也相信存在一種由永恆同一的自然所決定的法，這種法超越一切變化和一切差異，是由於自然而對所有人都具有效力；而在一時一地有效的法是人定法。[2] 人類學時期的哲學家所說的法律就是自然法，他們是從自然哲學家的課題中得到這個概念的。正是因為如此，古希臘的倫理學最初是自然哲學的一部分。

智者學派哲學家將約定俗成的法律與不成文的自然法作對比。比如，Hippias（西元前5世紀末期）認為約定俗成的法律是人為的協議、可經常制定和改變，因而不被視為提供了固定和一般的行為標準。這樣的法律往往違反自然的要求，要用自然法去衡量和糾正。他認為存在一種不成文法，即自然法，是神聖的普遍法則，是人類基本的共同信仰，在適用上是普遍有效的。[3]

1　Windelband, *Lehrbuch der Geschichte der Philosophie*, S. 30-33.

2　Windelband, *Lehrbuch der Geschichte der Philosophie*, S. 60-61.

3　Plato, *Protagoras*, 337-338, in *The Dialogues of Plato*, translated into English by B. Jowett, Cambridge University Press, 2010; Guthrie, *A History of Greek Philosophy*, vol. III, pp. 284-285.

Plato認為，合乎自然的法就是自然法，這種法與人的自然性相一致。這種法引導人們追求一種符合自然的眞正公正的生活，因爲它是自然的存在、是自然正義。[4]由此也可以看到自然法與由人制定的法律的關聯以及自然法對後者的意義。Aristotle肯定存在一種普遍的法律是根據自然本性產生的法律，這就是自然法。他認爲法律可分爲普遍的法律和特殊的法律。普遍的法律就是自然法，是合乎自然本性的法律。[5]自然法根據自然本性而產生也就是自然法來源於自然。斯多葛學派哲學家以自然哲學爲背景，在物理學（宇宙論）與倫理學相一致的基礎上論述自然法。Cicero認爲，沒有什麼事物有可能超越自然；理性是自然與生俱有的。自然是人人共同享有的，這種共同的東西就是法。法律是自然的最高理性。自然的普遍性就是法律的普遍性。自然要求人們的生活遵循自然如同遵循法律，因爲法律就是自然的體現。由於自然的教化，人們發明瞭各種技藝；人的智慧仿效自然，創造出生活需要的各種東西。[6]Clichperth（古希臘智者學派哲學家）在《論目的》第1卷中說，根據德性生活也就是與自然一致的生活，因爲人們自身的自然是整個自然的一部分。這就是目的可以定義爲遵循自然而生活，即根據人自己的自然和整個自然而生活，也就是根據普遍的法則生活。這普遍的法則就是自然法。自然總是產生正確的東西。德性內在於自然中。[7]

現代自然法理論將自然法與自然權利聯結起來，因而也就將自然法與人的自然性聯結起來。所謂自然權利亦稱天賦權利就是自然賦予人的權利；所謂人的自然性就是人具有與自然相同的屬性，即人具有與生俱來的權利，以及像自然那樣具有秩序。在沒有國家和制定法之前，這樣的自然法就存在，並且是支配人們行動、維持社會秩序的法則。

4   Plato, *Laws*, 890d-891d. Benjamin Jowett, *The Dialogues of Plato*, Thoemmes Press, 1997.
5   *Rhetoric of Aristotle*, 1373b, translated by Richard Claverhouse Jebb, Cambridge University Press, 1909.
6   Cicero, *On the Laws*, vol. II, 7, vol. 21, 8, in *On the Commonwealth and On the Laws, Cambridge University Press*, 1999.
7   Diogenes Laertius，《名哲言行錄》VII, 87-89。徐開來、浦林譯，廣西師範大學出版社，2010年，第679-681頁。

　　Grotius認爲，自然法如數學定理和幾何公理般清晰、簡明、不證自明。一旦領會，它們就形成原則，根據這些原則，有體系地推理就可以建立一個完全合理的公理系統。這個公理系統包括自然秩序、自然權利、社會契約等等。而契約關係就是自然關係。Grotius對自然法的認識明顯地聯結著自然宇宙的秩序，因爲數學定理和幾何公理體現的就是自然宇宙秩序。Grotius將自然主義的古典自然法理論公理化。在Grotius那裡，現代自然法的Plato主義得到最完整的表達。[8]對於Grotius來說，人的自然性和理性是法律本身的來源。自然法來源於人的自然性和具體的特性。自然法致力於對人的自然性的實現和保護。[9]

　　Locke的自然法理論以自然狀態爲起點，以社會契約爲歸宿。自然權利是其自然法的核心範疇。顯然，不只是自然法，Locke將人類社會的一切均歸於自然。Locke認爲，在自然狀態中，每個人都享有不可剝奪的自然權利，每個人都是自由、平等和獨立的。人們在自然法的範圍內按照自己認爲適當的方式決定自己的行爲以及處理自己的人身和財產而無需得到任何人的許可。國家的法律和政治權力都是起源於自然狀態。特別是，Locke認爲自然狀態是一種有秩序的狀態，反映出他對自然宇宙秩序的理性認識。自然法則支配自然宇宙使之必然地產生秩序；只有在由自然法則支配的秩序中才會有自然法。而生活在自然狀態中的人們也因須遵守自然法和受自然法支配而成爲有秩序的狀態。

　　與Rousseau同時代的啟蒙思想家Diderot具有豐富的自然法思想。在自然法的來源上，Diderot認爲早在自然狀態下就存在關於正義與否的不成文法即自然法。他認爲自然法是由自然創造的法典，是偉大的天神用來支配一切的理性，是刻在人的意識中、寫在人的心中、印在人的靈魂深處的法律。自然法如同那些普遍原則一樣容易爲人們所理解和應用。在自然法的性質上，他認爲自然法是人的本質的體現，是永遠正確和不變的法律。

---

8 Patrick Riley, *The Philosophers' Philosophy of Law from the Seventeenth Century to Our Days*, 2009, p. 16.

9 G. Fassò, Storia della filosofia del diritto, 3 vols, Bologna: IL Mulino, 1966-1970. vol. 2, 100-1. As quoted in *The Philosophers' Philosophy of Law from the Seventeenth Century to Our Days*, 2009, p. 17.

就自然法的功能而言，他認爲自然法是人們的行爲必須由其規範的一種秩序；自然法優於一切由人制定的法律；自然法是區分人們道德觀念的標誌；自然法就是道德準則。[10]

在今天，對自然法作自然取向解釋的法學家們仍然存在。法學家們認爲：「自然法是演繹自自然的一種規則或規則集。自然法被視爲約束人類社會的法，它是與立法行爲所產生的法律相對應的概念。自然法是由可觀察到的自然現象體現出來的秩序，是自然過程之間或者發生於自然中的現象之間的聯結。」[11]「自然法是自然現象中不可改變的法，在任何地方都具有相同的必然性。」[12]「自然法是生命有機體中必需的成分，是一切相同或相似的生物不可分割的部分。實質自然法可以是三種狀態：可持續的、可轉化的、再生的。」[13]「自然法是對於任何時代任何人的一種最具有意義的不可改變的法。自然法有時被理解爲自然現象的數學式表達，它在任何情況下和任何地方都具有相同的必然性。」[14]自然法存在於客觀世界中，獨立於人的意識，是各種自然現象之間的聯結。[15]這些解釋就是以自然哲學爲根據，把對自然界的感覺認識上升到符合邏輯規律的思維過程，通過思維獲得自然的眞理。根據這些解釋，自然法來源於自然，是作爲生命有機體的自然的成分；人類作爲自然宇宙中的生命有機體，先天地含有自然法的要素；自然法是自然宇宙體現出來的秩序，是存在於自然宇宙中的公理；自然法對於人類及其立法具有自然的亦即必然的約束力。

在確定地認爲自然法來源於自然的同時，古今哲學家和法學家認爲人類通過自然之光（lumen naturale）即理性之光從自然宇宙的秩序中認識和發現自然法。Descartes將自然之光與直覺聯繫在一起；他認爲直觀就是心

10　北京大學哲學系編，《十八世紀法國哲學》，商務印書館，1963年，第425-427頁。

11　Справочник технического переводчика. http://find-info.ru/doc/dictionary/technical-translator/index.htm.

12　Начала современного естествознания. Начала современного естествознания: Концепции и принципы: Учебное пособие/ВалерийНестерович Савченко, В. П. Смагин, Ростов-на-Дону : Феникс, 2006.

13　Фразеологический словарь русского литературного языка. конца XVIII-XX вв.: Около 7000 словарных статей/Под ред. А.И. Федорова. М.: Топикал, 1995.

14　Философский энциклопедический словарь. 2010.

15　Толковый словарь Ушакова. https://ushakovdictionary.ru/.

靈通過自然之光獲得的認識。相信自然之光就是相信理性認識的直接顯著
性。自我意識不僅確信存在的自我而且確信一種具有決定性意義的智力
真實性；後者被認為是一切理性認識的起源。[16]因此，從方法論上說，人
的理性使自然法得以體現為約束人類自身的倫理道德規範、法律原則和
規則。「人自然所傾向的東西，源於自然法的範圍，而人所專有的自然
傾向，是按理性行動。」[17]這就是說，自然法是人的思想和行動的根據，
而人根據理性在自然法的範圍內行動也是自然法的要求。「自然法通過與
自然中的規律相關聯的理性而適用於所有人。」[18]自然規律和自然法則體
現出來的自然秩序本身就意味著自然具有理性；自然法聯結著自然、宇宙
和人類。Plato相信理性可以獲得真正的知識；在自然秩序中並且通過神
意，人們能夠領會事物的真理。理性是萬物的主宰，它產生一切事物，包
括法。[19]在這裡，Plato強調了理性可以從自然中獲得法律的基本功能，也
就是說，理性可以將自然法變成成文法。而Aristoteles通過量和運動都是
連續的，因而量和運動必然有前後區別的原理，認為通過理性可以從普遍
原理中確定具體的概念。[20]這也就是說，個別真理演繹自普遍真理；通過
理性可以將具有普遍效力的自然法或自然法則適用於個別化的人類事務。

（二）神學取向的解釋

對自然法作神學取向的解釋主要是認為自然法是神法、自然法來源於
神、自然法是神意或神的命令。在自然法的概念史上，無論在時間上還是
在範圍上對自然法作神學取向的解釋占據主導優勢。

早期古希臘人將自然存在物比作神。在古希臘神話時期，人們就認
為法律是由神賜予的。關於法律，「克里特人說是Zeus制定的；斯巴達

---

16 Windelband, *Lehrbuch der Geschichte der Philosophie*, S. 330.

17 Aquinas，《神學大全》，劉俊餘譯，中華道明會，2008年，第45頁。

18 Мак-Ким Дональд К., Вестминстерский словарь теологических терминов. Пер. с англ. - М.:
Республика, 2004.

19 Plato, *Laws*, 875d. Benjamin Jowett, *The Dialogues of Plato*, Thoemmes Press, 1997.

20 *Aristoteles' Physik: Vorlesung Über Natur* (Griechisch-Deutsch), 219a10-20, von Hans Günter Zekl,
Felix Meiner Verlag, Hamburg, 1987.

人說是Apollo制定的。」理想的法律只能與神的要求一致。神是萬物的尺度。[21]在神話時期後的古希臘哲學人類學時期，Xenophon仍然認爲，自然法是由神制定的適用於全人類的法律，是到處都一致遵守的法律。[22]Plato雖然對自然法和由人制定的法律作自然取向或合乎自然的解釋，但是他也從立法的角度論述人制定的法律與神的關係；並且，在Plato的法律觀中，神、靈魂、自然對於自然法和由人制定的法律具有相同或相似的功能。Plato在談論法律時，總是將人制定的法律與諸神聯繫在一起。Plato認爲法律是位於人們心中的不朽原則，它們是對神話時代諸神生活的模仿而來。立法者應當秉持古老的觀點，即確有諸神存在。諸神統治一切事物，包括管理人類的事務。諸神能夠聽到、看到和認知一切事物。立法者尤其應當相信法律本身和立法技藝的存在都是自然而然的（by nature）。神是法律的根源。[23]Plato通過論證神是法律的根源而說明一切法律都是出自自然或是自然而然地產生的，並用靈魂的概念聯結諸神與自然，而理性是靈魂有序的體現。具有理性的諸神通過靈魂使自然有序。自然法就是存在於自然秩序之中的法，也是自然秩序體現出來的法。由於神是法律的根源，自然而然神也就是自然法的來源。正是因爲神是法律的根源，法律本身和立法技藝的存在是自然而然的，所以Plato也強調修辭的作用，因爲修辭也是立法的一種技藝，而這種技藝也應該是自然的。[24]

　　Aquinas認爲自然法來源於永恆法。Aquinas的永恆法實際上是上帝的法，也就是神法。在Aquinas那裡，不僅自然法而且人定法以及其他一切法律甚至統治原理都是從永恆法演繹而來。他明確地說，既然永恆法是最高統治者的統治原理，則下級統治者的統治原理必然都是從永恆法演

---

[21] Plato, *Laws*, 624a, 716b-c, Benjamin Jowett, *The Dialogues of Plato*, Thoemmes Press, 1997.

[22] Xenophon, *Memorabilia*, translated and annotated by Amy L. Bonnette, with an introduction by Christopher Bruell, Cornell University Press, 1994. Book IV, cha. 4, pp. 129-135.

[23] Plato, *Laws*, 713-714, 709, 716, 890, 901, Benjamin Jowett, *The Dialogues of Plato*, Cambridge University Press, 2010.

[24] Plato認爲，修辭學總的來說是靈魂的指南（leading），它能夠使不同的靈魂對勸說作出回應。科學的修辭是統治的一種有效工具。修辭學是在勸服聽衆中建立的。參見Plato, *Phaedrus*, 261a, 269. Edited with an introduction, translation and commentary by C. J. Rowe, CPI Group (UK) Ltd., 1986。

繹而來。從永恆法演繹而來的所有法律都是下級統治者的統治根據。因此，所有法律，就它們分有正確的理性而言，都是從永恆法演繹而來。在論法律的著述中，Aquinas聲稱，為了指導人們生活，除了自然法和人定法以外，還需要有天主的法律。Aquinas提出了一種內在於自然的自然法，像典範那樣的思想，根據這種思想，神創造了世界。這種自然法是神的智慧的表達，它指引所有行動和活動。[25]現代自然法的概念出自永恆法。正如Suárez很久以後所說的那樣，「永恆法的實體是神的外在作品」（*Lex aeterna habet pro materia opera Dei ad extra*）。[26]永恆法因而適用於神的創造物，統治萬事萬物。後來，在評論Aquinas的著作中，人們發現將永恆法比作（或聯結）gubernatio rerum的表述，在進一步闡明Aquinas思想的一個公式中，永恆法是天主即上帝指導萬物之行動和動態的上智之理。永恆法是天主統治之理，凡是受天主統治的，便受永恆法的支配。永恆法也是不變的真理，凡是對真理的認知，都是永恆法的光照和分得。[27]永恆法是神進行統治的根據。永恆法被視為神法。理性的創造物對永恆法的參與就是自然法。[28]對於Suárez本人來說，永恆法作為神法是統治世界的最高根據。神的永恆理性具有真正的法律地位。[29]Suárez追隨Aquinas，堅持認為永恆法既是一種法律又是永恆理性，神的構思一定是親身的，神的創造設計一定是親身的，因此，永恆法一定管理著自然。[30]西班牙基督教神學家Isidore（560-636年）認為永恆法規制一切生物。Lex既指絕對法

---

25 Aquinas，《神學大全》第6卷，劉俊餘譯，中華道明會，2008年，第30、14、38-49頁。

26 Suárez, *De Legibus*, II, 3, 6. Citing from Jean-Robert Armogathe, *Deus Legislator*, translated by Ann T. Delehanty, in Lorraine Daston and Michael Stolleis, *Natural Law and Laws of Nature in Early Modern Europe: Jurisprudence, Theology, Moral and Natural Philosophy*, Ashgate, 2008, p. 267.

27 Aquinas，《神學大全》第6卷，劉俊餘譯，中華道明會，2008年，第26、28、31頁。Johann Wiggers, in Primam Secundae divi Thomae Aquinatis Commentaria, Louvain, 1634, p. 299. Citing from Jean-Robert Armogathe, *Deus Legislator*, translated by Ann T. Delehanty, in Lorraine Daston and Michael Stolleis, *Natural Law and Laws of Nature in Early Modern Europe: Jurisprudence, Theology, Moral and Natural Philosophy*, Ashgate, 2008, p. 267.

28 Armogathe, *Deus Legislator*, p. 268.

29 Suárez, *De Legibus*, II, 1, 4. Jean-Robert Armogathe, Deus Legislator, translated by Ann T. Delehanty, in Lorraine Daston and Michael Stolleis, *Natural Law and Laws of Nature in Early Modern Europe: Jurisprudence, Theology, Moral and Natural Philosophy*, Ashgate, 2008, p. 273.

30 Suárez, *De Legibus*, II, 1, 5. Citing from Ibid.

（ligare），它適用於一切創造物；又指人定法（legere），它只適用於人類。[31]作爲人定法，它們是成文的，作爲永恆法，它們具有特定的性質，是適用於一切生物的規則。這意味著它們的作者是神。這標誌著「Deus legislator」（神立法者）這一表述在認識論上的產生和形成。[32]*Deus Legislator*（神立法者）是指「通過力量獲勝，任何世俗立法者都不能與他相提並論的至高立法者。」[33]比如，人們可以從Descartes《沉思錄》第六沉思的背景中看到這一點，在那裡，Descartes清楚地回答了對神作爲最高立法者的理解。[34]Descartes認爲，凡是自然告訴人們的都含有某種眞實性，因爲自然是上帝本身或上帝在各造物裡所建立的秩序。Descartes將自然等同於上帝；進而也可以認爲Descartes將自然等同於神。受*Deus Legislator*一文中的定義的限制，*Deus Legislator*譯爲「立法之神或至高的立法者」較爲適當。但是，本文認爲，譯爲「自然立法者」也符合*Deus Legislator*的立意，這不僅是因爲根據一神論或泛神論，自然與神同一，而且更重要的是，在自然哲學中，自然是主體，自然是生產性的主體，自然產生萬物，自然產生自然法則，進而產生自然法；而在終極意義上，由人制定的法律也是來源於自然；將自然作爲立法者體現了人類受制於自然

---

[31] Etymologiarum sive Originum Libri XX, lib. II, cap. 10, n. 1 (PL 82, 130; ed. W. M. Lindsay, Oxford, 1911): "nam lex a legend vocat, quia scripta est." here citing from Armogathe, *Deus Legislator*, p. 277.

[32] Armogathe, *Deus Legislator*, p. 277. deus用於指稱：男神；女神；作爲神的後裔的人；簡短殷切祈禱的形式；祝福、祝願和誓言的形式；在詩中指愛神、曙光女神等；神的本質或存在；至高的存在；在*Ecclesiastes*（《傳道書》）中指上帝；作爲神的非常傑出和幸運的人；在成就和幸福方面超凡（hyperb）的人；神化的皇室成員；神的塑像或肖像。參見Latin-English Dictionary, by Rev. John T. White and Rev. J. E. Riddle, vol. I, Longmans, Green, And Co., third edition, 1869; Oxford Latin Dictionary, edited by P. G. W. Glare, second edition vol. I, Oxford University Press。Aquinas在其《神學大全》第一集第一卷中也有類似解釋：「拉丁文deus的希臘文對應詞為theos，原本泛指神。基督教寫爲Deus，指上帝，天主教譯爲天主。」因此，deus除指上帝和天主外，也可指其他神。可以看出，deus是指神及神化的人，包括上帝但不是專門用於指稱上帝。因此，deus不僅可以與God和Gott等同使用而且也可以指稱諸神或神化的人。這樣，*Deus Legislator*至少也可譯爲「上帝立法者」、「神立法者」、「至高的立法者」。而「至高的立法者」也可以指世俗共同體中的立法者。

[33] Job與Elihu的討論，參見Job 36:22, Vulgate; citing from Jean-Robert Armogathe, *Deus Legislator*, translated by Ann T. Delehanty, in Lorraine Daston and Michael Stolleis, *Natural Law and Laws of Nature in Early Modern Europe: Jurisprudence, Theology, Moral and Natural Philosophy*, Ashgate, 2008, p. 275。

[34] Armogathe, *Deus Legislator*, p. 277.

法則、自然法以及受惠於自然正義和自然的公正性的觀念和思想，體現出
人類對自然宇宙的敬畏和景仰，體現出人類對自身與自然相一致地生活的
倫理要求，體現出對人類的立法必須與自然的立法一致的理解和要求。

　　在伊斯蘭法學中，也是將自然法與眞主聯結在一起。Abu Bakr al-
Jassās（法學家，-942年）、al-Qādī 'Abd al-Jabbār（神學家，935-1025
年）和Abū al-Husayn al-Basrī（法學家、神學家，-436年）等法學家的著
作闡述了這樣的觀點：自然被確信是有利於人類的。自然是始終如一的正
義只是因爲眞主的恩惠。對自然的經驗探究揭示了這個被造的世界主張對
於人類存在的多元利益。自然，由於它的存在，必然是善行的來源。自然
法是建立在關於眞主和自然的神學第一原則的基礎之上的。關於眞主的神
學第一原則是眞主只行使正義而不作任何邪惡之事；當眞主創造世界時，
他的意圖就是造福於人類。關於自然的神學第一原則是自然在客觀上造
福於人類，自然被假定爲一個隻創造人類幸福而不謀取利益的造物主。
自然融合了實際的東西與價值的東西。[35]'Abd al-Jabbār用幾個特定的術語
即實體（rizq, substenance）、義務（taklīf, obligation）、神助（lutf, divine
assistance）、法理（al-shar'iyyāt, legal theory）和正義（al-ta'dīl wa'l-
tajwīr, justice）建立起他的自然法理論。眞主爲人類提供實體。由於實體
是眞主授予的，它爲融合自然中實際的東西和價值的東西提供了基礎。
'Abd al-Jabbār的自然主義命題部分地依賴於神學命題，即眞主除了行使公
正和正義以外什麼都不做。實體涵括（invokes）了自然中的經驗事實和
推定的自然的規範價值。[36]'Abd al-Jabbār說：「眞主原本不是爲了有利於
一部分人而不利於另一部分人而創造自然的。眞主原本是爲了促進生活而
創造了萬物。」[37]

　　'Abd al-Jabbār的自然法理論使用幾個關鍵的概念和術語以一種將
理性權威論證爲Sharī'a義務來源的方式聯結神的意志與人的道德媒介

35　Anver M. Emon, *Islamic Natural Law Theories*, Oxford University Press, 2010, pp. 32-33, 25-26.
36　Ibid., pp. 51-52.
37　'Abd al-Jabbār, al-Mughnī, al-Taklīf: 27. Citing from Anver M. Emon, Islamic Natural Law Theories, Oxford University Press, 2010, p. 54.

（agency），從公正的真主自然地推理義務。一個人必須具有和依賴於他的心願，否則任何享有都是不可能的。的確，對於'Abd al-Jabbār來說，沒有努力和艱辛，義務概念就不具有什麼意義。[38]權利人必須具有自由地研究和選擇行為過程的能力。因此，這種要求導致人們考慮作為義務來源的理性的作用。由於'Abd al-Jabbār的自然主義被設計為允許自然推理，所以他並不要求一切義務皆明確地以命令形式規定。義務依賴於關於真主創造權利和公正的特性的某種命題。[39]Sharī'a義務的涵義以公正的真主為前提，真主為人們理解必須遵守的義務提供了充分的證明。[40]

在當代法學中，仍然存在將自然法理解為神法的法學家。比如俄國法學家認為：「自然法是最高權威機構的命令，是神法和啟示法，它構成信仰的實體；」[41]「自然法是普遍的道德法則，通常被視為神學，是所有人的神。」[42]這些解釋的獨到之處是將自然法既作為神法也作為實在法。所謂神法就是自然法是由神制定的法律或來源於神的法律；所謂實在法，在這裡就是說自然法是自然中真實存在的法律，它如同作為實體的自然一樣具有生產性而產生所有其他形式的法律。

（三）道德取向的解釋

對自然法作道德取向的解釋就是將自然法作為道德觀念、道德律令、道德權利和義務等屬於倫理道德範疇的內容。「法律實證主義」產生的主旨正是針對自然法的這種道德取向的理解。道德取向的解釋認為，從道德的意義上說，自然法是指道德的一般要求。它們是由理性發現的，是自然權利和義務的基礎。作為理性的命令，它們與人制定的法律相對照；它們不可被人類立法者的意志所改變。它們無關在人制定的法律中體現或不體

---

38 'Abd al-Jabbār, al-Mughnī, al-Taklīf: 73. 'Abd al-Jabbār, al-Mughnī, al-Taklīf: 85, 86. Citing from Anver M. Emon, *Islamic Natural Law Theories*, Oxford University Press, 2010, pp. 62-63.

39 'Abd al-Jabbār, al-Mughnī, al-Taklīf: 292. Citing from Ibid., pp. 67-68.

40 'Abd al-Jabbār, al-Mughnī, al-Taklīf: 10. Citing from Ibid., p. 71.

41 Толковый словарь Даля. https://gufo.me/dict/dal.

42 Мак-Ким Дональд К., Вестминстерский словарь теологических терминов. Пер. с англ. - М.: Республика, 2004.

現；也就是說，道德取向並不要求立法者在制定法律時像自然取向和神學取向那樣必須接受自然法的約束。

對自然法作出道德取向解釋的系統觀點是將自然法分為程序自然法和實體自然法；程序自然法通過法律形式體現法律的內在道德，實體自然法通過法律形式體現法律的外在道德。在程序自然法中，法律的內在道德體現為法治原則；在實體自然法中，法律的外在道德體現為法律理想或法律目標。實體自然法通過程序自然法實現。本文認為，這種理解的價值在於闡述了法律與道德的不可分割的關係。而將道德分解為內在道德與外在道德、將自然法分解為程序自然法與實體自然法都缺乏法理上和哲學上的根據。道德概念包含道德意識、道德內容和道德行為三個部分。俗話所稱的道德也是由這三個部分構成。它們附著於道德主體自身，沒有也不能作內在與外在的區分。至於道德行為的結果則是外在的，因為它已經涉及到關係，並且需要被外在的各方評價、對待和處理。道德也體現為道德原則或道德法則和道德規範或規則。它們可以統稱為道德法則。「道德法則只有能夠通過理性被認作具有先天根據和必然性才能作為普遍有效的法則。」[43]如果將道德法則分為道德原則和道德規範，那麼道德規範是一種通過表明某種行為的性質來指導行為和情感的一般描述。道德原則構成道德規範的基礎。道德原則論證道德規範的合理性，闡明道德規範的適用範圍。道德規範是特殊和具體的，道德原則是一般和抽象的。無論道德原則還是道德規範都沒有內在外在之分。因此，將內在道德與外在道德對應於程序自然法與實體自然法也就不能成立。同時，自然法也是以法則／原則或規範／規則的型態出現的。任何一個自然法則既是程序法則同時又是實體法則，因此，自然法也沒有程序與實體的區分。比如一個自然法則：個人的自然性是個人的應然。這個自然法則的基本原理是個人作為自然物是自然宇宙的一部分。如同其他自然物那樣自然地生長發展是自然性的必然內涵。個人的應然體現個人作為本質的存在。實現人的自然性就是實現個人的應然。人的本質存在既是自然存在也是倫理存在。因此，這個自然法

---

43 Kant, *Metaphysics of Morals*, 1797, pp. 11, 20, translated by Mary Gregor, Cambridge University Press, 2017.

則是倫理的最高規範。它無法分爲程序的和實體的。當它體現爲法律規範時，它可能包括程序和實體的規範或規則，但此時已經不是自然法而是實在法了。而在法律過程中這個自然法則也是在同一個法律行爲中實現的，程序和實體是這個法律行爲不可分割的部分。

對自然法作道德取向的解釋不構成一種自然法理論。古典自然法理論立基於自然主義，將自然法等同於自然正義；現代自然法建基於理性主義，將自然法當作自然權利。對自然法作道德取向的解釋既不構成自然主義自然法也不形成理性主義自然法。自然主義自然法和理性主義自然法的理論基礎都是自然哲學，它們各自的核心範疇自然正義和自然權利都是自然宇宙賦予人類的，即所謂的天賦權利。在自然哲學中，倫理道德秩序本身就是自然宇宙秩序的體現。也就是說，在自然正義和自然權利中有著豐富的關於自然法的倫理道德內涵。因此，對自然法作道德取向解釋只是自然主義和理性主義範疇中的認識和方法。

本文認爲，對自然法的解釋必須基於兩個前提，即自然法是自然的和自然法是正義的。自然取向和神學取向的解釋都是基於這樣的前提並受到它們的約束。道德取向的解釋只有將自然法的倫理意向與人的道德意識和法律意識（法律意識只是主體對法律的認識，仍停留在主體自身，因此它仍聯結著主體的道德意識，或者說是主體道德意識的延伸）連接起來，才能體現爲對自然法作道德取向的解釋。這樣解釋關聯著道德範疇但不只是道德範疇。自然法的倫理意向是指自然法本身所具有的倫理性，它源於自然宇宙萬物生長變化的因果律和目的性；從自然宇宙和自然法則產生而來的自然法是通過物理學、邏輯學和倫理學認識和發現的。因此，在這個維度上，可以清晰地認識到自然法是自然的和正義的。但是，倫理意向只是自然法的一個維度或自然法本身的一種內涵，因此道德取向的解釋如前所述也只是其他解釋的一部分。已有法學家作出這樣的認識和解釋。根據Grotius和Аренс的理解，自然法是關於法律的理想知識的總和，具有純粹的道德屬性。[44]自然法的來源（自然、理性、最高道德秩序）是倫理意向

44　因此有法學家指出，對自然法的倫理論證一直是尋求超越現實的最高行爲原則。人們通過自己的意志將自己的主觀理想客觀化。自然法的歷史論證體現在各種社會變革的訴求和口號之

的總和的標誌，它本身反映著時代的道德傾向和社會需要。[45]在這裡，自然法確定地來源於自然，通過理性加以認識，是最高道德秩序的結晶。而最高道德秩序就是自然法的倫理意向的體現；自然法自然而然地產生最高道德秩序，正如自然法則自然而然地產生自然宇宙秩序那樣。自然法的倫理意向與社會成員個人的道德／法律意識的關係是：自然法的倫理意向指導、指引、約束個人的道德／法律意識的形成，爲社會共同體的立法和法律制度的產生和形成提供原型，爲現存的法律、法律體系和一切實證的法律提供價值標準以致立法者可以根據這些價值標準完善它們。因此，「自然法是法律與道德關係的體現之一：自然法爲道德意識對實證的制度作出反應提供依據。立法者產生一般規則，通過法律規範社會關係總是具體的和個別的。這種觀念與實證的衝突顯示實證法具有不完善的特性，進而用道德意識對人制定的法律進行完善。」[46]當社會成員和立法者對自然法的倫理意向有如此清晰的認識時，自然法就會對他們的道德／法律意識產生實質影響，社會和國家的法律及其他制度體系就會符合自然法的規範要求。自然法就是眞理。它本身含有全部道德要求，這些要求決定人們遵守或不遵守另外的外在法律權威；它本身包含所有道德規範，在其中，任何權威、權力以及概括地說所有人定法都能找到證立或否證的理由。[47]在符合自然法的社會和國家制度體系下，「自然法的標準就成爲大眾化的法律意識的一部分，以實現大眾在由人制定的法律中的社會期待。首先，它關係到人的權利和自由的範圍，因爲大量權利和自由體現在這樣的法律中。」[48]人制定的法律中的權利與自由的範圍取決於立法者對存在於自然

中。參見Шуршеневич Г. Ф., Общая теория права. Учеб. Пос. (По изд. 1910-1912 гг.). В 2-х т. Т. 1. Вып. 1. М., 1995. С. 32; Елизавета Александровна Фролова, Теория Естественного Права, Государство и Право, 2015, № 1, С. 72.

[45] П. И. Новгородцев在〈歷史法學派：它的起源與演進〉一文中對此作了詳細的論述。П. И. Новгородцев, Историческая школа юристов, ее происхождение и судьба. Опыт характеристики основ школы Савиньи в их последовательном развитии. М., 1896. // В ки.: Немецкая историческая школа права. Челябинск, 2010, С. 7, 8.

[46] Елизавета Александровна Фролова, Теория Естественного Права, Государство и Право, 2015, № 4, С. 49.

[47] Трубечкой Е. Н., Лекции по энциклопедии права. М., 2012, С. 59-61.

[48] Елизавета Александровна Фролова, Теория Естественного Права, Государство и Право, 2015,

法中的個人權利與自由的範圍的認識。個人權利與自由的實現既可以直接基於人定法也可以直接基於自然法，這不僅是因爲人定法與自然法的一致性而且是因爲個人可以援引自然法獲得實際權利與自由，因爲「整個自然法概念在不同程度上可以或應該通過每一個人的道德／法律意識加以認識和接受。」「自然法的本質不是體現在對法律規制機制的道德性的無關性中，也不是體現在抽象的道德應當中，而是根植於主體的思想傾向以及道德律令的具體表現形式中。」[49] 人既是自然存在也是倫理存在。人的特性不僅蘊涵於自然法中，「人的特性也體現在法律規定中，法律由組成道德實體一部分的個人意志和思想所決定。」[50]

　　由上面的分析可以知道，對自然法的自然取向、神學取向和道德取向的解釋歸根結底都是自然主義的解釋。道德取向的解釋是自然取向解釋的一部分。一方面，道德取向解釋之道德的載體必須是人，這樣，自然法的道德內涵與意義必須符合作爲道德存在的自然人的基本規定性；而作爲道德存在的人同時也是自然存在，自然法的道德內涵又必須符合人的自然性。也就是說，自然法的道德內涵與人的自然性是一致的。另一方面，道德取向之道德的載體也可以是自然，因爲根據自然哲學，自然也是主體，自然也生產倫理道德規範，即自然秩序體現出來的正義諸價值就是倫理道德規範。這樣，道德取向的本原一定是自然。因此，完整的道德取向解釋必然是自然主義的。神學取向解釋是神學意義上或神學領域中的自然取向解釋，這是因爲無論是在神話時代還是在自然哲學時代，人們都將自然比作神，無論是自然哲學家還是神學家都將自然與神視爲同一。對自然法作自然取向的解釋完整地反映出自然法的本質屬性，因爲自然法存在於自然之中，自然法的自然性和正義性是在自然中產生的，人們是從自然中認識、發現和獲得自然法的。由於人是自然宇宙的一部分，自然法的自然性

№ 4, С. 45.

49　Фролова, Теория Естественного Права, Государство и Право, 2015, № 4, С. 53; Фролова, Теория Естественного Права, Государство и Право, 2015, № 1, С. 77.

50　Новгородчев П. И., Историческая школа юристов, ее происхождение и судьба. Опыт характеристики основ школы Савиньи в их последовательном развитии. М., 1896. // В ки.: Немецкая историческая школа права. Челябинск, 2010, С. 9.

和正義性也約束著人類社會。因而，自然法的本質屬性應該也是人定法的本質屬性。

二、自然法理論

在法學或哲學領域，通常按照時代對自然法理論進行分類。比如，自然主義自然法是指古代的自然法，神學主義自然法是指中世紀的自然法，古典自然法是指17-18世紀的理性主義自然法，復興自然法是指現代自然法。但是，認眞地認識自然法理論的主要觀點和內容，便可以形成如下認識：自然法理論應該恰當地分爲古典自然法理論和現代自然法理論。古典自然法理論認爲自然法是正義的觀念；自然法是自然形成的、普遍的、永恆的。自然法是自然哲學家們和智者們基於直觀通過思維而發現的。古典自然法理論或者基於神意或者基於人的自然性，並且是自然主義的。古典自然法理論最初主要體現在Plato的國家和法律思想、Aristotle的自然哲學和斯多葛學派的倫理學中。中世紀的哲學家將古典自然法理論與基督教思想結合起來使古典自然法理論得以在中世紀繼續發展。中世紀的自然法理論雖然具有神學色彩，但如前所述，一神論和泛神論同時也具有完整的自然主義傾向。神學主義自然法與自然主義自然法沒有實質差別。現代自然法理論是理性主義的，其通過思辨從現象中認識眞正的存在。此種存在也是存在於自然之中，是自然法的本原。自然秩序所體現出來的實在的契約關係同樣適合於人類社會，因而社會成員之間的契約關係是自然秩序賦予的。如同各種自然物之間的關係那樣，社會成員個人之間的關係是自由平等的，它們是自然賦予的權利。因此，自由、平等等自然權利是自然法的本原。理性主義通過思辨從自然現象中認識到自然法的眞正存在。自然權利是理性主義自然法理論的主要內容。自Grotius將神性與理性分離，建基神性於天啟、建基人權於理性後，不只是Locke和Rousseau，其他法學家和哲學家的自然法理論都沒有背離天賦人權即自然權利的主題，都將自然權利作爲自然法的主要內容加以論述。因此，所謂復興自然法實際上就是再次弘揚自然權利爲基本人權。這樣的自然法理論仍然在Grotius、Locke

和Rousseau的理性主義自然法的範疇之內。

　　事物的理論是關於該事物的來源、構成、功能的基本學說。自然法的理論包括自然法內容的來源、自然法的構成即內容、自然法的功能。循著上文分析的思路，即自然法理論被劃分爲古典自然法理論和現代自然法理論，在這一節分別論述它們的來源、構成和功能以及它們的學說。

（一）自然法的內容

　　一個法律規範或規則是否屬於自然法範疇或者說是否具有自然法內容在於兩個同時具備的基本要素：自然與正義。也就是說，自然法規範必須是自然的和正義的。這是因爲自然法規範源自於自然；而根據自然哲學的基本原理，自然的就是正義的。自然法與人定法的關聯必然地體現在這兩個要素中。這是因爲人是自然宇宙的一部分；約束人的行爲的人定法也必然地是基於自然法。在終極的意義上，每一個人定法規範都自然而然地是或來源於自然法規範，在人定法規範中自然而然地蘊涵著自然法要素。並且，由於自然正義同時約束自然與人類，因而作爲正義的自然法要素也必然地體現在人定法規範中。在實踐面向上，一個自然法規範之所以爲規範，它必須是可以適用的和具有約束力的。基於這樣的認識，研究者可以從人定法規範中認識和發現自然法規範的要素。本文認爲，自然法規範除了蘊涵自然與正義這兩個基本要素外，直接體現爲法律的兩個構成要素：法律理念和法律規範。自然法規範中的法律理念就是自然法中的法律規範的內容的來源以及法律規範及其內容得以證立的最終根據，它們存在於自然法規範存在的自然之中；自然法規範中的法律規範就是基於自然法中的法律理念的正義規範。自然與正義分別對應於法律理念和法律規範，這是因爲法律之根在自然和最高的法律規範就是正義。作爲法律理念的自然和作爲最高規範的正義都可以在立法和法律適用中加以認識、解釋和援引。

　　基於這樣的認識，研究者可以在古希臘自然哲學和羅馬法中認識和發現最初的自然法規範即古典自然法規範。試舉例論述。

　　根據上文的理解，對自然法中的法律理念的表達在古希臘自然哲學時期即已出現。宇宙論時期的自然哲學家們在認識自然宇宙萬事萬物的

過程中揭示出許多這樣的理念。比如，在早期，希臘人就將宇宙規範設想爲Dikē。Anaximander相信宇宙生成發展受到一種永恆規範的支配；Heraclitus認爲dikē明顯地是統治整個宇宙的自然法則。自然事物生成發展變化受自然法則支配，正義就是自然律，自然因而具有法的功能。自然正義是自然與人類都須服從的法律。[51] 自然正義內在於事物本質或事物的自然中。Plato認爲自然本身包含著理性來源，可以像絕對準確無誤的諸神那樣對事物的運動進行規範，使萬事萬物進入和諧一致的狀態，並趨向於最完善的階段；這就是自然的目的性。[52]在古希臘哲學家看來，physis（自然）本身蘊涵著logos，因而自然本身即是一種標準。而之所以自然是標準是因爲自然宇宙爲最大整體。整體的觀念就是古希臘哲學家的自然法觀念。因此，自然的標準就是一切人定法的標準。自然法則所具有的普遍正義的內涵通過自然的目的而成爲自然法規範。因而，人類制定的法律的根源在自然之中。在羅馬法中也存在這樣的理念。比如《學說匯纂》開篇就認爲「自然法是自然傳授給所有生靈的法，是一切誕生於大地、海洋之中的生靈所共有的法。由自然法產生了男與女的結合，人們稱之爲婚姻，從而有子女的繁衍和教養。事實上，人們可以看到所有其他生靈被評價也是根據它們對自然法的遵守情況。」[53]Cicero也認爲，正義根植於自然；自然法就是那些根植於人的自然性中的東西。[54]「個人之間的團契是法律秩序的基礎，而它又是基於個人與神之間的倫理秩序。」[55]這就是說自然宇宙秩序是法律秩序的前提。在羅馬法學家那裡，人也是自然的一部分，與其他生物一樣處於自然之中。自然法不僅存在於自然之中而且存在於人的內在本性即自然性之中。自然產生正義；因而，自然就是人們認識

---

51 W. Jaeger, *Paideia: the Ideals of Greek Culture*, vol. I, pp. 182f, 444n.44, translated from the second edition by Gilbet Highet, Oxford: Basil Blackwell, 1954.

52 Plato, *Timaeus*, 46-48, in *The Dialogues of Plato*, translated into English by B. Jowett, Cambridge University Press, 2010.

53 Digesta, 1. 1. 1. 3. 羅智敏譯，中國政法大學出版社，2008年。

54 Cicero, *On the Laws*, vol. II, 5, 24, 6, 16, 17, 18, in *On the Commonwealth and On the Laws*, Cambridge University Press, 1999.

55 *The Institutes: A Textbook of The History and System of Roman Private Law*, by Rudolph Sohm, translated by James Crawford Ledlie, third edition, Oxford: Clarendon Press, 1907, pp. 22-23.

自然法的源泉，也是人們認識正義和法律的源泉。自然是人類社會的倫理標準；自然提出了人定法的準則。因此，自然既是生物世界也是倫理世界；自然不僅包含有形的自然物而且也包含人類的精神和希望。作爲正義之源的自然既是法律和法學的本原也是生物學的來源。

　　古希臘哲學中關於physis與nomoi關係的討論只是涉及這兩個範疇之間的對比和它們是否一致，各學派的哲學家都不否認自然法的法律屬性以及它們的約束力。他們基本上認爲nomoi來源於physis，法律的任務在於完成人類對正義的敬畏，體現出他們關於nomoi應該實現physis的理念。用今天的術語表達，就是人制定的法律應該盡可能地實現自然法，使法律規範成爲自然法規範。同樣地，自然法是法律也是羅馬法上的共識。Ulpian說，ius之所以命名爲法是因爲它來自於iustitia（正義）。[56]Ius來源於iustitia且是後者的詞根意味著法來源於正義並且是正義的一部分。在羅馬法上，私法構成被分爲三個部分即自然法、萬民法和市民法；公法由神聖法、祭司制度和執法官制度構成。[57]自然法不僅是私法而且也是公法的內容，因爲神聖法就是包含自然法的法。而自然法被認爲是規範個人生活的規則的總和。自然法規制一個共同體的權力關係並使之符合存在於共同體內的正義理想，其終極來源是對神的正義的信仰。[58]這就是最初在自然法與人定法之間不作區分的原因。在羅馬法中，正義是一個法律原則。正義是規範根據人體現出來的價值進行分配的原則。正義根據每一個人的價值給予其應得的東西。[59]正義就是給予每個人應得權利的堅定而恆久的意志。[60]在羅馬法上，從自然法中演繹出許多法律原理和原則。比如，「個人的生存是作爲法律之根的原則。法律是人們維持生存之方法的形式表達。」「私權是賦予個人享有的權利，以使個人擁有權能、資格和行爲範

56 Digesta, 1. 1. 1. 1. *羅智敏譯*，中國政法大學出版社，2008年。

57 Digesta, 1. 1. 1. 2. *羅智敏譯*，中國政法大學出版社，2008年。

58 *The Institutes: A Textbook of The History and System of Roman Private Law*, by Rudolph Sohm, translated by James Crawford Ledlie, third edition, Oxford at The Clarendon Press, 1907, pp. 22-23.

59 *The Institutes*, by Rudolph Sohm, translated by James Crawford Ledlie, Oxford, 1907, pp. 22-23.

60 *The Institutes of Justinian*, translated by Thomas Collett Sandars, London: Longmans, 1910, vol. I, p. 1.

圍。公權是由全體公民授予的。因此，演繹自私法的權利主要是賦予某種權利能力，演繹自公法的權利主要是施加某種義務。」[61]即使將自然法歸屬於道德範疇，自然法也是羅馬法中的一部分，因爲羅馬法是一個宗教道德法律相互補充彼此滲透的統一體系。無論是在羅馬社會基督教化之前還是之後，在羅馬法體系中，法律道德宗教從未有明確分界。羅馬法學家都認同在特定法律之上還存在著更高的法，並認爲這種法在正義和公道方面是普遍的、神聖的、極爲合理的。在羅馬法學家看來，這種法就是自然法。法是與自然相適應的正當的理性，它適用於所有的人，並且是不變的和永恆的。通過命令，它號召人們履行自己的義務；通過禁令，它防止人們做不應當做的事情。它的命令和禁令永遠影響著善良的人們，但對壞人卻不起任何作用。試圖改變它的做法是一種犯罪行爲；企圖取消它的任何部分也是不能允許的；而要想完全廢除它，則更是不可能的。[62]Cicero對自然法的經典解釋至今仍爲法學所傳頌。

　　Aquinas的自然法理論一直被視爲神學主義的自然法，但實際上他的自然法是基於人的自然性，也就是說，人的自然性是他的自然法的基礎和基本規定。避免人的愚昧、保全人的生命與生存、維持人的各種本能、維持社會生活秩序是Aquinas自然法的主要內容。[63]根據他的解釋，這些內容是作爲理性的被造物的人對永恆法的參與而分有。在Aquinas對法的分類中，有一種上帝的法即永恆法，但他沒有確定永恆法的具體內容，只是認爲永恆法是神聖本質自身。他說，就理性指示所有事物的行爲和活動而言，永恆法是神聖理性的體現。[64]同時，在他的分類中有一種法是人定法。那麼根據經驗認識，他的自然法內容在人定法中也是必須規定的。而神法即《聖經》（這是Aquinas關於法的分類的獨創）中也會有類似教義。這樣，自然法、人定法和神法都在永恆法之下。由於永恆法沒有確定

61 *The Institutes*, by Rudolph Sohm, translated by James Crawford Ledlie, Oxford, 1907, pp. 22-23.

62 Cicero, *De Re Publica, De Legibus*, with an English translated by Clinton Walker Keyes, London: Willian Neinemann, 1928, p. 211.

63 Aquinas, *Selected Political Writings*, translated by J. G. Dawson, Basil Blackwell, Oxford, 1954, p. 123.

64 Aquinas, *Summa Theologiae*, I-II, 93, 1. 劉俊餘譯，中華道明會，2008年。

的內容，那麼Aquinas的自然法也就是世俗的法，它們的來源是人自身。上述已列舉的自然法內容及其他未列舉的自然法內容都取決於人自身的需要和要求，只要人有需要和要求即參與永恆法，永恆法就會擔保人定法必須體現和實現人的要求。可以認為，在Aquinas這樣的自然法理論中，自然法就等於自然權利，並且因它們也是基於人的自然性，從而Aquinas的自然法連同他的自然權利都是自然主義的。因此，Aquinas的自然法理論與Aristotle和斯多葛學派哲學家的自然法理論一脈相承。

　　現代自然法在自然法的兩個基本要素即自然與正義方面與古典自然法完全一致。就自然法的法律理念而言，現代自然法理論將自然法的內容導向自然狀態，這實際上仍是將自然作為自然法的法律理念，只不過是使用的術語與古典自然法理論不同。就自然法的法律規範來說，現代自然法的內容主要由自然權利構成。正義仍然是自然權利的最高規範，因為自然權利是自然賦予人類的權利即天賦權利，而正義就在自然之中。

　　如前所述，現代自然法理論始於Grotius。Grotius將理性從神性中分離出來，使自然法世俗化。他認為，自然法是真正理性的命令，是符合人的自然性的法則，是判斷社會是非曲直的標準。自然法既是人們必須遵守的倫理準則，又是人定法及其理論的基礎。Grotius的自然法還包括自然秩序、自然權利、社會契約等。Grotius之後的Pufendorf和Christian Thomasius（德國法學家、哲學家，1655-1728年）在自然法與自然權利的理論方面與Grotius的觀點基本相同，都是現代自然法理論的奠基人和倡導者。

　　一般認為，現代自然法理論的主要要素包括：1.自然狀態的假設：通過自然權利演繹與人的自然性相一致的法律原則，並通過制定法律表達出來。權利先於國家存在的思想，道德權利意識獨立於國家制定的法律，從倫理要求評價法律的內在意圖，立法機構有道德責任制定法律規範。2.社會契約論：在自然法的觀念中，最初的社會成員的契約是法律的基礎。3.主權在民理論：根據此學說，人民對權力和法律規則有永久的控制權利。[65]

65 Новгородчев П. И., Историческая школа юристов, ее происхождение и судьба. Опыт

　　自然法是通過對自然的認識發現的，而自然權利是通過自然狀態的假設予以解釋的。自然狀態是自然中人類生活的部分和區域。自然是屬，自然狀態是種。自然狀態中的一切仍受自然的支配和約束。Locke認爲，人類進入文明社會之前是一種既無國家也無法律的自然狀態。在自然狀態中，人們都是自由和平等的，每個人都享有不可剝奪的自然權利，沒有人壓迫和剝削人的現象。因此，Locke認爲自然狀態是自由狀態、平等狀態和有秩序的狀態。[66]Rousseau認爲，在自然狀態下，既無國家和法律也無私有財產，更無奴役和被奴役的現象，人們過著孤立、自由和平等的生活，人們幾乎感覺不到不平等。因此，Rousseau認爲自然狀態是最適宜人類生活的狀態。[67]在自然狀態的假設下，思想家們認爲，在自然狀態中是自然法支配著人們的行爲。在自然狀態中每個人都享有自然權利，它包括生命權、自由權和財產權。生命權是每一個人的基本權利。自由權是人們享有自然的自由即天賦自由，人們只受自然法的支配。財產權是指人們通過勞動獲得財產的權利，它是人民生存和生活的主要依賴。這些權利之所以被稱爲自然權利是因爲它們是自然賦予人類的、是與生俱有的、是任何人在任何情況下都不可剝奪的。

　　社會契約論的現代倡導者也是Grotius。他認爲，人們在自然狀態下雖然享有自然權利，也生活在自由平等、沒有等級差別的社會狀態中，但是人們經常受到野獸的侵襲；因此，人們經驗地認識到應該聯合起來，建立有組織的社會，其方式就是每個人讓與一部分自然權利，交給少數人，使其能夠管理全體的事務，從而通過契約方式建立最初的國家。此後的Locke和Rousseau也提出了他們的政府契約論和社會契約論，其基本原理與Grotius大致相同。他們都強調人們建立政治社會必須通過契約的方式。人們讓與部分自然權利交由整個社會，而社會全體由此產生了兩個功能：

характеристики основ школы Савиньи в их последовательном развитии. М., 1896. // Немецкая историческая школа права. Челябинск, 2010, C. 22-23.

66 Locke, *The Second Treatise of Government*, § 4, 5, 6, in *Two Treatises on Civil Government*, Macmillan, 1956.

67 Rousseau, *Discourse On the origin and Foundations of Inequality among Men*, Bedford/St. Martin's, 2011, pp. 81-85.

決定什麼是對自然法的違反；如何懲罰對自然法的違反。Locke認為，根據自然和理性的法則，大多數具有全體的權力，因而大多數的行為被認為是全體的行為，自然就具有了決定權。[68]現代思想家們的契約論既在理論上也在實踐中對現代國家的建立產生了決定性的影響。可以認為，主權在民原則就是社會契約論的原則化。這一原則與社會契約論一樣都是基於個人的自然權利。因而，主權在民原則既是人定法的基本原則也是自然法的法律理念和法律規範；進而可以認為，主權在民原則體現出來的社會—國家關係是自然秩序的體現。對此，本文將在後面的章節詳細論述。

Kant對自然法概念的理解構成一個獨特的學說。Kant認為，人類社會存在一個至高無上、永久不變、人人都應遵守的道德律，即絕對命令。這個絕對命令是先驗的、普遍的、永恆的。可以認為，Kant的道德律就是自然法。根據Kant的見解，自然法不是基於立法者的意志，而是基於先天的原則，因此具有普遍約束力的性質。根據Kant的理解，自然法是理性的理念。在Kant的觀念中，自然法學說是權利學說。理念應該具有有效性。自然法理論的任務在於揭示在法律和國家發展中具有規律性的理念。[69]Kant的自然權利是先驗原理。Kant認為，自然法是人的理性承認的。通過理性承認，自然法成為以道德律令即絕對命令的形式給人們作為義務去履行的道德法則。而意志自由是道德律的基礎。也就是說，道德律對個人產生效力的前提是意志自由。對於Kant來說，自然法只是以理性為基礎的道德律令。Kant將自然法則的理論領域從自由法則和自然法與自由的關係的實踐領域中分離出來。[70]Kant在不同的涵義上使用準則、自然法則、自由法則的表述。他認為，自然法則是建立在經驗之上而同時又具有普遍性和必然性的東西。人的行為準則出自主觀原因，這些準則並非必然地與那些客觀的原因相一致。自由法則是道德法則，它由外在行為與內在根據構成。[71]

---

68 Locke, *The Second Treatise of Government*, § 95, 96, 97, in *Two Treatises on Civil Government*, Macmillan, 1956.

69 Елизавета Александровна Фролова, Теория Естественного Права, Государство и Право, 2015, № 1, С. 76.

70 Хеффе О., Сирведливость. Философское введение. М., 2007, С. 63-65.

71 Kant, *Metaphysics of Morals*, 1797, translated and edited by Mary Gregor, Cambridge University Press, 1996, Introduction I, II.

這就是說，自然法則是客觀的；行爲準則是主觀的；自由法則既是客觀
的也是主觀的。因此，根據Kant的理解，自然法的屬性同時包含著自然法
則、行爲準則和自由法則的屬性。自然法通過人的理性加以認知意味著自
然法是客觀存在的；自然法作爲道德律令意味著它既是客觀的也是主觀
的：之所以說是客觀的是因爲自然法是具有約束力的，之所以說是主觀的
是因爲道德律令在主觀面向上就是道德主體的行爲準則及主體所認識的行
爲道德標準，在此際包含著對自然法的認識和判斷；道德主體一旦行爲，
其行爲須與自然法要求一致，因爲自然法有客觀效力。

　　Hegel在《法哲學原理》中將法分爲抽象法和實在法。所謂抽象法是
自在的法，是自在自爲的自由意志的直接定在，是人人享有的普遍權利。
所謂實在法是自爲的法，是由國家以法律形式加以確認的法律權利。實在
法必須反映和符合抽象法。他並且將自然法與實在法的關係比作《法學總
論》與《學說匯纂》的關係，以強調自然法與實在法的一致性。Hegel在
〈論自然法的科學探討方式〉一文中認爲自然法是抽象的和絕對的法，
自然法規定了絕對倫理的型態。倫理是第三階段的法，包括家庭、市民
社會和國家；自然法決定它們的形式。法的第二階段是道德，即人們內
心的法，也就是自律的法。抽象法是第一階段的法。Hegel在《哲學史講
演錄》中認爲，自在的正義通常被人們用自然權利的形式來表明。自然
權利就是在一種自然狀態中的權利；自然權利是個人所有的權利、是爲
個人存在的權利。基於這樣的認識，Hegel特別強調法律是自由的具體
表現，法律是精神之自在的和自如的存在，法律是自己實現其自身的自
由。[72]Hegel的自在的法及抽象法實際上就是自然法。Hegel自然法理論的
核心概念是自由意志。Hegel的自由意志的概念具有高度概括性。Hegel
說，法的確定的位置和出發點是自由意志。[73]這裡的法就是自然法，因爲

[72] Hegel, *Uber Die Wissenschaftlichen Behandlungsarten Des Naturrechts*, in Kritisches Journal der Philosophie, December 1802 and May 1803, translated by T. M. Knox, 1975; *Grundlinien des Philosophie des Rechts, oder Naturecht und Staatswissenschaft im Grundrisse, Berlin*, 1933, S. 33, § 3; Vorlesungen Über Die Geschichte Der Philosophie, vol. II, S. 270-272, Herausgegeben von Hermann Glockner, Fr. Frommanns Verlag (H. Kurtz) Stuttgart, 1928. 賀麟等譯，商務印書館，2011年，第257頁。

[73] Hegel, *Grundlinien des Philosophie des Rechts, oder Naturecht und Staatswissenschaft im Grundrisse*,

Hegel在相同的章節將人定法稱爲實定法。那麼也就是說自由意志是自然法的所在之處。一方面，自由意志無疑可以理解爲自然賦予個人的權利，另一方面，這自然權利的來源顯然是自然中萬物體現出來的正義秩序，而這正義秩序是基於具有自由意志的各自然物，因爲自然必然性和自然合目的性表明各自然物都具有自由意志。因此，自由意志的理念存在於自然之中，自由意志的概念聯結著自然物與自然人、自然秩序與法律秩序。這樣理解符合自然哲學。根據自然哲學，自然與人、自然物與自然人都是具有生命的主體，當然具有自由意志。

當代多數法學家對自然法內容的理解與現代自然法理論基本相同，都是從自然權利的角度和範圍認識和發展自然法。隨著認識的深入和人類自身發展的需要，自然權利或者稱基本人權的範圍也在逐步擴大，但對自然法認識的深度並未超越古希臘哲學家、德國古典時期的哲學家、古典自然法和現代自然法理論家。在當代，對自然法和自然權利概念的濫用已經引起法學家們的關注和批評。大量醫學的、社會學的、法學的研究涉及到自然法和個人自然權利的本質：人的生存、健康權利，個人獨立理解的權利。與此同時，Grotius時代關於不可改變的人的自然性的古典原理在21世紀也遭到踐踏。裸體權、同性婚姻權、家庭動物的自然權利、人的無性繁殖權等等，這樣的權利與自由不僅損害了自然法的理念，而且也使國家實際上難以解決。[74]本文認爲，對自然法和自然權利概念的濫用是對自然法和自然權利概念的理解存在問題。自然法和自然權利的基本屬性是自然性。自然法和自然權利的延伸是實在法與法律權利，實在法與法律權利的屬性是基於自然性的個體性和社會性。因此自然法和自然權利的適用範圍是作爲個體的社會成員。由於法律權利均來自於自然權利，一個法律權利必須同時具備自然性、個體性和社會性，對其的適用必須同時考量這三個方面。舉例來說，「同性婚姻權」違背自然法和自然權利的概念和理念，

S. 39, Berlin, 1933.

[74] Е. А. Козлачкова, Физическое лтцо как субъект права. Автореф. Дисс. ......каид. Юрид. науе. М., 2014; Елизавета Александровна Фролова, Теория Естественного Права, Государство и Право, 2015, № 4, С. 45-46.

因爲它違反了自然性，不具備個體性（婚姻的個體性是男與女），損害社會性（「同性婚姻」缺乏繁衍後代的能力，從而對社會存在造成損害，因爲不能繁衍後代，實際上就不是家庭，而社會是由家庭構成的）。婚姻、家庭源自於遠古人類對自然界的動物的模仿而產生異性結合、生殖、繁衍的欲望。家庭是氏族（演變爲後來的社會）的基礎；氏族是城邦（演變爲後來的國家）的基礎。而對於「同性生活夥伴」，已有承認其在不危及家庭制度的前提下所作出的成文法和判例法。實際上，「同性生活夥伴」與「同性婚姻」並無實質區別，只是表述不同。它們同樣以「家庭」但又不是作爲社會基本單元的家庭而共同生活。「同性生活夥伴」這個表述及其事實上的存在同樣違反了自然性，不具備個體性（如果不是以「家庭」形式存在的同性生活，則無需立法和訴諸法律保障，因爲這樣的同性生活是每個人都經歷過的，比如，大學宿舍的生活），損害社會性（「同性生活夥伴」缺乏繁衍後代的能力，如果這樣的「生活夥伴」多到一定程度，便對社會存在造成損害）。概言之，「同性婚姻」和「同性生活夥伴」都不符合「與自然一致生活」的自然法要求，因而根本不是一種自然權利。

　　由上可知，自然法概念屬於歷史性的範疇；自然法概念的涵義和意義不因時間的變化而改變；概念的內涵和外延可以因社會的發展而豐富和擴大。「自然法是排除歷史主義的工具。」[75]也就是說，自然法的自然性和正義性在任何時代都具有效力，在任何時代都是作爲最高法，在任何時代都是制定法的根據。在立法和法律的範圍內，一切不符合自然法的歷史主義論述都是無效的。換言之，與歷史主義相對，「歷史性是一個尺度，它使人能夠意識到自己是一種觀念存在，並賦予人的眞實的地位。自然法的內容與實證法的內容被當作相互獨立的兩個領域時，從歷史上看，它們實際上構成一個意義整體，一個統一的具體歷史現象。人們必須承認法律由多種元素構成這樣的事實。理念不能被視爲存在的對立物。自然法與實證法的對比關係是假定它們相互獨立的效力以及相互獨立的歷史存在爲前提

---

75 Шуршеневич Г. Ф., Общая теория права. Учеб. Пос. (По изд. 1910-1912 гг.). В 2-х т. Т. 1. Вып. 1. М., 1995, С. 31.

的。」[76]而不是兩個不關聯的法律領域，它們實際上是以一個意義整體存在的。也就是說，在立法中，自然法的意義是它構成實在法的來源和標準；在這樣的法律制度下，對法律的適用也就意味著對自然法的適用。

（二）自然法的來源

實證法的來源和形式是一個一直被廣泛討論的課題，因此實證法的來源為人們所熟知；但很少有人追問自然法的來源。[77]從上述「自然法的概念」一節中可以間接地瞭解到自然法的來源。在不同時代不同的法學理論中，自然法的來源具有不同的名稱，比如人的自然性、神的意志、基本的自然正義、價值、命令和正確的理性等等。[78]在自然法的各種來源的論證中，自然法來源於自然宇宙的論證具有顯著的說服力。自然宇宙作為自然法的來源涵蓋了自然法的其他來源，比如神意和理性。這是因為多數論者都將神性等同於自然的屬性，將理性作為自然的屬性；對自然法來源的論證也是將自然、神意和理性交織在一起既作為本體論的來源也作為認識論的基礎。同時，自然宇宙包含物理和倫理的意義，而物理學和倫理學也正是自然法來源的學說。「道德的自然力，從其本身看，從屬於自然哲學，因為它取決於意志並由意志驅動，而對意志的討論是自然哲學的一部分。因此，道德哲學是自然哲學的一部分。」[79]因此，自然法來源於自然符合自然哲學的原理。換言之，根據自然哲學的原理，自然法來源於自然是一個公理性的命題。Grotius說，自然法是正確理性的指令，人類能夠基於理

76 Ю. Е. Пермяков, Современная Философия Естественного Права: Вопросы Новизны и Преемственности (Материалы «Круглого Стола»), Государство И Право, 2016, № 12, С. 105-106.

77 См., нфпример: Муромцев Г. И. Источники права. Теоретические аспекты проблемы // Правоедение, 1992, № 2, С. 23-30. Кудрявцев В. Н. О правопонимании и законности // Гос. И право, 1994, № 3, С. 7. Here citing from Игоръ Ъорисович Калинин, Естественнонаучные Основания Jus Natural, Государство и Право, 2017, № 1, С. 99.

78 Елизавета Александровна Фролова, Теория Естественного Права, Государство и Право, 2015, № 4, С. 45.

79 Christian Thomasius, *Selections from Foundations of the Law of Nature and Nations*, § 59, § 60, *in Institutes of Divine Jurisprudence with Selections from Foundations of the Law of Nature and Nations*, edited, translated, and with an introduction by T. Ahnert, 2011.

性判斷自然法。在Grotius看來，人類理性和神都是自然法的來源。[80]「公理的眞實性，以及它們的確實可靠性和必然性可以從理性本身溢出，不需要特別的理解力，不需要詳盡的研究，只是從心智的純粹直覺獲得。」[81]人類可以認識和獲取自然法爲立法和法律解釋提供了終極的本體論、認識論和方法論的根據和源泉。人類立法和法律的內容都在自然概念之中。試舉自然主義推理爲例。

自然主義者依賴於神的恩惠的論證和從經文文本的推理融合自然中實際的東西和價值的東西。他們通過融合自然中實際的東西和價值的東西論證理性的本體論權威性。自然主義者融合自然的經驗性與可以用作關於Sharī'a義務的自然主義推理基礎的一種規範性。他們認同，無論何時，人們必須通過參照自然秩序制定Sharī'a規則。這種訴諸對法律的自然主義解釋在伊斯蘭法學家中無可爭議地具有普遍性。[82]從這裡可以看到，在自然主義的推理論證中，自然宇宙的本原和神意是作爲本體論的範疇，理性是作爲認識論的範疇，它的表現形式實踐推理是方法論的範疇。自然宇宙中實際的和價值的東西是自然宇宙本原的流溢物，通過理性而成爲規範性的內容。自然目的論是自然主義的內涵，自然主義對於自然中實際的和價值的東西的融合必然地包括方法論上（即推理）的自然性；這樣，自然目的論與方法的自然性統一在理性的認識論中，也可以說它們都是神意的體現。

根據al-Shātibī（-1388年）的研究，從經文的整體性考察，Sharī'a主張人民的幸福。在被創造的世界中，人民的幸福是法律體系的基本目的。[83]Al-Shātibī的自然主義部分地建立在Sharī'a的整體觀之上，Sharī'a吸收了反映人的條件的各種要求的慣例。Al-Shātibī認爲，從法律上說，必須知曉具有確信的有關慣例，必須涉及與特定規則不同的一般原則。這種

80　Heinrich A. Rommen, *The Natural Law*, p. 63, translated by T. Hanley, 1998.

81　Pufendorf, *Two Books of the Elements of Universal Jurisprudence*, pp. 283-284, edited and with an introduction by T. Behme, 2009.

82　Anver M. Emon, *Islamic Natural Law Theories*, Oxford University Press, 2010, pp. 124, 129-130.

83　Al-Shātibī, al-Muwāfaqāt, 2:7-8. Citing from Anver M. Emon, *Islamic Natural Law Theories*, Oxford University Press, 2010, p. 168.

慣例不會發生變化，通常在宇宙中是始終如一的。正如al-Shātibī所說，眞主的風格永不變化。不存在對於眞主造物的變化，這是在符合事物創造尺度的法律的要求中闡明的。換言之，眞主使自然作爲一個深度結構存在。這些自然結構是眞主意志的產物，它們反映著眞主的風格和眞主爲人類的心願。它們可以被信賴爲法律分析目的的權威性標準。[84]Al-Shātibī所說的慣例就是自然法或自然法則。根據al-Shātibī的觀點，一個法律體系甚至一個法律只有包含著這些慣例即自然法才能成爲融貫的體系，才能體現整體觀。

Al-Ghazālī（神學家、哲學家、法學家，1058-1111年），al-Rāzī（醫師、哲學家，854-925年），al-Tūfī和al-Shātibī等法學家的自然法理論，通過融合實際的東西和價值的東西賦予自然理性的本體論權威。他們發展了一種法學，允許人們通過自然媒介推論眞主的意志。它們的自然法理論被神學化，因爲他們尋求引導（進而約束）合乎邏輯的愼思走向直觀地被確定的法律傳統的目的的實現。自然主義者的實踐推理通常圍繞著maslaha概念進行。在他們的自然法理論中，maslaha在兩個維度上運行。在更一般的維度上，maslaha是一個實際的東西和價值的東西在自然中被融合的概念場所（site）；在更具體的實踐推理的認識論維度上，maslaha是一個法律目的與立法理由（ratio legis）之間的媒介概念。[85]

Abū al-Husayn al-Basrī（法學家、神學家，-436年）也認同融合自然中實際的東西和價值的東西的意義，且強調實踐推理的方法。Al-Basrī的自然法理論將理性和淵源文本的權威結合起來，發展出一個實踐推理的模式，根據這個模式，人們可以從一個合理地被建立的允許前提進到（move）一個固定的Sharī'a義務。因此，自然主義理性是最早的機制，所謂機制是指理性是人的最高認識機能，藉此，Sharī'a的價值得以確定。通過將義務的探求植根於公正的眞主和一個融合了實際的東西和價值的東西的自然概念的神學中，自然主義者以一種從哲學上限定人的主體性範圍

---

84 Al-Shātibī, al-Muwāfaqāt, 2:213. Citing from ibid., p. 179.

85 Anver M. Emon, *Islamic Natural Law Theories*, Oxford University Press, 2010, pp. 185, 194.

的方式開啟了合乎邏輯慎思的通道，將合乎邏輯的結論與神的意志維繫起來。Sharī'a的行為價值既可以通過淵源文本也可以通過理性獲知。但是，在它被認作法律的權威性來源之前，要求作哲學上的論證。自然主義者認為所有造物都是由真主為了人類的利益而創造的，進而統一了被創造的世界中的實際的東西和價值的東西。換言之，自然的經驗事實和造物都是分析的對象。它們是理性得以應用的原材料，並且，理性要受這些原材料的約束。由於真主是公正的，他創造自然是為了有利於人類。自然成為研究的客觀基礎，體現出一種規範內容，這些內容證立了Sharī'a中合乎邏輯的慎思的權威性。[86]

由此可知，對自然法來源的論證不僅與自然哲學而且也與宗教哲學有著密切的關聯。對法律的一個古老信仰是將諸神作為法律的終極來源。雖然人類的立法者或憲法的制定者的存在不容否定，但他們只是使神的命令家喻戶曉。Tyrtaeus為斯巴達制定的憲法實際上就是由Apollo詳細口述的。[87]但無論如何，「自然法是建立在符合自然狀態的基礎上的，實在法是自然法的部分。自然法中的神意也是符合自然的。神要求的行為是必然地促進人的合理的自然性。正義是自然法的最高原則。」[88]正義寓於自然之中；自然的就是正義的。自然法與人定法的關聯是通過正義原則實現的。

（三）自然法的功能

在法律史上，自然法理念發揮了強大推動力的作用：它賦予個人提升其歷史地位的力量。[89]自古希臘和羅馬時代起，一方面人類將自己視為自然宇宙的一部分，即自然宇宙中的自然的理性存在者，同其他自然存

---

[86] Anver M. Emon, *Islamic Natural Law Theories*, Oxford University Press, 2010, pp. 88-89.

[87] Xenophon, *Spartan constitution*, 8. 5, introduction, text, commentary by Michael Lipka, De Gruyter, 2002.

[88] Christian Thomasius, *Institutes of Divine Jurisprudence*, Book I, cha. 2, § 70, § 72; cha. 3, § 59. *in Institutes of Divine Jurisprudence with Selections from Foundations of the Law of Nature and Nations*, edited, translated, and with an introduction by T. Ahnert, 2011.

[89] Е. Н. Трубечкой, Лекции по энциклопедии права. М., 2012, С. 60.

在物一樣受自然法則或自然法支配；另一方面人類藉助理性認識將自然
賦予人類的權利視爲天賦權利進而作爲法律權利。自然法和自然權利因此
便是人類自身的法律和權利。人類在理論上承認和認同基於自然法和自然
權利的地位高於人定法中的地位，因爲自然法是人定法的源泉。不止於
此，自然法還被認作是：科學的方法論（自然法範疇在歷史與哲學認識的
過程中發揮著方法論的功能）、歷史假設（自然法具有先於國家的「自然
的」約束力）、政治與法律的理想（自然法是一種旨在構成國家的政治—
法律秩序的法律）、現行法的一部分（自然法是一種即使沒有人制定的法
律也必須適用的法律）。[90]自然法理念作爲構建人類事務的理想模式，體
現出人類對自由與正義的信念。在關於自然法的觀念中，人們能辨識和認
同自己、瞭解自己是什麼、自己應該是什麼、具有什麼能力、在什麼價
值範圍內衡量自己的歷史責任，以及在比較中覺察到自己的使命。[91]П. И.
Новгородчев（俄國法學家，1866-1924年）指出，理性主義作爲自然法的
邏輯工具，包含批判和評判歷史的理念：這是個人的法律意識對過時的法
律規定的對抗，是個人意識和思想的體現。[92]自然法基於個人的法律意識
經由民主制度既可以成爲實在法也可以改變現行實在法。在18世紀中期，
兩個文化因素的出現產生了關於將主權者意志理性化之可能性的啟蒙觀，
這種啟蒙觀支撐著國家的立法技術。其中一個因素就是科學的自然主義信
仰，即人類生活的實踐領域特別是法律領域受理性支配，能夠被合理地認
識和重構。[93]從這一論述中可以看到，自然法能夠被合理地認識，制定法
能夠基於自然法而建立或重構。科學自然主義來源於自然哲學，其根基在
自然概念中。科學自然主義不僅產生認識論而且也產生方法論。Kant說：

---

90 Г. Ф. Шершеневич, Общая теория права. Учеб. Иос. (По изд. 1910-1912 гг.). В 2-х т. Т. 1. Вып. 1. М., 1995, С. 29, 30.

91 Ю. Е. Пермяков, Современная Философия Естественного Права: Вопросы Новизны и Преемственности (Материалы «Круглого Стола»), Государство И Право, 2016, № 12, С. 105.

92 П. И. Новгородчев, Историческая школа юристов, ее происхождение и судьба. Опыт характеристики основ школы Савиньи в их последовательном развитии. М., 1896. // В ки.: Немецкая историческая школа права. Челябинск, 2010, С. 13, 16, 17.

93 Damiano Canale, Paolo Grossi, and Hasso Hofmann eds., *A History of the Philosophy of Law in the Civil Law World 1600-1900*, 2009, p. 101.

自然概念包含著一切先天的理論知識的根基，同時建基於知性的認識；自由概念包含著一切在感性上無約束的諸先天實踐準則的根基，同時建基於理性的認識。[94]根據Kant的先驗哲學和先驗邏輯，自然法的先天性與理性是這樣聯結的：自然法是先天存在的即自然存在的，人類首先是通過知性經驗地認識到它們的存在，然後通過理性認識並獲得自然法的具體的先驗範疇。自然法中的先驗範疇是自然權利的最高規範。從先驗範疇（比如人性尊嚴）可以演繹一個或一束自然權利，正如從自然概念中可以演繹出自由概念。認識與方法結合獲得本體；本體是重構現存制度的基礎。由此可知，一切現存的制度如果不符合自然的要求，都可以通過立法被重構。這既是自然法的效力要求，也是自然法的立法功能，因爲自然法就是制定法的模型。

1. 自然法的立法功能

自然法的立法功能體現在整個立法過程中，即對法律來源的認識、法律內容的選擇和構建、具體立法方法的運用。

18世紀文明希望驅散實踐法學陰影的理性之光來自於由人的理性提供的道德和法律理論，這在自17世紀以來通過Grotius、Hobbes、Spinoza、Pufendolf、Locke和Thomasius等思想家的現代自然法的宏大體系中已經得到發展。這種理性主義自然法作爲一種普遍的和永恆的實踐生活基礎的理性學說一方面作爲與實證法的對照而服從於建立它的眞正權威的歷史變奏，另一方面被認爲是在直到18世紀晚期還沒有眞正完成的世俗化過程中從基督教神學中浮現出來的新的習俗或道德科學。[95]儘管構建啟蒙思想的自然法運動[96]和自然法本身的內在演進在18世紀後半期呈現出多樣性，[97]

---

94 Kant, *Kritik der Urteilskraft, Sechgten Auflage*, Band I, Hamburg, 1926, S. 12.

95 Louis Jaucout, *Droit de la nature, ou Droit natural. In Diderot and D'Alembert 1966-1967*, vol. 5: 131-4, 1966, p. 132. Maximiliano Hernández Marcos, *Conceptual Aspects of Legal Enlightenment in Europe*, in Damiano Canale, Paolo Grossi, Hasso Hofmann eds., *A History of the Philosophy of Law in the Civil Law World 1600-1900*, 2009, p. 96.

96 T. J. Hochstrasser and P. Schröder, Early *Modern Natural Law Theories: Contexts and Strategies in the Early Enlightenment*, Kluwer Academic Press, 2003; Richard Tuck, *Natural Rights Theories: Their Origins and Development*, Cambridge University Press.

97 Diethelm Kippel, *Politische Freiheit und Freiheitsrechte imdeutschen Naturrecht des 18.*

但此時至少有兩個可以確認的面向即自然法理性之光普照在民法學和刑法學之上與主要受普通法傳統支配的實踐法學相對照。[98]現代自然法這兩個表徵性的面向一方面是將法律解釋爲一種實踐命題的理論體系，它們理性地演繹自一個或數個普遍原則，這些原則被假定與人的理性關聯或者是任何人的理性都可以接受的，[99]另一方面將法律作爲倫理的構造，在這種構造中，法律是個人的自然權利的一般學說，是一種主觀的和普遍的本質（天賦權利、自然權利、人權）的一般學說，它們不僅具有邏輯認知的意義，而且也對政治秩序具有取得民法典和刑法典以及18世紀末第一個憲法宣言和憲章即《1776年美國權利法案》和《1789年法國人權和公民權利宣言》的實證認知的規範效力。[100]由於現代自然法學說的體系性和理性的構造，它勢必給激進地批判那種複雜的繼承性法律體系和它的社會結構的不一致提供了方法，並且使法律體系服從於正確的科學處理，即引入一種法律領域的更具體的定界，將多樣化的現行制度構建爲一個統一的融貫體系，以一種更加公正和理性的方法設計調和的共同體生活範圍。這是立法和法典編纂的工作。[101]在這個面向上特別有關聯的是概念結構，如自然狀

Jahrhunderts. Paderborn: Ferdinand Schöningh. 1976, pp. 13-30. Diethelm Kippel, *Naturrecht als politische Theorie. Zur politischen Badeutung des deutschen Naturrecht im 18. Und 19. Jahrhundert. In Aufklärung als Politisierung – Politisierung der Aufklärung*, edited By Hans Erich Bödeker and Ulrich Herrmann, S. 267-93. Hamburg: elix Meiner. Otto Dann and Diethelm Klippel, eds. *Naturrecht – Spätaufklärung – Revolution*. Hamburg: Felix Meiner. 1995. Hans Thieme, *Die Zeit des späten Naturrechts. Eine privatrechtsgeschichtliche Studien II. Zeitschrift der Savigny-Stiftung für Rechtsgeschichte* (GA) 56: 202-61, 1936.

[98] Klaus Luig, *Der Einfluss des Naturrechts auf das positive Privatrecht im 18. Jahrhundert. Zeitschrift der Savigny-Stiftung für Rechtsgeschichte* (GA) 96: 39-55. 1979. Jan Schröder, Naturrecht bricht positive Recht in der Rechtstheorie des 18. *Jahrhunderts*? In Staat, *kirche, Wissenschaft in einer pluralistischen Gesellschaft*. Ed. Dieter Schwab, D. Giesen, J. Listl and Werner Strätz, 419-33. Berlin: Duncker & Humblot, 1989. Jan Schröder, *Naturrecht bricht positive Recht in der Methodenlehre um 1800, In Rechtspositivismus und Wertbezug des Rechts*. Ed. Ralf Dreier, 129-40. Stuttgart: Steiner. (ARSP: Beiheft 37.), 1990.

[99] Merio Scattola, *Before and After Natural Law. Models of Natural Law in Ancient and Modern Times*. In *Early Modern Natural Law Theories*. Contexts and Strategies in the Early Enlightenment. Ed. Tim J. Hochstrasser and Peter Schröder, 1-30. Dordrecht: Kluwer. 2003, pp. 2, 12ff.

[100] Damiano Canale, Paolo Grossi, Hasso Hofmann eds., *A History of the Philosophy of Law in the Civil Law World 1600-1900*, 2009, pp. 96-97.

[101] Christoph Link, *Aufgeklärtes Naturrecht und Gesetzgebung – vom Systemgedanken zur Kodifikation*, in *Reformabsolutismus und ständische Gesellschaft. Zweihundert Jahre preussisches Allgemeines*

態／市民地位，它使得每一個人都要從個人之間、他們的具體社會地位和共同的主權者之間、自然權利和實證法律之間的各種緊張關係的觀點考慮法律和政治。基於這種觀點，社會生活的法律多樣性縮小到與國家主權的本質關係；與此同時，國家的法律產品的合理性取決於對自然權利考量的程度。從這種都是由自然法定義的雙重運動中，理性之光在民法學中形成了兩種典型的趨勢：一方面，從一種科學的觀點看，自18世紀以來，現代自然法向立法科學循序漸進地轉化和同步融化；另一方面，從學說的觀點看，實證的立法傾向於轉變爲對個人在法律與自然領域的民法保護。[102]在自然法的這種功能中，自然權利因其是國家實在法的合理性考量的因素而變成了法律權利；自然法學說變成了立法科學，或者說形成了一種在本體和方法上包含自然法學說的立法科學。

　　源自於自然法思維的立法科學的形成的歷史過程至少涉及三個在時間上或並行或先後的基本的概念環節：(1)在第一個環節中將自然法構造的政治結構（這種政治結構最初是絕對主義的）作爲國家主權的特定憲法理論，接著將政治理解爲立法活動；(2)在第二個倫理或道德環節中將自然法和萬民法（*ius natutae et gentium*）理解爲自然權利與義務之一般學說，它爲立法技術或立法科學提供了一套標準和道德原則；(3)第三個環節是純粹科學和自然主義的環節，它包含對社會和法律的合理性的信仰，這種信仰是將立法科學建構爲制定或廢止法律的政治技術的基礎。[103]從現代自然法的理論體系中可以看到，從第一個概念環節中產生了國家絕對主權和市民社會的制度型態。這種制度型態部分符合自然法，部分不符合自然法。一方面，絕對國家主權的存在和發展將引起市民社會的萎縮，另一方面，基於絕對自由主義的市民社會也因社會福利國的興起而被附加義務的自由主義體系所取代。從而引出第二個概念環節：自然權利與社會義務結

　　Landrecht. Ed. Gunter Birtsch and Dietmar Willoweit, 21-46. Berlin: Duncker & Humblot, 1998, S. 23-4, 31ff.

[102] Damiano Canale, Paolo Grossi, Hasso Hofmann eds., *A History of the Philosophy of Law in the Civil Law World 1600-1900*, 2009, p. 97.

[103] Damiano Canale, Paolo Grossi, Hasso Hofmann eds., *A History of the Philosophy of Law in the Civil Law World 1600-1900*, 2009, p. 99.

合成爲立法科學的標準和原則。而如何運用第二個概念環節，即如何融合或平衡自然權利與社會義務，其標準和原則就是合理性。這個概念要求國家和社會都建基於合理性概念，它是社會的信仰，更應該是國家的信仰。合理性之所以被視爲自然主義概念環節是因爲合理性的根基在自然之中。國家、社會及其制度的存在是否合理只有在自然中與各自然物一體考察才能獲得對合理性的準確認識，因爲自然存在是自然必然性和自然合目的性的體現。因此第三個概念環節要求將立法與法律的根基置於自然概念中。人們所謂的「合法秩序」實際上就是指理性的自然秩序；合法的秩序也就是合乎自然法的秩序。現代自然法的理性主義蘊涵著古典自然法的自然主義。如果立法科學基於上述概念的發展路徑，那麼自然法便自然而然地成爲制定法體系的基礎，制定法的合理性正在於此。

2. 自然法的衡平功能

自然法的衡平功能遠早於自然法的立法功能存在。這似乎是人人皆知的法學常識。自然法的衡平功能始於古希臘的訴訟實務。用以指稱自然正義的字dikē就是源於訴訟實務。正義的觀念最初出現於Homer和Hesiod的著述中。[104]在Heraclitus與Plato等早期希臘哲學家的觀念裡，dikē（正義）是普遍性規範，dikē存在於自然宇宙中，是自然宇宙中的倫理法則和理性法則。[105]因此，自然法的觀念在智者學派之前就已出現；自然法在斯多葛學派之前就已經是古希臘法律實務的一部分。[106]正是因爲有衡平的訴訟實務，因此Aristotle認爲衡平（epieikeia）的概念並不是與正義不同的另一事物，衡平就是事實上的公正，但這種公正不是根據法律而產生，它是對法律的矯正。衡平的公正與法律的公正是並行的，衡平是裁判者出現的原因。[107]衡平與自然秩序和倫理秩序密切相關。英國法學家Maine

---

[104] Homer, *The Iliad*, 187, 216-217, 256, translated by E. V. Rieu, 1956; Hesiod, *The Homeric Hymns And Homerica*, translated by Hugh G. Evelyn-white, M. A., London: Willian Heinemann, first printed 1914, reprinted 1920, 1926.

[105] W. Jaeger, *Paideia: the Ideals of Greek Culture*, vol. III, p. 444 n. 44, translated from the Second Edition by Gilbert Highet, Oxford: Basil Blachwell, 1954.

[106] J. Rufus Fears, *Natural Law: The Legacy of Greece and Rome*, in Edward B. McLean ed. *Common Truth: New Perspectives on Natural Law*, 2000, pp. 19ff.

[107] Aristotle, *The Nicomachean Ethics*, 1137b5-6.

說：「自然法以其固有的倫理優越性始終能夠符合法律原則的要求而有權廢棄國內舊有的法律。」[108]衡平包括希臘人所稱的epieikeia，羅馬人稱之為aequitas，意為公正合理，它是一種與嚴格意義上的法（ius）並存的價值。Aequitas即正義女神。在羅馬法中，由自然理性指定給全人類的這一部分法律是由裁判官引入羅馬法學中的元素，在有些地方被稱為自然法，它的規定是受命於自然衡平和自然理性。法律的意義相對於字面涵義的優先性、語詞之外的意願意圖相對於語詞的重要性是自然法的衡平功能之運用的基礎。這是希臘思想對羅馬法的理論與實務的影響。在羅馬法中，衡平是與法律共存的標準，並具有調節和補充法律的功能。Aequitas在羅馬法中是法律的標準之一。[109]中世紀早期少有論述衡平的著述，思想家們也沒有把衡平視作矯正法律僵化性的標準。但是，運用正義作出裁決的衡平做法個別地存在。比如承認君主可以基於更為廣義的公正和衡平的判決改變實在法以符合上帝的更高正義。這種基於衡平的判決是一種救濟，用當時的法律意識彌補實在法與實質正義之間的內在不和諧。[110]中世紀中期義大利的世俗法學家繼續探討法律的嚴格適用與衡平的關係，衡平在教會法院的影響得到強化，他們適用教會法但同時引入倫理神學即理性法的價值。Aristotle和羅馬演說家的思想（summum ius summa iniuria）在世俗法學家、人文主義者以及教會法學家和Aquinas那裡都得到繼續。Aquinas說，「法律是否有效，取決於它的正義性。如果一種人制定的法律與自然法相矛盾，就不是合法的，就不應該適用該法律。」[111]Aristotle和羅馬演說家的思想也成為英國衡平學說的基石之一。羅馬法的衡平與英國大法官法庭發展出來的司法制度有相似之處。在英國的衡平法中，大法

---

[108] Sir Henry James Sumner Maine, *Ancient LawAncient Law: Its Connection with the Early History of Society, and Its Relation to Modern Ideas*, cha. III, I (London: John Murray, 1861.), Oxford University Press, 1954.

[109] Digesta, 3. 5. 2. 吳鵬譯，中國政法大學出版社，2016年。

[110] Kelly, *A Short History of Western Legal Theory, of Judicial Control*, Cambridge, 1938, pp. 52, 109; Guido Fassò, Storia della filosofia del diritto, 3 vols. Bologna, 1966-70, I. 219; here cited from ibid., p. 110.

[111] Aquinas, *Selected Political Writings*, translated by J. G. Dawson, Basil Blackwell, Oxford, 1954, pp. 116, 124.

官將普通法規範置於理性的檢驗之下。在這一時期，法官在訴訟中運用推理的判斷方法以符合公平和善良的要求。在普通法中，衡平法嚴格堅守誠信原則。[112]衡平法強調良好的道德，堅持正義，堅守理性。在運用衡平方法的大法官看來，法律即道德。衡平的方法在伊斯蘭法中同樣存在。卡迪（qadi）作為審判法官在個人評價和處置案件上具有實質性權力，他們的職能是依據伊斯蘭法處理爭議，可以依據正義、公正與良心進行判決，以彌補法律的空白。在這個過程中，卡迪表現出高度的正直與公正。這種發現法律的審判也被稱為「遵循先例」，是數個世紀以來伊斯蘭法中的支配性思想。[113]由此可見，衡平是古希臘、古羅馬、伊斯蘭世界的卡迪和英國大法官發展出來的司法制度。衡平意味著對不含自然法的實證法的矯正；衡平將positive law與自然法連結起來；衡平是實證法進化的重要力量。衡平是自然法的基本功能。

三、自然法與自然哲學

自然哲學包括物理學、邏輯學和倫理學。物理學旨在認識、發現和揭示自然規律或自然法則。倫理學旨在將自然宇宙中萬事萬物體現出來的自然必然性和自然合目的性的關係變成規範系統，使因果論和目的論涵攝於自然正義原則之下。自然宇宙中的萬事萬物的生存、發展和變化無論是基於因果論法則還是基於目的論法則，都是以自然正義為前提和準則，而它們就是倫理學的對象和範圍。這就是倫理秩序。沒有正義原則與萬事萬物的聯結就沒有倫理學。邏輯學旨在聯結人的感覺和思維，使人的基於感覺的意見或經驗通過人的思維的理性活動而上升為真理。其他諸學都可以分別歸於這三個學科之下或之內。在自然哲學中，沒有自然科學和人文科學的區分。將科學區分為自然科學與人文科學並將自然科學置於哲學之外這種對科學的認識和區分缺乏科學性，也違反了古希臘哲學和德國古典哲學

---

112 Roscoe Pound, *Jurisprudence*, vol. 1, West Publishing Co., 1959, pp. 407-414.
113 H. Patrick Glenn, *Legal Tradictions of the World*, third edition, Oxford University Press, 2007, pp. 177-179, 193.

所創立的科學的知識體系。自然科學即關於自然宇宙的科學；而關於自然
宇宙的科學就是自然哲學。因此，自然科學自始與後人所稱的人文科學就
沒有界限。人們從自然哲學自始即包含正義觀念和倫理秩序便可以認同此
種認識；而正義觀念和倫理秩序是後人所稱的一切人文科學的最高原理和
原則；倫理學在古希臘就是自然哲學以及科學的範圍。法學很少涉及自然
法與自然哲學的關聯，這是引起法學領域自然法與實證法關係之爭議的主
要原因。因此，認識自然法與自然哲學的關係既有助於認識自然法也有助
於認識實證法。

（一）自然與宇宙

　　古希臘自然哲學家視physis（自然）和cosmos（宇宙）爲同一事物。
在他們看來，自然所以足以爲典範是因爲自然作爲宇宙或最大整體體現
出一切事物的本質的正義。雖然physis和cosmos是兩個語詞，但它們的同
一關係可以從如下幾個方面看到：1.physis和cosmos都有「秩序」、「產
生秩序」、「安排料理」的詞意，同時兼有倫理與正義之意。2.physis和
cosmos同被當作整體。physis和cosmos兩詞都被用於指稱完全地活生生
地存在整體，是由部分構成的整體。[114]Xenophone稱自然宇宙爲「有秩
序的整體」。[115]而根據Plato，「整體的屬性以整體存在是事物存在的唯
一方式。」[116]這裡的事物首先就是作爲最大整體的自然宇宙。3.physis和
cosmos都包含和產生自然法則或宇宙法則。Plato說，宇宙之所以被稱爲
和諧（cosmos）或秩序（order）是因爲正義將天地神人連結在一起。[117]
自然事物體現出來的正義關係要麼本身就是自然法則或宇宙法則要麼就是
由自然法則或宇宙法則聯結和規範的。在自然和宇宙的概念中，同時包含

114 Guthrie, *A History of Greek Philosophy*, vol. 1, pp. 206-210, 208n. 1.

115 Xenophon, *Cyropaedia* 8. 7. 22, with an English translated by Walter Miller, London: W. Heinemann, 1914.

116 Plato, *Timaeus*, 32, 52. In *Plato's Cosmology, The Timaeous of Plato,* translated with a Running Commentary by Francis MacDonald Cornford, Routledge, 1937; Sophist, 245a-245d, in Plato, *Theaetetus and Sophist*, edited by Christopher Rowe, Cambridge University Press, 2015.

117 Plato, *Gorgias*, 507-508, in *The Dialogues of Plato*, translated into English by B. Jowett, vol. I, The Macmillan Company, 2010.

著理念世界和現實世界：作爲整體的自然宇宙和作爲有機體的自然宇宙。前者是原型，後者是摹本：既然自然宇宙爲自成秩序的有機體，那麼有機體的生產和發展必然產生現實世界，並且這個現實世界就是理念世界的摹本；理念世界的秩序複製在現實世界上而成爲現實世界的秩序。自然和宇宙的概念中包含著自然法則或宇宙法則。

　　自然法則、自然法、實在法既是一個由自然宇宙本原聯結著的思想整體也是一個不可分割的規範或規則系統。一切實在法都存在於這個整體和系統之內；整體和系統既是有機體的產物又約束有機體的存在和發展，既是實在法的來源又約束實在法的立法方式。試以生態法的立法爲例。

　　系統方法應用於自然生態系統的研究將生態系統聯繫起來，對於生態法具有實質意義。首先是基於自然科學的資料的使用，爲將宇宙的生態法則作生態關係的特定對象提供了根據。宇宙是地球上自然界發展的資訊資源基礎。實際上，宇宙是維持地球上的生物及其繁榮的特殊條件。宇宙作爲生態關係的對象的特殊性，其不同之點，比如說，對於地球上的自然界，在於它對地球與宇宙的關係具有獨一無二的意義。自然是除人類社會以外的整個物質世界。自然與整個宇宙發生關係。宇宙與地球上的大自然的關係反映出來的特殊作用是產生了在法律體系中具有特殊地位的生態法。生態法是反映宇宙與地球上的自然界的關係的。它定位於整個自然宇宙世界，在維護人類生活和活動的基礎和生態安全利益上維持和重建其有利的狀態。將宇宙僅作爲天文學的基本概念並不是嚴格的定義。宇宙包含著它周圍的整個世界。宇宙作爲包羅萬象的自然生態系統，包含著地球上的自然界。生態關係的對象可以界定爲由宇宙及地球上的大自然提供的能源，即自然系統和自然物的總體，包括大氣層的空氣、水、土、礦物質、動植物群以及氣候與中間層、它們的相互關係和相互作用。人作爲地球和宇宙的自然生命中特殊的、有知覺的存在物，能夠意識到這個自然生態系統的特殊性和特點，爲維護自然的有利狀態有計畫地創造和有效地使用社會環境的資源（法律和各種制度設置等等）。[118]

[118] М. М. Бринчук, Экологическое Право: объкты экологических отношений. Москва. 2011, С. 17, 19, 131-155, 24-25.

（二）人類在宇宙中的地位

在古希臘，宇宙具有生命的立論在自然哲學時期之前就已出現，宇宙是一個合規律的、有理性的、相互呼應的和諧生命體；宇宙處處體現出logos的管理和秩序。宇宙萬物的統治本原是自然和logos。斯多葛學派哲學家認爲宇宙是一個活生生的存在，因此，應該假定宇宙是具有靈魂的。他們認爲，靈魂是一個實體，否則，靈魂就不能擴大或遍及整個宇宙。[119]Chrysippus（西元前279-206年）、Apollodorus（西元前2世紀）和Posidonius（西元前135-51年）都持這樣的觀點：宇宙是一個理性的、有生命的、有理智的永恆生物。[120]之所以是一個生物，是因爲宇宙是一個能夠對生命有知覺的實體。宇宙具有靈魂是因爲人的靈魂是源於宇宙的一個部分。部分與整體的推理被用於證明：如果在人的身體裡有靈魂，那麼，在宇宙中一定有靈魂；如果人的靈魂（理性）的統帥部分[121]是人身體裡的一個秩序原則，那麼，理性也應該是宇宙中的一個秩序原則。[122]不僅宇宙整體而且其中各個部分都是如此有規律地活動。萬事萬物的運行相互呼應形成了一個統一的有機整體。因此，宇宙及其所包含的所有事物因自然的自然性和理性而有目的地和必然地生長爲最好的結構；換言之，宇宙作爲整體具有包含萬事萬物的屬性，因而宇宙也具有規制各個部分生長的能力。整體必然地比各個部分高等；而根據自然中的目的論法則（即Kant的「自然中的法」），自然的最終目的必然是人，因爲人是唯一一種既是自然存在者也是理性存在者的存在者。[123]由此引出人在宇宙中的地位：人是宇宙的部分；人是自然的目的。

---

[119] Boeri, *Natural Law and World Order in Stoicism*, in G. Rossi and Georg O. Verlag ed., Nature and the Best Life, 2013, p. 205.

[120] Chrysippus, *Diogenes Laertius, Lives of Eminent Philosopiers*, vol. VII, 143.

[121] Calcidius, *In Timaeum* 220-221(SVF 2.879; LS 53G; FDS 424). Stobaeus, Ecl. 1.367, 17-22; 1.368, 12-20; 1.369, 6-10. Citing from Marcelo D. Boeri, *Natural Law and World Order in Stoicism*, in G. Rossi and Georg O. Verlag ed., *Nature and the Best Life*, 2013, p. 205.

[122] Eusebius, *Praeparatio Evangelica* 15.20, 1-4(SVF 1.128), citing from Marcelo D. Boeri, *Natural Law and World Order in Stoicism*, in G. Rossi and Georg O. Verlag ed., *Nature and the Best Life*, 2013, p. 205.

[123] Kant, *Kritik der Urteilskraft*, Sechgten Auflage, Band I, Hamburg, 1926, S. 294.

1. 人是宇宙的部分

　　自然或宇宙既可以指稱一個自然或宇宙的事物，也可以指稱所有個體事物的整體。這個整體既可以是所有個體的簡單聚合，也可以是一個高於部分聚合的整體。每一事物的每一方面都是由它與宇宙整體的關係決定的，因而是服從於宇宙的普遍秩序的。[124]「人是宇宙的部分」這個命題第一層涵義不僅表明人與自然宇宙的關係而且暗示著人與自然宇宙中其他自然物的關係。在人與自然宇宙的關係中，人要受到自然宇宙法則的約束，人的理性從屬於自然宇宙的理性，人的活動目的須遵從自然宇宙運動的目的，這是因爲自然宇宙的運動不僅促使人的運動而且也驅動其他自然物的運動。這就引出人與其他自然物的關係。人的活動不僅須遵從自然宇宙的目的而且須與其他自然物的目的一致。人與動物和植物的區別是人具有自由。在積極的意義上，自由是就其本身而言是純粹理性成爲實踐的能力。這意味著純粹實踐理性具有通過行動最終產生效力的能力。在消極的意義上，自由是與其感官功能分離的獨立性，在此種狀態下，感官對人有影響，卻不決定人的行動。[125]自由概念的這兩個面向符合於Kant將人作爲理智存在物（homo noumenon）的解釋。自由的消極面向符合於作爲其人格獨立於物理屬性的理智存在物的人，以區別於受物理屬性影響的作爲現象顯現的人。自由的積極面向符合於從自由概念出發以道德立法之主體爲特徵的人，在此際，人需要服從於其爲自己設定的法則，因此人具有通過純粹立法理性而作自我決定的能力。人爲自己設定目的的能力獨立於人的動物屬性。[126]「人是宇宙的部分」這個命題在自然哲學中有其根據。古希臘的自然哲學家都認爲自然宇宙是具有靈魂的有機體，它不僅孕育人與其他自然物的軀體而且人與其他自然物的靈魂也是自然宇宙靈魂的流溢物。而自然宇宙之所以自然而然地顯示爲合理的秩序在抽象的層次上是自然宇宙的靈魂使然，在具體的層次上是因爲logos是自然宇宙的統治原則。人與

---

[124] Cicero, *The Nature of Gods*, vol. II, Oxford: Clarendon Press, 1997; Plato, *Republic*, 519b, translated by Robin Waterfield, Oxford University Press, 1993.

[125] Kant's gesammelte Schriften, Akademie-Ausgabe: *Die Metaphysik der Sitten*, 1797, AA, vol. 6, Berlin: Druck und Derlag von Georg Reimer, 1914, S. 213-214.

[126] Ibid., S. 239, 439, 335, 223, 420, 392.

其他自然物一樣成爲宇宙的部分是自然宇宙的logos的規定性。

2. 人是自然的目的

　　「人類是自然的最終目的，並且在這個地球上也作爲一切其他自然物都與之相關的構成一個目的系統的那個自然的最終目的。」[127]自然的內在目的性不僅使諸自然物成爲以自然正義爲基礎的自然秩序中的一個分子而且也使人成爲崇敬自然、敬畏自然正義、與自然一致生活的一個分子。這是人作爲自然之目的的基本涵義和意義。因此，人是自然的目的這個命題也間接地表達了人與自然的關係。Aristotle認爲，人是天然地適合城邦生活的生物。Aristotle這個結論的來源是他對人的自然性的認識；這是他對自然界動物植物的生成生存的觀察得到的結論。自然使自然物合理和諧地存在；人作爲自然物生成存在當然也就是自然的目的。Augustine（基督教神學家、哲學家，354-430年）視人爲上帝造物的一部分。在自然哲學中，上帝與自然宇宙是不同的名稱相同的概念。上帝的造物其實就是自然的造物；人是上帝的目的也等於人是自然的目的。B. C. Нерсесянца（1938-2005年）將人視爲法律生物，這意味著人既是自然存在也是社會存在。自然存在即作爲自然物存在是自然的造物，人與其他自然物一樣要受到自然目的的支配；社會存在要受到法律的支配，而法律也是自然目的的產物；因爲自然的目的包括使一切自然物有秩序地的生成存在生長，社會的法律是自然秩序中的構成成分。因而，人也是自然與社會之間的一個連結部分。人是自然的目的這個命題要求人們重視和研究人的起源和人的自然意義、人的自由意志和自然特徵、人在自然中的目的和地位、作爲社會存在的人的進化等課題、自然與社會的相互關係涉及自然與社會關聯的性質和類型、它們的型態和體現、協調自然與社會關係的方式、決定自然與社會關聯的直接或間接的、永恆或偶爾的、明顯或隱含的持續相互作用。[128]

---

[127]Kant, *Kritik der Urteilskraft, Sechgten Auflage*, Band I, Hamburg, 1926, § 83, S. 298. 鄧曉芒譯，人民出版社，2002年，第285頁。

[128]М. М. Бринчук, Законы природы и общества. В 2-х т. Т. 1. М., 2015. Бринчук, Законы Природы и Общества, С. 164, 165, 189-191. М. М. Бринчук有許多關於自然與社會關係的研究成果。

（三）自然法的自然哲學基礎

自然哲學的直接範圍是物理學、邏輯學和倫理學；自然法則是通過物理學、邏輯學和倫理學認識、發現和揭示的；自然法或是自然法則本身或是來源於自然法則。因此，自然哲學也是自然法的理論基礎。

1.「基礎」的概念

所謂「基礎」，研究者可能意謂顯現在法律概念的定義或者用於解釋重要特徵的基本概念或者「法律的本質」中的基本的和關鍵的要素。[129]「基礎」的概念往往被用於指稱多個方面的基本的和關鍵的要素，有本體論方面的，也有價值論、認識論、方法論等方面的。這些面向的「基礎」往往又同時用於一個事物的基礎，當然也可以根據研究內容選擇其中一個作爲「基礎」要素。

(1) 邏輯的與認識論的基礎

一個法律體系在理論上被構建爲一個規範的等級秩序往往使用「基礎」的比喻說法，有時候，它還被置於規範秩序的頂點，或作爲認識論的假設，或作爲法律體系的效力來源。[130]

(2) 道德的基礎

在法學領域裡，道德的基礎總是被理解爲兩種對立的狀況：一種是認爲道德是實在法的內在基礎，道德包含於實在法規範內。在這種狀況下，道德與實在法具有同樣的效力。另一種是認爲道德是實在法的外在基礎，實在法規範不必然地包含道德內容。在這種狀況下，實在法的道德內容是立法者根據需要賦予的；道德可以作爲也可以不作爲實在法規範的內容；因而道德內容或道德標準不影響實在法的有效性。[131]這種傳統觀點已經是

參見М. М. Бринчук, Весленная – универсальная естественная экосистема: эколого-правовой контекст // Труды ИГП РАН. Актуальные проблемы государства и права. 2010. № 3. С. 72-99; Экологическое право в правовой системе // Ibid, 2009, № 3. С. 131-155; Экологическое право. Обьекты экологических отношений. М., 2011。

[129] Helmut M. Schäfer, *Grundlagen des Rechts. Einführung in das Rechtsdenken,* Munich: Oldenbourg. 1989.

[130] Hubert Rottleuthner, *Foundations of Law*, 2005, p. 2.

[131] Hubert Rottleuthner, *Foundations of Law*, 2005, p. 3.

法律史和法學史的觀點。無論在法學理論還是在法律實務中，對實在法效力的道德正當性的考量被認爲不可或缺；已有大量具有說服力的論證證明道德正當性是實在法的必然和必要的基礎；一旦實在法缺乏或排除道德基礎，實在法體系便失去了基本的約束力。本文將法律的本原追溯到自然概念、將法學的哲學基礎提升到自然哲學，也包含對實在法的道德正當性的論證。

(3) 法律的歷史和起源基礎

法律的歷史和起源基礎是討論法律體系、一般法律或法律起源的基本特徵的發展的歷史條件。法律作爲一種規範，其來源決定著法律的基本性質和法律所要求的科學性，因爲法律的起源與法律的終極來源和法律所規範的對象都是不可分的。[132]這就是說，法律的起源既與自然法則也與社會成員有著密不可分的關係。一方面，法律的起源基於社會成員的自然性，另一方面，法律的起源具有不受社會成員影響的自然正當性，因爲法律的終極來源與自然法則不可分。

(4) 法律的超實證法律的基礎

法律的超實證法律的基礎可能指涉法律的神話的、宗教的、道德的、生物學的、人類學的、自然的、經濟的、政治的基礎等等。這些超實證法律的基礎作爲立法者目的的實現的前提條件而發揮著作用。[133]法律的起源是自然而然的過程；法律的演進不只是法律本身的發展，而是與法律的基礎特別是超法律的基礎相關的要素的同步發展；法律的功能的發揮需要超法律的基礎。因此，立法是一種綜合工程，只有自然哲學才能成爲這種綜合活動的理論根據。

自然法的自然哲學基礎包含上述「基礎」概念的所有方面，這主要是自然法則作爲自然法和自然法的來源須包含上述「基礎」的各個方面。因爲自然法則是自然運動的原因，故認識、發現和揭示自然法則需要運用物理學和邏輯學；而自然法則體現出來的自然事物的規律性和正當性屬於倫

---

132 Helmut M. Schäfer, *Grundlagen des Rechts. Einführung in das Rechtsdenken*, Munich: Oldenbourg, 1981, S. 1-8.
133 Hubert Rottleuthner, *Foundations of Law*, 2005, pp. 4-5.

理學的範疇。因而，物理學、邏輯學和倫理學都是認識、發現和運用自然法的根據。自然法與實在法的統一性是法律概念存在的前提，因此，自然法的基礎也就是法律的基礎。作爲自然法和自然法的來源的自然法則具有正當性的基礎。自然法則作爲自然法和自然法的來源關係到後者的起源；自然法則本身就是自然法或法律的超實證法律基礎。

2. 自然法與自然法則

法學特別是法律實證主義對法的定義既沒有包含自然和科學意義上的法則也不是將自然法作爲自然和科學意義上法則。Austin在對法作出分類後表達了同樣的看法。他說，當人們談及低等動物所奉行的法則，植物生長和衰敗規律的法則，決定無生命的物體或質量運動的法則，這些應用都依靠微弱的類比。[134]Austin在這裡的意思是法學研究忽略自然法則對法律的影響或在法律中的地位。Austin對法學研究的這種認識雖然是在他所處的時代，但在他之後的200多年裡這種狀況在法學研究中一直存在。這是法學研究的缺陷。因此，法學需要從認識論、本體論和價值論三個方面研究自然法與自然法則的關係；其中，認識論包含認識的方法。

(1) 自然法的本體論基礎

本體論總是研究事物的終極存在。在法學研究中，自然法總是被認爲來源於一種道德觀念的東西。這種認識只是自然法來源的一種認識論來源；也就是說，對自然法的認識需要道德觀念但不止於道德觀念。認識是認識主體自身的作爲，因此道德觀念存在於主體自身。認識本身不能產生事務的本體而只能發現和揭示事物的本體。由於自然法的終極存在是自然宇宙中的自然法則，因此，自然法的本體論基礎是自然法則；也就是說，自然法或是自然法則本身或是來源於自然法則。

自然法則的概念在古希臘自然哲學時期即已存在。在古代和中世紀的自然哲學中，至少是在兩個不同的傳統中談論自然法則的。在天文學和數學中，自然法則被認爲是定理演繹體系中的基本原則。而在神學中，強調神的唯意志論，公理的特性與地位在更大的體系中沒有發揮主

---

[134]Austin, *Lectures on Jurisprudence, The Province of Jurisprudence determined*, London, 1789, p. 90.

要作用。到17世紀，自然法則的概念已經在自然哲學和法律思維中占有地位。Descartes首次賦予自然法則在自然哲學體系內基本和突出的地位。Descartes的法則概念具有演繹體系中准公理的地位，同時反映唯意志論傳統：神已經創立了不同的法則。與Descartes同時代的法國博物學家Marin Mersenne（1588-1648年）在法律和道德的意義上使用loy of natuelle或loy de nature概念。Descartes對17世紀旨在改革自然哲學的英國哲學界影響很大。英國哲學家Henry More（1614-1687年）談論法則時總是聯繫到Descartes。與Descartes相比，英國自然哲學家Walter Charleton（1619-1707年）的自然法則是關於因果關係以及它是如何在自然過程中運行的陳述。英國科學家Robert Boyle（1627-1691年）也認為在所有的宇宙物質中存在著固定的自然法則，它們是適用廣泛的一般規則。法國科學家Edme Mariotte（1620-1684年）更是稱自然法則為普遍真理。[135]

對「自然法則」概念的使用意味著這些法則的作者是自然。這可能是這個概念被賦予日益突出之地位的最具說服力的理由之一。[136]這是因為自然法則是自然中的事物體現出來的一種規定性，而不是轉移給自然的一種法令，用它在自然事物上施加強制。自然法則描述自然的實際行為，而不規定自然應該成為什麼。因果性的概念包含必然性的概念，從而自然法則的概念也包含必然性的概念。[137]根據Schlick的意思，自然法則對自然事物的約束既是自然而然的又是必然的。這正是自然法的基本規定性：自然法的作者也是自然；這是無須爭議的。自然法對人類的效力最初是由人類自身的慣例性行為體現出來的。在成文法出現後，對成文法必須符合自然法的要求一直是立法和法學的基本立場。這個基本立場從未改變，因為改變意味著否定人類自身的存在和生存。從客觀方面看，自然法是自然中的自然事物體現出來的適用於人類的規範，在這個意義上自然法則就是自然

---

[135]Friedrich Steinle, *From Principles to Regularities: Tracing Laws of Nature in Early Modern France and England*, in Lorraine Daston and Michael Stolleis, *Natural Law and Laws of Nature in Early Modern Europe: Jurisprudence, Theology, Moral and Natural Philosophy*, Ashgate, 2008, pp. 215-225.

[136]Steinle, *From Principles to Regularities*, p. 230.

[137]Moritz Schlick, *Philosophy of Nature*, translated by Amethe von Zeppelin, Philosophical Library, Inc. 1949, p. 89.

法；從主觀方面看，自然法是人類有意識和無意識地符合自然法則而生活和生存的規範，在這個意義上自然法則也是自然法；而從客觀和主觀的綜合方面看，自然法則對自然事物的自然而然的和必然的約束的規定性被人類通過理性認識而確定爲作爲法律基本內容的自然法，在這個意義上自然法則仍是自然法或自然法的來源。因此，自然法的本體論基礎是自然法則。在人類通過理性認識獲得自然法之後，要麼用自然法直接約束人類自身的行爲，要麼通過立法使自然法成爲法律規範約束人類的行爲。

(2) 自然法的認識論基礎

科學被認爲是人類的心智和人類的思維的創造物。[138]在這裡，科學就是指自然哲學。在科學的意義上，自然法則是通過人類的心智認識、發現和揭示的產物。自然法則的存在歸因於自然宇宙中萬事萬物的運動；自然法則的獲得則是人類認識、發現和揭示的產物。人的理智的創造能力使自然法則進入科學領域。「自然法則不是心理公式，而是人類重複地知覺的結果。人類將這種重複地知覺的結果投射到自身之外，並認爲它們是以人類爲條件卻又獨立於人類的外部世界的一部分。」「對自然法則的認知本質上以知覺的內容和方式爲條件。」[139]古希臘自然哲學家從對自然宇宙的觀察和研究中認識和發現了萬事萬物運動的規律性而確認人類也受一種永恆的法支配。自然宇宙中萬事萬物運動的規律性形成自然法則，這種自然法則就是支配人類的最初的永恆法。對理念（事物的原型）的認識形成概念；概念就是事物的自然本性。自然法的概念就是古希臘自然哲學家和科學家即智者在認識自然宇宙中萬事萬物運動的規律性中而產生的。自然法這個概念既符合它的理念也符合它的自然本性。自然先於人類存在，爲一切人所共有；這是自然法則的普遍性，這也是自然法的普遍性。從自然哲學上看，自然法就是指自然宇宙的客觀秩序或規律性，它們是通過科學探究發現的，並且不會被人的意志所改變。它們是合理的人類預見的基礎。人類的科學活動發現和揭示了自然法的合理性。

---

[138] Werner Stelzner, *Psychologism. University and the Use of Logic*, in J. Faye, P. Needham, U. Scheffler and M. Urche eds., *Nature's Principles*, 2005, p. 275.

[139] Pearson, *The Grammar of Science*, with a new introduction by Andrew Pyle, Thoemmes Press, Bristol, 1892, pp. 104-105, 102.

類比是人類認識自然法的法律方法。自然法在它能夠被人類認識之前存在。斯多葛學派哲學家「與自然一致地生活」的原則也就是他們對自然法的認識的結果。與自然一致地生活就是與人的自然性和宇宙的自然性相符合的生活。[140]家庭親屬法與群居動物體現出來的自然法則相似，因此，法律的歷史起源必須在自然法則中尋找，從自然法則演繹適用於人類的自然法。法國科學家、神學家Blaise Pascal（1623-1662年）將自然法與特定地區常變的法律和習俗相對照，並認為自然法是人類社會最好的基礎。[141]Bacon用自然法則的概念與法律作類比。Bacon對自然習俗與基本法和普通法作出區分。習俗是特定領域裡觀察到的規律，基本法和普通法為更廣泛的效果而適用。[142]習俗只能通過經驗方法得到認可；而法則是大量論證結構的基本成分。Bacon對自然哲學與立法事項的類比參考了在英國獨特的普通法傳統。[143]根據普通法傳統及其制度，大量的法律權利和自由都被視作自然權利，都可以從自然法中演繹而來；而自然法與自然權利只是一些自然法則，根據它們，每個個體都受到自然的約束，天賦的權利有賴於自然法則。自然法則是適合自然秩序中的每一事物的。[144]換言之，自然法則是自然法和自然權利的取之不盡的源泉。「類比是自然法則所具有的兩種涵義即法學中的法與科學中的法則的一個聯結點。」[145]

(3) 自然法的價值論基礎

自然法的價值取決於自然法則的價值和意義。自然法則的基本屬性是自然性。人類認識、發現和揭示自然宇宙中的自然法則的活動是人文活動。人類在認識自然宇宙的同時也認識了人類自身。在這個過程中，人類藉助自然法則的正義性、客觀性、規律性和實在性認識自身，實現自身的生存意義。因此，自然法則的價值和意義因其自然性是不容置疑和無法質

---

[140] Diogenes Laertius, *Lives of Eminent Philosopiers*, vol. VII, 88.

[141] Pascal, *Meditations*, 1670, § 60, p. 53.

[142] Francis Bacon, *The Works of Francis Bacon*, I, 232, 567, Longmans and Co. 1858; *The new organon*, II, 2 and 5, edited by Lisa Jardine, Michael Silverthorne, Cambridge University Press, 2000.

[143] Steinle, *From Principles to Regularities*, p. 216.

[144] Spinoza, *Tractatus Theologico-Politicus*, cha. 16, translated by Samuel Shirley, E. J. Brill, 1989.

[145] Pearson, *The Grammar of Science*, p. 104.

疑的，因而自然法的價值和意義也就是不容置疑和無法質疑的。自然法則
有多少價值、有多大意義，自然法也就有多少價值、有多大意義。長期以
來，自然法的價值和意義沒有得到足夠的重視，「自然法的範疇尚未獲得
一個準確的哲學解釋。」[146]之所以如此，可能是因爲在唯物主義的範圍內
很難復興自然法的觀念。[147]這種觀點最初源於這樣的假設：神是自然法的
唯一來源。[148]唯物主義忽略自然法與自然法則的關係，因而將自然法當作
唯心主義的東西。實際上，唯物主義和唯心主義各自只是哲學的一個範
疇，不能單一地作爲認識事物的哲學基礎。當然，這更是因爲人們對哲學
本身的理解存在問題，即不把自然哲學作爲科學的最高知識領域。哲學研
究不是從自然開始，當然也就不是從科學開始。科學是自然的產物，因而
科學包含著源於自然的一切知識。研究自然必然產生科學。從自然中獲得
的科學是眞理。這就是自然法則和自然法被視爲公理的理由。它們是通過
自然哲學即物理學、邏輯性和倫理學發現的。

　　人與自然法的關係是人是自然宇宙中的生命體，在這種意義上，自然
法與自然法則一樣也可以說是自然宇宙的規律或法則。「宇宙是一個四維
的空間—時間連續體。」[149]地球上的生命只有遵循這個空間—時間連續體
的法則才能發展。「生命發展的基礎及它與外部無機世界的關係對這個有
機的世界產生重複的作用：四季週期性交替、氣溫循環、漲潮與落潮等
等。」這表明自然法則不證自明地決定性地影響著地球上一切生命體；這
也表明自然法則與人是不可分離的。因此，使用自然科學（首先是生物
學）的成果發現自然法則的來源是完全可能的。[150]科學發展越精細、越是
關聯到人，人類對自然法則的認識就越具有對於人的特定意義，自然法則
對於人就越具有價值意義。人的自然性是什麼，以怎樣的方式產生權利，

---

146 См., подробнее: Четвериков В. А. Современные концепции естественного права. М., 1988.

147 Кудрявцев В. Н. О правопонимании и законности // Гос. И право, 1994, № 3, С. 7.

148 Игоръ Ъорисович Калинин, Естественнонаучные Основания Jus Natural, Государство и Право, 2017, № 1, С. 99.

149 А. Эйнштейн, Физика и реальность. М., 1965.

150 Калинин, Естественнонаучные Основания Jus Natural, Государство и Право, 2017, № 1, С. 99, 100.

在作爲生物物種的人的進化和社會發展的過程中以什麼方式規範他們。如
何合乎邏輯地從自然中演繹出內在於每一個生物人的自然和不可讓與的權
利、構建作爲一種基於關於自然與社會的現代科學成果的科學理論的自然
法的本質，只能嘗試根據自然科學的成果。隨著人的中樞神經系統的發
展，對於解答人面前的問題的大腦反應的積極情感不僅成爲滿足有機體的
生理需要，而且也能滿足人的精神要求。因此，由於人的中樞神經系統向
最高程度發展的必然性，人的精神需要是人作爲一個生物系統發展的結
果，是這個系統形成的因素。社會的社會經驗不僅通過文字、圖畫及其他
物質載體記錄下來，而且也記錄於人自身。[151]任何功能系統（包括人）的
系統形成因素是該系統活動的結果。系統結果被理解爲有機體與環境相互
關係中的有用設置；當系統實現時，就可以獲得這個設置。結果對系統有
絕對命令的作用。[152]人們從這些科學原理中應該認識到的是法律體系與自
然法則的功能價值和自然法的法律價值的關係。一個法律體系的必然性基
於人的自然性；有效的法律體系必須能夠類比於人。[153]人的自然性將法律
體系中一系列道德和法律概念自然化爲一個科學系統；只有滿足了人的這
個科學系統的法律體系才具有必然性。人的必然性與法律體系的必然性是
統一的。

---

[151] Калинин, Естественнонаучные Основания Jus Natural, Государство и Право, 2017, № 1, C. 100-
101.
[152] Анохин П. К. Избр. Труды. Философские аспекты теории функциональной системы, C. 45.
[153] Kaufmann, *Rechtsphilosophie*, S. 205, C. H. Beck'sche Verlagsbuchhandlung, München, 1997.

二

法律秩序：自然秩序的人類版

　　從自然秩序的基本規定性可以知道自然宇宙是由自然法則或宇宙法則支配的。人類作爲理性自然物是自然宇宙的一部分。因此，人類也受生活在其中的自然宇宙法則支配。人類最初認識的法律實際上就是自然法則；人類隨後制定的法律或就是直接將自然法則變爲實在法或就是根據和遵從自然法則制定實在法。雖然自然法則的名稱變成了自然法，但在各種語言中，自然法與自然法則實際上是一個表達式或相同詞義的術語。在人類法律的發展史上，自然法體現出僅次於神的功能。這是因爲自然宇宙的存在和運動不以人類的意志爲意志基礎；自然宇宙創造自然法則，同時也受自然法則支配；自然宇宙秩序因自然宇宙法則的效力統治著人類生活的秩序。在人類進化到能夠認識、發現和揭示自然宇宙法則的今天，人類也能夠建立適合於自身生存和繁衍的秩序，即符合自然宇宙秩序的法律秩序。從自然宇宙秩序的自然性、合理性和正義性中可以演繹出人類法律秩序的基本規定性。自然賦予人的自然性，這是人的基本屬性；從人的自然性中演繹出人性的概念；從人性的概念中演繹出「人之爲人」的規定性即人性尊嚴，這是「人之爲人」的基本屬性。因此，在社會共同體中，符合自然秩序的法律秩序只能以人性尊嚴爲邏輯起點。圖示[1]並概要說明如下：

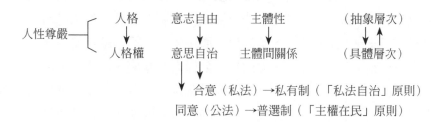

　　「人性尊嚴」是一個符合自然秩序的法律秩序的邏輯起點。「人性尊嚴」既體現爲一個權利概念也體現爲符合「人性尊嚴」的權利體系。由於法律秩序中的權利是自然人的權利，因此，人性尊嚴是每一個自然人與生俱有的權利，因而人性尊嚴既是自然人的原初權利也是普遍的權利概念。

1　戚淵，《憲法新分類及其意義》，五南圖書，2018年，第197頁。

一個法律體系中的權利體系全部演繹自人性尊嚴概念；人性尊嚴概念也可通過整個權利體系體現出來，也就是說，通過一個權利體系可以判斷是否具有人性尊嚴的價值要求和標準。「一切原初的權利均演繹自普遍的權利概念。普遍的權利在其純粹的形式上與其內容上的權利相等，因為權利的內容取決於形式，反之亦是。」²從「人性尊嚴」中演繹出法律體系的抽象和具體兩個概念層次，分別為「人格＋意志自由＋主體性」和「人格權＋意思自治＋主體間關係」。在一個法律體系的抽象概念層次中，人性尊嚴由人格、意志自由和主體性三個概念構成；在一個法律體系的具體概念層次中，人性尊嚴由人格權、意思自治和主體間關係三個概念構成。法律體系的具體概念層次來源於抽象概念層次，同時又可以以遞進式輪回的方式豐富抽象概念層次。人格是人格權這個具體概念的抽象概念，意志自由是意思自治這個具體概念的抽象概念，主體性是主體間關係這個具體概念的抽象概念。來源於「意志自由」的「意思自治」既是私法領域的概念也是公法領域的概念。在私法中，意思自治的外化——意思表示——是合意的行為基礎；在公法中，意思自治的外化——意思表示——是同意的行為基礎。在私法中，意思自治產生主體平等、人格平等、雙方互利、自主自由的處分權、責任自負、合意的法律根據、法律效力等一系列制度體系，其合稱就是私有制。私有制是私法自治原則的制度型態。私法自治原則是私法體系的基石。在公法中，意思自治產生人人平等、結社自由、社會自治、國家—社會二元化存在、參政權、公權力的基礎、同意的法律根據、法律效力等一系列制度體系，其結晶就是普選制。普選制是主權在民原則的制度型態。主權在民原則是公法體系的基石。因此，私有制與普選制是從「人性尊嚴」演繹而來的法律制度，它們共同構成一個法律制度體系即法律秩序的基石。一個符合自然秩序的法律秩序必須同時具有人性尊嚴、私有制和普選制三個要素。在其中，「人性尊嚴」既是一個法律秩序的起

---

2 Schelling, *Neue Deduction des Naturrchts,* in *Philosophisches Journal einer Gesellschaft Teutscher Gelehrten.* Hg. Von Friedrich Immanuel Niethammer und (ab Bd. 5) Johann Gottlieb Fichte. Bd. 4. Heft 4. Neu-Strelitz 1796. Bd. 5. Heft 4. Jena und Leipzig 1797. Here citing from Friedrich Wilhelm Joseph Schelling: Werke 3, § 77. Hg. von Hartmut Buchner, Wilhelm G. Jacobs und Aunemerie Pieper, Stuttgart: Frommann-Holzboog, 1982.

始點又是私法自治原則與主權在民原則的聯結要素。「人性尊嚴」既來源於自然秩序又是自然秩序與法律秩序的聯結要素。綜上可知，法律秩序來源於自然秩序；法律秩序是自然秩序的人類版。

第四章　自然秩序作爲法源

一、自然秩序與人

　　自然秩序呈現爲如下基本特徵：1.自然秩序是自然宇宙中自然物生成運動所體現出來的秩序。自然秩序具有正義性、必然性、目的性、均變性、一致性、整體性、和諧性、永恆性等特性。在自然秩序中，自然是自然物運動和變化的根源。自然秩序是自然性的存在，並基於自然性而發展。自然由兩部分構成：自然作爲質料和自然作爲形式。自然的運動和變化就是質料的形式化，而推動質料形式化的動力來自質料外部。在自然秩序中，一切自然物都是在一個非物質的神聖外力即宇宙精神推動下合目的地運動著。[1]Aristotle並不是否認自然物自身內有其運動和靜止的根源。他將這個外在動力確定爲宇宙精神可能是因爲他如其他自然哲學家那樣將自然作爲整體，而將自然作爲整體則該整體本身就如其他自然物一樣必然存在一個運動的根源。這樣，這個運動的根源就設想爲是外在的。事實上，自然作爲整體而運動的根源是各自然物本身的運動的根源的綜合作用。這樣理解可以將自然作爲整體的運動的根源導向自然宇宙內部。諸自然物本身包含著精神。2.自然秩序受自然法則或宇宙規律支配。自然自爲地產生自然法則，但同時自然也受其所產生的自然法則支配。自然自爲地立法（即產生自然法則）以綜合自然現象並支配自然物運動。比如，潮汐之爲一個自然法則是它作爲關於形成潮汐的各種自然現象的綜合。再比如，冷熱是自然爲萬物的立法，綜合從熱到冷、從冷到熱的系列自然現象而形成自然法則。自然秩序是一個持續的自然進程。自然進程是自然法則支配下的進程。Herakleitus認爲，火收縮變成水氣，水氣冷凝變成水，水凝結變

---

[1] Aristotle, *Physics*, vol. I, cha. 2; vol. II, cha. 1; 199a5-8; Translated by William Charlton, Oxford: Clarendon Press, 2006; *Aristoteles' Physik: Vorlesung Über Natur* (Griechisch-Deutsch), 250b11ff, von Hans Günter Zekl, Felix Meiner Verlag, Hamburg, 1988.

成土，土液化變成水。這種循環往復的變化是自然法則。冷的變熱、熱的變冷，濕變幹、幹變濕這樣的自然過程也是自然法則。在自然秩序中，自然物本身即包含著自然法則。3.自然秩序作爲整體存在。根據古希臘自然哲學家的研究，自然宇宙爲一有機整體。在自然宇宙內的各自然事物無論怎樣變化都會呈現共同的自然性，表現爲各自然事物遵守相同的法則的事實，據此形成秩序。因此，自然宇宙是活生生的存在整體。[2]

自然秩序與人的關係應該從如下幾個方面理解：自然作爲主體；自然與精神的關係；自然與主體性的關係。

（一）自然作爲主體

「自然作爲主體」是自然本身體現出來的特性，是對自然的構造的描述或表述。Schelling從兩個方面理解構造：自然構造和哲學構造。前者的涵義是絕對地將自身構造爲自然；後者的涵義是使用活動、生產性、力、質料等其他術語，在先驗概念的結構中生成的過程。[3]構造是物理學的基本概念。構造意味著自然是作爲創造性的東西，即創造自然的自然。構造不是從絕對的或其他原理中演繹什麼。構造並不是從現實的世界中演繹。它的命題是特定的，它本身包含著完全的絕對事物。構造的主要目的是在絕對的事物中體現出一種特別的東西。更具體地說，構造包含兩個要素：形式的創造和邏輯的創造。[4]在自然概念中，形式的創造和邏輯的創造都是自然自爲地構造。這是自然的目的論功能。進化意味著一種東西從其他東西中發展出來。「自然的概念包含進化的理念，這是從簡單向複雜、從低級向高級轉化的基本概念構成要素。但這不是本來的自然概念，而是進

2　Plato, *Timaeus*, 33a-b, in *Plato's Cosmology, The Timaeous of Plato* translated with a Running Commentary by Francis MacDonald Cornford, Routledge, 1937; *Gorgias*, 507-508, in *The Dialogues of Plato*, translated into English by B. Jowett, Cambreidge University Press, 2010; Diogenes Laertius, *Lives of Eminent Philosophers*, vol. IX, 9, by Robert Drew Hicks, 2005.

3　Hermann Krings, *Natur als Subjekt: Ein Grundzug der spekulativen Physik Schellings*, in Reinhard Heckmann, Hermann Krings und Rudolf W. Meyer Hrsg., *Natur und Subjektivität: Zur Auseinandersetzung mit der Naturphilosophir des jungen Schelling*, Stuttgart-Bad Cannstart: frommann-holzoag, 1985, S. 112.

4　Schelling, *Einleitung zu dem Entwurfeines Systems der Naturphilosophie*, 1799, IV, S. 396ff, 393.

化的概念代替諸神的理念。進化是理性的無意識發展，是主體性的客觀形成過程。這就是進化的目的，因爲進化不能是未設定目的的主體。」[5] 自然的進化與自然的構造是兩個相互作用的特性。自然在構造中進化，在進化中構造。它們共同呈現爲一個自然秩序。因此，自然秩序是一個永恆的運動過程。Schelling稱這樣的自然爲主體，一切理論都只是從這裡開始。[6] 自然哲學認爲自然宇宙自身運動具有靈魂、生產能力，即意味著自然宇宙具有主體的屬性。在當代，自然科學只將自然作爲客體；人文科學視人類自身爲人的精神產物，特別是語言的構成物。試圖將自然作爲主體的科學既不能根據自然科學也不能根據人文科學研究自然。自然科學需要解釋的不再是自然界而是抽象概念。詮釋學的主題是語言表達作爲人們相互交流的方式不是先於自然發生的。[7] 在認識過程中，人們總是先對整體有所瞭解，然後才能認識和分析部分；通過研究部分進而解釋整體。科學研究就是從一般到特殊、再從特殊進到一般，即從特殊現象中獲得一般原理和抽象概念。「與19-20世紀自然科學與人文科學中自然與語言有爭議的分離相比較，Schelling的自然哲學至少是一種糾正方法。」[8]

在邏輯上，「自然作爲主體」並不是表示自然就其存在和被假定存在的特性，而是創設自然顯示爲存在和可以作爲主體的對象之可能性的條件。「自然作爲主體」既是基於經驗的知性範疇也是具有邏輯根據的先驗範疇。因此，「自然作爲主體」的表述在自然生成的先驗邏輯構造中有其方法論的地位。它不是對自然的描述性概念，也不是自然理論的概念，而是自然根據的概念。然後，它才能從理論上被解釋和描述爲一個客體。[9] 當Schelling提出自然作爲主體時，他並未斷言自然不能作爲主體的客體。

---

5   Reinhard Heckmann, *Natur - Geist- Identität*, in Reinhard Heckmann, Hermann Krings und Rudolf W. Meyer Hrsg., *Natur und Subjektivität: Zur Auseinandersetzung mit der Naturphilosophir des jungen Schelling*, Stuttgart-Bad Cannstart: frommann-holzoag, 1985, S. 325.

6   Schelling, *Einleitung zu dem Entwurfeines Systems der Naturphilosophie*, 1799, III, S. 284.

7   Hermann Krings, *Natur als Subjekt: Ein Grundzug der spekulativen Physik Schellings,* in Reinhard Heckmann, Hermann Krings und Rudolf W. Meyer Hrsg., *Natur und Subjektivität: Zur Auseinandersetzung mit der Naturphilosophir des jungen Schelling*, Stuttgart-Bad Cannstart: frommann-holzoag, 1985, S. 111.

8   Hermann Krings, *Natur als Subjekt*, in *Natur und Subjektivität*, S. 127.

9   Hermann Krings, *Natur als Subjekt*, in *Natur und Subjektivität*, S. 112, 117.

基於先驗主觀性，有認識能力的主體必須追溯被認識的客體。主觀性的概念有幾種涵義。首先，它涉及經驗主觀性與先驗主觀性的區別。先驗主觀性並不表示出什麼，它是一種隱含性概念。在先驗邏輯中，Kant稱之爲統覺。在知識論中，Fichte稱之爲行爲活動。在先驗唯心論體系中，Schelling稱之爲行動（Tätigkeit）。由於必須在先驗的意義上理解這個概念，它並不是作爲行動基質的主體活動，而所謂行動基質的意思是通過此行動主體得以生成。[10]自然作爲主體意味著自然具有與人相同的基本屬性，包括理性、精神、生產等；自然所具有的這些屬性不是人加以規定的而是自然本身產生的。同時，自然作爲主體也意味著自然與人的關係特徵是同爲主體，自然與人的關係是主體之間的關係。自然對人的約束是在這種關係中實現的。「客觀世界並不是不證自明的。Kant的先驗批判哲學的形而上學開端儘管被設計爲動態的，但由於質料與它們的原始力仍然是假定的，因此，它們最終不能使自然成爲客體。」對於主體而言，自然作爲客體之所以是可能的和可理解的，正是因爲它本身被理解爲主體。如果人們只能認識到自身的主觀性，同時只能認識到自然的客觀性，那麼，眞正的知識就不能被證立。[11]自然作爲客體是自然作爲主體的客體化，即自然在作爲客體時處於對象性地位上，比如人認識和使用自然，此時它的主體是人。正是自然爲主體，才有主體客體化的可能性。自然作爲主體時不僅自在自爲地存在與生產而且也約束人的全部活動，此時人處於自然的對象性地位上。在自然秩序中，人將自然作爲客體而需要證明的知識是，人在多大程度上可以認識和使用自然。

綜上可知，在自然秩序中，自然與人存在三重關係。第一重關係是人來自於自然；自然是產生人的主體。第二重關係是自然與人同爲主體，自然賦予人認識和使用自然的能力。在此際，自然作爲人的對象性事物並不是完全被動的，自然宇宙法則或規律仍然支配和約束著人認識和使用自然的活動。第三重關係是自然與人構成循環系統。

---

10 Hermann Krings, *Natur als Subjekt*, in *Natur und Subjektivität*, S. 117-118.

11 Hermann Krings, *Natur als Subjekt*, in *Natur und Subjektivität*, S. 112, 126, 127.

在第一重關係中產生了人類最初的個體與群體。自然秩序與人類社會的起源、存在與發展有三個聯結，每個聯結都是自然的，是自然衍生的進程：1.家庭（oikos）是因男人與女人具有自然繁殖的欲望，爲日常的目的自然形成的。[12]家庭是原始的自然聯合體。當多個家庭爲獲得比生活必需的更多東西而聯合起來時，村莊便產生了。2.村莊（kōmē）由爲了適應更大範圍的生活的多個家庭構成。村莊的自然形式是由一個家庭繁衍而來，所以有人稱其成員爲同乳子女，都存在親屬關係。村莊就是從家庭的自然關係發展而來。3.城邦（polis）由多個村莊構成；人在本性上是適合於城邦生活的動物。城邦是一個自足或自我完滿的聯合體；它是爲了生活而存在，是爲了優良生活而繼續存在。一個事物存在的目的總是爲了其他事物趨向於最好，總是爲了其他事物達到目的。[13]因此，城邦也是基於自然關係，城邦由於自然而存在，城邦是一個由自然實體產生的聯合體。政體是城邦的形式，公民是城邦的質料。城邦的自然性體現在它的構成以及這些構成的自然關係上，像有機體那樣通過繁殖的方式自然地產生出來。城邦的目的就是使它的居民過一種優良的生活。Aristotle的城邦思想是自然目的論思想在人類社會的延伸。儘管自然目的是自然事物固有的，而城邦是由人建立的，但城邦的起源和建立是符合自然的目的的，這是城邦與自然目的的關聯，這也是自然秩序對人類社會秩序的自然要求。

在第二重關係中，兩類主體是一種包含關係。作爲主體的自然完全包含作爲主體的人類；沒有一個人是不被自然包含的。古希臘哲學家

---

12 生育本身被認爲屬於自然領域，而不屬於社會領域。親屬關係被認爲屬於自然領域，而自然也就象徵著不可變的一切事物、內在於人或物的一切東西、以及作爲基本特性的東西，沒有這些基本特性，他們／它們就不是他們／它們所是的東西。參見Marilyn Strathern, *Reproducing the Future: Essays on Anthropology, Kinship and the New Reproductive Technologies,* London, 1992, p. 17. 母親與孩子的關係自19世紀以來已經被認同爲一個自然的單元（unit）。被理解爲自然領域的家庭也被理解爲社會生活領域，這個社會生活領域是與公共市場領域（特別是與商業和契約關係）分離的，也是先於公共市場領域的。家庭是現代生活的一個場所，在這裡，親屬關係，而不是個人主義，處於中心地位。也就是說，家庭可以概念化爲一種自然獨占的領域（preserve）。參見Janet Dolgin, *Just a Gene: Judicial Assumptions about Parenthood,* UCLA Law Review 40: 637-694, 1993, pp. 640, 645-646。

13 Aristotle, *Politics,* 1252a20-29, 1252b9-10, 1252b15-17, 1252b28-1253a2; *The Politics, and the Constitution of Athens,* Cambridge University Press, 1996; *Physics,* 195a23-25, translated by William Charlton, Oxford: Clarendon Press, 2006.

Democritus最早認識到「人是一個小宇宙」。他們也稱自然的宇宙為大宇宙。Plato的宇宙論就是將宇宙萬物的運動建立在自然宇宙的目的論上，而自然宇宙的目的論體現出來的倫理原理是人類倫理的原型。自然和人的靈魂都是由自然賦予的；自然目的論意味著自然與人都是有理智的。自古希臘自然哲學家開始，這種類比在自然哲學、宗教神學和其他思想領域一直延續到文藝復興和啟蒙運動時期，幾乎是共識性的真理。在這一重關係中，自然既是能動的自然也是被動的自然。所謂能動的自然是指在自身內並通過自身而被認識的東西，或者表示實體的永恆無限的本質的屬性；所謂被動的自然是指一切自然事物都被賦予了神的屬性，且是必然性的屬性。[14]在這重關係中，人既是主動的主體也是被動的主體。人可以能動地認識自然，「從理解力中獲得自然，然後從自然中獲得智慧。」[15]但人同樣被賦予了神的必然性的屬性，人只能在自然宇宙內認識自然。人不能像上帝、天主、真主那樣認識自然和創造自然。自然與人的這一重關係的意義是人效法自然宇宙的無限性和人認識利用自然的有限性。人的整體觀、和諧觀與正義觀均來自於自然宇宙，因而必須持續地接受自然宇宙的教導，是謂無限性；人認識利用自然一方面受自然宇宙法則的制約另一方面受人的認識能力的制約，是謂有限性。將自然作為主體對於人類自身具有無比重要的意義。

在第三重關係中，自然與人有機循環。あんどう　しょうえき（思想家、哲學家、醫師，1703-1762年）在他的《自然真營道》中解釋了自然及自然法則的功能和意義。他認為自然以追求人與自然和諧為目標。自然宇宙天地整體地無始無終地運動。自然宇宙天地中一切有機物和無機物密切相關，一體運動。天氣與地氣循環流動產生各類生物和人類。天地、生物、人類同呼吸，天地呼出之氣被生物和人類吸入，人類與生物呼出之氣

---

14 Spinoza，《倫理學》，賀麟譯，商務印書館，1997年，第29-30頁。

15 Fichtes Brief an Schelling vom 31. 5. 1801. citing from Reinhard Heckmann, *Natur - Geist - Identität*, in Reinhard Heckmann, Hermann Krings und Rudolf W. Meyer Hrsg., *Natur und Subjektivität: Zur Auseinandersetzung mit der Naturphilosophir des jungen Schelling*, Stuttgart-Bad Cannstart: frommann-holzoag, 1985, S. 292.

被天地吸入。天地、生物與人類體現出無限循環的相互規定性。[16]

（二）自然與精神的關係

　　自然是可見的精神，精神是不可見的自然。[17]Schelling將自然視為精神的生長之處；精神從一開始就蘊藏於自然之中；自然的多樣化進程是精神在其中自我進化的過程。在其進化過程的頂峰，便是人類思想的出現。如同自然進程所體現出來的特性那樣，精神只有自我自然化和體系化，才能實現自身的發展。精神與自然相互轉化，它們從一個共同的本原產生出來，並由這個本原的推動運動起來。[18]Schelling認為，僅當精神與自然在一個明確的統一體中相互包含同時又是作為兩個不同的東西被看待時，精神與自然內在地屬於同一整體才能被思維。只有在內在的精神和外顯的自然絕對同一的視野內，外顯的自然才能產生其意義。[19]自然、精神、個人絕對同一地存有。在這裡，絕對作為同一性的根據存在於自然同時也是精神之中。

　　精神的概念是Schelling自然哲學中的關鍵概念。關於精神的概念，Schelling選擇用Leibniz的單子概念和Ficht知識學的概念和術語框架來解釋它。[20]然而，精神不是作為形式的自我主義的單純自我意識。精神是現象世界的有機化原則。它是各種表像的絕對根據，它並不是直接地出現，而是在表像中表達自己，顯示自己。[21]這就是說，精神是內在的，自然是外在的。對於Leibniz來說，實體既是物質的也是精神的，它既具有思維也可以擴張。它由單子構成。每一個單子都是一個在空間上與其他單子關

16　楊儒賓著，《自然概念史論》，國立臺灣大學出版中心，2014年。

17　Schelling, *Fernere Darstellungen Aus Den System Der Philosophie*, Schelling Sämtliche Werke, Band 4, Hrsg. K. Schelling, Stuttgart: Cotta, 1856, S. 56.

18　Schelling, *Erster Entwurf eines Systems der Naturphilosophie*, zum Behuf seiner Vorlesungen, Jana und Leipzig bey Christian Ernst Gabler, 1799.

19　Schelling, *System des transzendentalen Idealims*, III, 600, Reinhold-Polemik, V, 40, 1800. Reinhard Heckmann, S. 329; Schelling, *Ideas for a Philosophy of Nature* (1797/1803), translated by Errol E. Harris and Peter Heath, Cambridge University Press, 1988, p. 42.

20　Schelling, *Ideen zu einer philosophie der Natur*, II, 20, 36, 1797.

21　Reinhard Heckmann, *Natur- Geist- Identität*, in Reinhard Heckmann, Hermann Krings und Rudolf W. Meyer Hrsg., *Natur und Subjektivität: Zur Auseinandersetzung mit der Naturphilosophir des jungen Schelling*, Stuttgart-Bad Cannstart: frommann-holzoag, 1985, S. 301.

聯的實體,也是理解其環境的精神。因此,自然是一個巨大的有機體,這個有機體的部分是較小的有機體,滲透著生命、生長和成就,形成一個連續不斷的規模,這是一個從一端充滿生機的機械性到另一端最高精神生活的有意識發展的規模,且具有順著這個規模向上發展的恆定的內驅力。[22]Leibniz認為實體是一種精神性的實體。[23]

根據Hegel的觀點,自然本身是一個精神、一種思維著的存在、精神的現實表現型態。精神因其自在地存在而構成了自然的實質,因為在主客觀相結合的單純原初狀態中,精神與自然是同一的。自然自在地是理性,但只有通過自然,理性本身才會從自然中顯露而成為實在。精神在自然內發現它自己的抽象存在體,它的複製品,即自然中的概念。這是自然哲學的目的。[24]因此,自然哲學研究就是要充分揭示和證明精神—自然是同一的。自然與精神絕對同一是對自然為主體的深入理解;自然作為創生性的主體必然具有精神。正是自然具有精神,自然才能產生和聯結具有精神的各類自然物,人才能被視為作為整體運動的自然的一部分,人的精神是自然的精神的一部分。基於這樣的原理,從自然獲得精神的人們在與自然發生關係時必須具有對自然及其精神的整體性的認識能力,人的精神只有與自然的精神一致時才能發揮精神的作用、才能產生精神的有效性。

從自然哲學家的思想中可以認識到,一切自然物中都內在地具有精神,或者說自然物就是精神的表現。進而可以認識到,自然整體性地產生精神,只是自然不以精神的型態顯示自身。這在古希臘自然哲學家的思想中體現為神意或神的意志或宇宙精神。自然是自身具有理性、目的、規律的實體;通過精神,自然體現出完善的秩序。自然的存在、運動和變化是絕對自我展開和自我實現的過程。在這個過程中,起作用的正是精神。精神使自然事物完成、實現和再生。

自然哲學的意義是克服精神與自然的分離,使創造自然的自然與被自然創造的自然產生一致。使它們在一個重建的統一中達到和諧。當然,這

---

22 R. G. Collingwood, *The Idea of Nature*, Oxford, 1945, pp. 110-111.

23 Schelling, *Zur Geschichte der neueren Philosophie*, Reclam, 1984, S. 71.

24 *Hegel's Philosophy of Nature*, vol. pp. 197, 199, 204-205. Routledge, 2012.

種和諧之所不是經驗而是思想。和諧本身並不是主動地「返回自然」，而是洞察聯結精神與自然的隱蔽的（因爲不是客觀的）「紐帶」。最早的自然哲學通過精神概念解釋了絕對同一性。[25]絕對同一性意味著精神與自然的原初的不可分離性。這個原初的不可分離性本身不是反思的客體。這個同一性總是具有兩個方面：來自於現實性的同一性的不可分離性，這種現實性是存在的意象（除了意象中的存在，否則無存在）；來自於同一性的現實性的不可分離性，這個同一性意味著沒有作爲意象的意象，沒有被構建的存在的存在。[26]

揭示自然與精神的關係即自然具有精神的重要意義是使人認識到自然秩序不僅是自然物構成的秩序而且也是自然物精神構成的秩序，不僅是自然法則體現出來的秩序而且也是自然宇宙精神體現出來的秩序，不僅反映著自然與包括人在類的各別自然物的物理關係而且也反映著它們的之間的倫理關係，不僅反映著自然秩序中各別自然物之間的自然關係而且也反映著它們之間的邏輯關係。當人們組成共同體時，共同體的秩序當然地應該體現出上述各種秩序。人與自然的同構性體現在主體性概念中。

（三）自然與主體性

主體性是主體所具有的體現主體地位和功能的各種特性，以及受這些特性影響而形成的思維方式、價值觀念、行動方法和行爲結果的功能。主體性取決於主體自身的結構、素質、意識狀態、思維特點、價值取向、實踐經驗、生活閱歷、社會環境和交往環境，通過主體的需要、能力、行爲和偏好表現出來，並影響所指向的活動的結果。由此可見，有多少主體類型就有多少主體性類型。

主體性不是一個空洞概念，它存在於特定環境中；它的最高存在應當在自然宇宙之中，因爲人是自然宇宙的一部分。自然賦予人類最高層次的

---

25 Reinhard Heckmann, *Natur - Geist- Identität*, in Reinhard Heckmann, Hermann Krings und Rudolf W. Meyer Hrsg., *Natur und Subjektivität: Zur Auseinandersetzung mit der Naturphilosophir des jungen Schelling*, Stuttgart-Bad Cannstart: frommann-holzoag, 1985, S. 299-301.

26 Schelling, *System des transzendentalen Idealims*, III, 600, Reinhold-Polemik, V, 28, 1800.

相同主體性即人的自然性。自然對人的影響豐富了人的主體性，因為自然在產生人類時即賦予人的自然性，自然在為人類立法（自然法則或宇宙規律）的同時即賦予人以主體性。自然總是以其自身的主體性影響人類社會。而人在認識和利用自然時也反映出人自身的主體性。這是因為人具有知性和理性。Kant十分重視人的主體性，即他十分強調人的知性與理性的功能，因此他提出人為自然立法的命題；但應該肯定Kant的自然哲學的邏輯起點仍然是自然宇宙本身而不是人自身。他說，知性任何時候都試圖關注現象，旨在從現象中找到某種規則。規則，就其是客觀的而言，因而就其必然地依賴於對象的知識而言，被稱作規律。通過經驗得到的諸規律只是對更高規律的特殊規定。在這些更高的規律中，最高的規律先天地發源於知性本身，而不是來自於經驗。源於知性本身的最高規律使現象獲得了規律性。知性不僅僅是通過對現象的比較形成規則的能力，知性本身就是自然的立法者。也就是說，沒有知性，就不會覺得任何地方有自然，即不會有諸現象的雜多根據規則的綜合統一：因為現象本身只能存在於人的感覺意識中。而自然作為經驗中的認識對象，連同它可能包含的一切，都只有在統覺的統一中才是可能的。這個統覺的統一就是必然地符合經驗中一切現象的規律的先驗根據。所以，一切現象作為可能的經驗先天地存在於知性之中，並從知性中獲得其形式可能性。因此，知性本身就是各種自然法則的來源，因而是自然的形式統一性的來源。純粹知性在範疇中就是一切現象的綜合統一的規律。[27]

　　這段論述說明了自然法則是如何被人類發現的。Kant將認識、發現和揭示最高規律即自然宇宙法則歸因於知性，但並不是說這個最高規律和其他規律存在於知性本身。否則，無異於是說自然宇宙法則不是自然事物體現出來的而是由人體現出來的。這顯然不符合邏輯也不符合常識。Kant的「人為自然立法」的命題只能理解為人在認識自然時須確立知性活動的準則，以及人認識、發現和揭示自然法則或規律的能力。這樣理解不同於多數學者的理解但符合Kant本人的解釋。Kant說，「總而言之，在任

---

27 Kant, *Kritik der reinen Vernunft*, Herausgegeben von Wilhelm Weischedel, Riga, 1787, Suhrkamp, 1995, A126-129. 鄧曉芒譯，人民出版社，2004年。

何一個地方發現了原理，這都只能歸因於純粹知性；知性不僅僅是發現所發生之事物的規則的能力，知性本身就是原理的根源。根據這些原理，一切事物（只要能作為對象顯露於世的）都必然地從屬於規則，因為沒有這些規則，現象就絕不能與之相應的對象的知識相宜。甚至自然法則本身，當它們被看作是知性的經驗運用的原理時，同時也具有必然性的特徵。」[28]Kant所說的由認識發現的原理實際上是認識活動的準則。任何認識活動或者知性活動都是需要準則的。準則是認識主體與認識對象的聯結要素。準則產生於認識主體的認識活動之前。人對於自然的認識活動的準則是用於認識、發現和揭示對象性事物如自然法則的，但自然法則也可以或可能用來作為認識活動的準則。「準則是行動的主觀原則。換言之，是主體所採用的作為其自己行動的原則，即主體想要如何行動的根據。人的行動首先是基於他的主觀原則。主觀原則只有成為普遍法則時才在客觀上產生有效性，因為通過主觀原則，人的理性使主觀原則服從於將人視為普遍立法者的檢驗。」[29]準則對於認識活動是如此重要以至於不同的準則可能產生不同的認識結果。可以認為，Kant將頭上的星空與內心的道德律作為他的知性活動的準則，但它們顯然不是自然法則。「道德律令提供了一個正確的標準，因而它由合理性構成，即由我們行動的合理性構成。道德律令是純粹理性的產物，它是純粹實踐理性本身，即如Kant所說的不基於任何直覺的先驗綜合命題。」[30]由於理性命令符合道德法則的行動應該發生，那麼這樣的行動也一定能夠發生。[31]道德法則因此是我們認識自由的根據。[32]一個自然人是被賦予了自由的存在物。[33]自然要求認識自然的主

28　Kant, *Kritik der reinen Vernunft*, Herausgegeben von Wilhelm Weischedel, Riga, 1787, Suhrkamp, 1995, B197, 198/A158, 159. 鄧曉芒譯，人民出版社，2004年。

29　Kant's gesammelte Schriften, Akademie-Ausgabe: *Die Metaphysik der Sitten*, 1797, AA, vol. 6, Berlin: Druck und Derlag von Georg Reimer, 1914, S. 225.

30　Joachim Hruschka, *Kant and Human Dignity*, in *Kant and Law*, edited by B. Sharon Byrd and Joachim Hruschka, Ashgate, 2006, p. 75.

31　Kant's gesammelte Schriften, Akademie-Ausgabe: *Kritik der reinen Vernunft*, 1788, AA, vol. 3, Berlin: Druck und Derlag von Georg Reimer, 1914, S. 52, 4, A807/B835.

32　Kant's gesammelte Schriften, Akademie-Ausgabe: *Kritik der praktischen Vernunft*, 1781, 2 Aufl., 1787, AA, vol. 5, Berlin: Druck und Derlag von Georg Reimer, 1914, S. 4fn, A6fn.

33　Kant's gesammelte Schriften, Akademie-Ausgabe: *Die Metaphysik der Sitten*, 1797, vol. 6, Berlin: Druck und Derlag von Georg Reimer, 1914, S. 280-281.

體即人的主體性不偏離自然的主體性，或者更確切地說，自然的主體性約束人的主體性。顯然，與自然割裂或脫離自然秩序的主體形式是與自然法則相違背的主體性。遵循自然和自然秩序必然產生符合人的自然性以及符合人性的主體性。自然與主體性是兩個不可分割的概念。以自然秩序為背景和根據，可以認識和辨別主體性，可以塑造和發展主體性，可以提高和鞏固主體性。

　　主體性也是法律和法學的基本概念。主體性是法律秩序的基本要素。主體性是檢驗一個法律體系的標準之一。這是因為人性尊嚴的概念及其權利體系包含主體性概念；法律體系中的主體性概念不可與自然秩序分離，因為法律秩序是自然秩序的部分。只有將法律體系中的主體性概念置於自然哲學中加以研究才能獲得它的真理。

二、自然秩序的正當性

　　自然秩序的正當性體現為自然的正義性和自然的比例性。

（一）自然的正義性

　　自然的正義性是古希臘自然哲學家從自然的倫理性中發現的。古希臘自然哲學家在對自然的觀察和研究中發現自然的目的性、自然生長的合理性和必然性。

1. 自然的目的性

　　Aristotle的「目的因」思想表明自然本身就是目的因；自然各構成部分也是如此，其各個部分以某種方式發生好像是為了某個目的形成的，然後，自然地結合得很合適的事物就生存下來。因此，由於自然存在和生成的事物裡包含著目的因。[34]Aristotle認為，自然中的一切作用都是必然的，這是真的，但還有目的因，即每一種情況中都是為了一個最好的目

---

34 Aristotle, *Physics*, 199b33-34, 199a7-9, 198b29-31, translated by William Charlton, Oxford: Clarendon Press, 2006.

的。[35]也就是說，自然中的事物具有必然性，也具有目的性。Aristotle充分地用目的因原理解釋了自然關係以及自然事物生成生長和發展的進程。自然宇宙中存在的一切事物不僅各自具有確定目的地生成生長而且自然宇宙整體也趨向於合理地合比例地生成生長，這就是自然理性和自然正義。自然不僅是自在的而且也是自爲的，其所形成的自然秩序證明自然本身必定有一內在目的。

　　自然的目的性將自然的因果性包含於自身中。根據因果性原則，「自然被看作是一種事物的諸規定性根據內在的因果性和先天的必然性的聯合體，是現象中的秩序和規律性。自然被理解爲通過內在的因果性原則而聯結的整體，是諸現象的集合，因而是人的內心的諸表像的集合。」[36]但是，「自然的因果律概念作爲一個按照目的行動的存在者的概念，將自然目的的理念變成了它的一個構成性原則。」[37]自然的因果性只是自然事物的一種機械關係，它不能解釋自然事物的完整特性。植物本身的生長可能明顯地體現爲因果性，但植物生長與動物生長卻體現爲互爲目的性。這是有機物的基本特性；具有自然目的性的東西就是有機物。在一個有機物的自然世界中，「一切有機物都是互爲目的地存在著，在其中沒有任何東西是徒勞的、沒有意義的，或者屬於無意識的自然必然性進程。」[38]這個目的性原理擴展到整個自然宇宙，一個有機物的生長需要土壤、陽光、濕度、空氣等自然事物，有機物的存在與其相應的自然事物互爲條件和目的。所有自然事物構成一個互存互惠的整體，而這正是自然目的性的作用。自然目的性概念包含著體系性、整體性和相互功能性。

　　自然的目的性原理對人的活動具有重要意義，它爲人的活動提供了認識論前提。自然目的論從邏輯上看首先是對自然型態的認識；進而需要認識自然進化的生物的基本屬性和規律。人對自然的先天地經驗性反映是根

---

35 Aristotle, *Genesis of Animals*, 789b4-5, London: W. Heimemann Ltd., 1953.

36 Kant, *Kritik der reinen Vernunft*, Herausgegeben von Wilhelm Weischedel, Riga, 1787, Suhrkamp, 1995, A114, 125.

37 Kant, *Kritik Der Urteilskraft*, Heraugegeben von Gerhard Lehmann, Reclam, 1971, S. 271. 鄧曉芒譯，人民出版社，2002年。

38 Kant, *Kritik Der Urteilskraft*, Herausgegeben von Karl Vorländer, Felix Meiner Verlag, Hamburg, 1993, S. 239.

據自然的規律認識自然的事物，而自然的目的性是建立在自然規律的基礎上的；也就是說，自然的目的性是一種自然的規律性，也即自然是根據自然法則運行的。因此，自然的目的性對人的活動存在著約束功能。自然的目的性就成爲人的行動的構成性原則，它要求人的行動與目的與自然的目的性一致。Kant充分肯定自然的目的性與人的認識的相互作用。他認爲，人的知性具有這樣的能力：對自然物的原因的認識，可以將自然物視爲有意並且是合乎目的產生出來的。在自然與這種知性判斷力的關係中，人可以將自然規律與人的判斷力的一致性設想爲必然的，而這種一致性對於人的知性而言只有通過自然目的概念才能達成。知性是一種概念能力，即知性具有一種推論的能力；知性通過對自然目的性的認識而形成概念、產生知識。[39]自然主義認爲，主觀的人類理智即知性與客觀的自然宇宙之間的一致性是通過人的理性聯結的。正是人的理性可以不受教條主義的影響而成爲人類與自然之間的紐帶。許多現代生物學家、哲學學家、人類學家都加強了對人類生活的自然目的性的關注和研究。胚胎學家和分子生物學家發現他們在對生物進行自然必然性的解釋時需要使用自然目的論解釋；而援引自然目的性對生物的解釋也不能是因果解釋。生物自發地組織成各種形式是根據目的性法則而進行的。許多生物學家和哲學家甚至預期根據目的論解釋是通向目的論分子生物學道路的唯一方法。自然目的性是自然必然性的基礎。自然不是被視爲歷史的和社會的人工製品。自然表示著自然性和物理性，在其中都具有意義。人的意義中的物理性（physicality）源自於自然的物理性。人的物理性與意義是同一的。自然賦予諸概念和諸範疇以涵義和意義，通過它們可以理解人、人類和人性。人類從自然中獲得對於人類具有涵義和意義的概念、範疇、規則、原則、原理、理念。根據它們，建立社會和政治制度。[40]自然是人的形式和目的的統一的來源。

2. 自然的合理性

自然的合理性是一種內在合理性；自然的內在合理性就是自然的合乎

---

[39] Kant, *Kritik Der Urteilskraft*, Heraugegeben von Gerhard Lehmann, Reclam, 1971, S. 271-272.

[40] Alexander Rosenberg, *The Structure of Biological Science*, Cambridge University Press, 1985, pp. 37-38, 44, 59-62.

規律性。自然中的各別事物按照目的一致地存在和發展，它們構成一種自然特有的合規律性，這就是內在合理性的體現。

　　自然的合理性基於自然的有機性。自然中的有機物的相互作用的方式、作用的程度、作用的範圍等都是自然的，或者說是具有規律的，都遵循著特定的系列自然法則。但自然的目的性同樣適用於無機物領域，因為無機物與有機物是相互作用的。日月運動引起潮汐，潮汐帶來土壤，土壤是動植物生長的條件。

　　自然的內在合理性也體現為自然以系統存在的特性。System（系統）一詞源自古希臘文σύστημα，由兩個希臘字合成，意思是「安置在一起」。古希臘自然哲學家認為，正義源於具有互惠性的整體。Heraclitus在其著《論自然》中就稱宇宙是包括一切的整體。Democritus在其著《大宇宙》中將整個自然宇宙視為一個大系統。Holbach在其著《自然的體系》中認為自然就是由不同的物質、不同的組合、不同的運動以及由不同運動的必然結果所產生的方式而形成的整體。Kant在《自然通史和天體理論》、Hegel在《自然哲學》中都明確地認為自然宇宙是一個整體的系統或體系。[41]系統中各個部分即各自然物的運動只有在合理的條件下才會構成系統。因此，自然作為一個整體的系統與自然的內在合理性的關係是合理性系統得以形成的條件，或者說系統得以形成就是合理性的體現。由此可見，長期以來傳頌的Hegel名言「凡是存在的即是合理的，凡是合理的即是存在的」只有在他的自然哲學中才是真理，因為只有在自然中「存在」與「合理」才能達到概念一致性。Hegel在《法哲學原理》序言和《小邏輯》導言§6中兩次表達這種見解正是在他將哲學研究的內容比作自然與精神的內容時。

　　自然的內在合理性還體現為自然為秩序存在的特性。自然呈現為一個有序和有目的的整體顯示各自然物的內驅力也是有秩序和有目的的。因

---

41 *Historisches Wörternuch Der Philosophie*, Band 10, S. 824, Herausgegeben von Joachim Ritter und Karlfried Gründer, Schwabe & Co. Ag. Basel, 1998; Diogenes Laertius, *Lives of Eminent Philosophy*, vol. IX, 13, 46; Holbach, *The System of Nature*, p. 9, by Robert D. Richardson, Garland Pub., 1984; Kant, *Allgemeine Naturgeschichte und Theorie des Himmels, Vorwort*; Hegel, Naturphilosophie, § 251.

此，秩序是自然的內在合理性的外在表現。自然的秩序受自然法則支配，自然法則產生於自然本身，因此，自然本身具有價值規範的意義，自然的最高價值規範就是「最好的目的」，即自然法則約束一切自然事物追求最好的目的。最高價值存在於自然本身；一切價值都是從自然本身的價值中流出。Plato說，各事物的德性是它們被賦予了自然法則、眞理和技藝的結果，是自然宇宙法則的安排；使一事物成爲好的事物的德性是其自身固有的適當秩序。[42]各自然物本身生長和發展的規律性以及自然整體所體現出來的秩序就是遵循著自然本身的規定性也即自然本身的規範，符合自然具有的規範價值。人類作爲與其他自然物並存的存在應該從這些基本原理中獲得基本的啟示。

3. 自然的必然性

自然的必然性是指自然是必然現存著的存在，其本質必然地直接地蘊涵著它的存在。自然宇宙的必然性體現爲自然生長的必然性以及自然宇宙中的自然物總是表現出相同的狀態而不是處於可能發生或可能不發生的狀態。「在自然中，萬物都是遵循必然性自然生成的，即自然生長凋謝都有理由，人們可以用肉眼看到萬物的靈魂。」[43]自然宇宙對於人類具有必然性（比如日月與人類的關係），自然宇宙對於自身也具有必然性（比如日月與潮汐的關係）。自然是永遠和處處同一的，自然的作用和力量也是永遠和處處同一的。萬物按照自然而存在；從一些型態變化到另一些型態的自然的規律和法則也是永遠和處處同一的。[44]Spinoza在確定自然存在的必然性後，將自然的必然性導向神，從而建立了自然、神、人的必然關係。「神由於它的必然性，不僅是萬物存在的致動因，而且也是萬物本質的致動因（cause efficiente）。萬物的本質和萬物的存在都是從神的本性必然地產生出來。」[45]與自然一樣，神的存在是必然的，那麼，人的存在也是

---

[42] Plato, *Gorgias,* 506; in *The Dialogues of Plato*, translated into English by B. Jowett, Cambridge University Press, 2010.

[43] Diogenes Laertius, *Lives of Eminent Philosopiers*, vol. IX, 44-45.

[44] Spinoza, *Ethic,* vol. III, 序言. 賀麟譯，商務印書館，2011年。

[45] Spinoza, *Ethic,* vol. I, 25, 16. 賀麟譯，商務印書館，2011年。

必然的。「一切存在的東西都存在於神之內，沒有神就不能有任何東西存在，也不能有任何東西被認識。」[46]人通過自然之神認識自然和人類自身。Spinoza說，「就人是自然的一部分而言，人也是自然力的一部分。因此，遵從人的自然必然性，也就是遵從自然本身。」[47]

　　自然的必然性也意味著自然宇宙為普遍規律所決定。Spinoza說，「法則」這個詞是指每一個體事物或一切事物或某類事物以同一個固定和確定的方式而行為。這種方式或是依賴於自然必然性，或是依賴於人的決定。依賴於自然必然性的法則必然是遵從自然物的性質或定義的法則。[48]冬去春來、生物同類相聚、原子輕重有別的運動方向、冰雪在一定溫度下融化都是包含必然性的自然法則；這種必然性揭示著事情必然地以這種方式發生。自然的必然性是建立在自然規律基礎上的，它是存在於自然中各種事物之間的必然聯繫；自然結果就是在這樣的必然性作用下發生的。

（二）自然的比例性

　　自然秩序為一整體性秩序，而整體總是由部分構成的；整體與部分的關係是一種比例關係。在自然秩序中，整體與部分的運動遵循一定的規律而形成和諧的秩序。因此，自然比例性包含著整體、規律與和諧三個要素。

1. 整體與比例性

　　在古希臘哲學的宇宙論時期就存在這樣的觀念，即宇宙是自然生成為一個整體的有機生物，在其中各自然物無論怎樣變化都遵循著相同的確定的法則而形成秩序。Anaximander認為宇宙必然存在維繫各自然事物有秩序存在的絕對正義力量，並使各自然事物能夠維持一種符合比例的和諧關係。即宇宙是自成一體的生物，在其中各自然物無論怎樣變化都遵循著相同的規律而形成秩序。Anaximander認為宇宙必然存在維繫各自然事物有

46　Spinoza, *Ethic*, vol. I, 15. 賀麟譯，商務印書館，2011年。
47　Spinoza, *Tractatus Theologico-Politicus*, cha. 4, translated by Samuel Shirley, E. J. Brill, 1989.
48　Ibid.

秩序存在的絕對正義力量，並使各自然事物能夠維持一種符合比例的和諧關係。Hippocrates的醫學思想就是建立在將自然作為一個整體的哲學觀上；整體內的各部分越是保持其本應所在的位置或份量，則各部分之間的關係就越是和諧。和諧就是合比例，合比例就是正義。[49]根據自然法則，各個部分的存在和運動都具有應該所是的狀態，匱乏或僭越表示違反是其所是的狀態也即違反自然法則，因而也就失去比例性，從而影響整體的存在和發展。

　　自然宇宙內的一切事物作為整體的各個部分都是以整體為最高和最後目的而發揮其各自的功能。在自然秩序中這種功能是關係性的。各部分的價值由其對整體的功能所決定。比例性存在於整體性之中，比例性也存在於關系結構中。古希臘人的觀念是：正義就是符合比例、不正義就是違反了比例。由此可見，如果一個部分違反比例，則該部分失去功能；如果整體不符合比例，則整體失去功能。

2. 規律與比例性

　　自然的比例性也呈現為規律性。自然中的規律性是自然秩序穩定和統一（即整體性）的本質內容。自然秩序既是自然的規律性的內在作用而形成也是自然的規律性的外在反映；自然的規律既是本質也是現象。作為現象，自然的規律性是一個整體，即現象的總和。自然的規律性以比例性為其本質特徵，因為比例性就是理性與合理性。這一原理不僅適用於有機物系統而且也適用於無機物系統。自然宇宙的存在和變化是自然物合比例地合規律地日臻完善和逐漸衰退的循環更替過程。自然中的不同生物（植物、動物、人）基於它們共同的原始類型由各自的內在動力合比例地合規律地從低級向高級進化。宇宙中的各個天體之間的距離都是有一定數的比例的，每個天體都處於一定的比例，各層間的天體成比例地運行，天體的運動就是和諧的。人類的認識一方面應該符合自然的規律性，另一方面可以通過自然的規律性把握自然存在和變化的比例性。

---

[49] W. Jaeger, *Paideia*, vol. I, pp. 153f, vol. III, p. 6.

3. 和諧與比例性

比例意味著一種關係的存在；比例是兩個以上的事物之間的相應關係所構成的靜態和動態。各事物合比例地存在是一種靜態的和諧，各事物合比例地運動是一種動態的和諧。

Harmonia「和諧」原本是一個希臘詞，其原意是諸事物結合在一起、適合在一起，其動詞的意思是「使……成一列」、「使……連接在一起」。古希臘哲學家視數量關係為比例、用數量關係解釋宇宙有秩序地運行；他們發現決定天體中各自然物和諧的等級間距是數的比例。和諧可以根據單純的比例得到精確地表達。[50]自然的和諧就是各自然物和自然的各個部分根據其所具有的理性或目的性合比例地運動、生長而體現為一個有機整體，比如太陽、月亮與恆星在宇宙中的運動就是合比例地運動；森林、草原、動物等在地球上的生長就是合比例地生長。古希臘哲學家用數量關係解釋宇宙有秩序地運行，宇宙變化中唯一不變的是自然過程本身的節奏，而控制著變化過程的數量關係本身體現著這個節奏；他們視數量關係為比例、視這種節奏為和諧。Leibniz將宇宙中的自然物比作單子，他認為所有單子都處於一種非因果性的和諧運動中。一個單子的變化對應著另一個單子的變化。一個單子群的變化總是關聯著其他單子群。各個單子和單子群本身的變化以及它們相互之間的運動聯繫都遵循著自然法則，因而完全處在自然運動的和諧狀態中。[51]

人作為自然宇宙的部分，人的精神存在是人的自然的一部分。人的精神存在與自然宇宙秩序一致與和諧是希臘精神的基本結構。希臘人將cosmos（宇宙、和諧、秩序）概念適用到自然、身體和靈魂，並且認為在這些不同部分的秩序中體現出來的原則本質上是一和同一。因此，靈魂與身體的類似必定延伸到希臘人稱之為areté（品德與才能）的東西。[52]個人、城邦和自然宇宙三者可以在同一原理即整體與正義上合一。古希臘人

---

50 Guthrie, *A history of Greek philosophy*, vol. I, pp. 220-221, Cambridge University Press, 1962.

51 Laibniz, *Monadology*, Sections 56, 60-62, 79; by Lioyd Strickland, Edinburgh University Press, 2014.

52 W. Jaeger, *Paideia*, vol. II, pp. 43ff.

將體現自然正義性的比例性適用到人的身體和精神方面顯示他們視人與自然和諧地一體生存的思想觀念。

三、自然秩序與法律秩序

在古希臘自然哲學中，自然秩序源自於某一本原；而關於萬物的本原存在各種學派和學說。在這些學派和學說中，Democritus的原子論具有突出地位。Democritus主張任何基本粒子都不是從任何其他粒子中產生的，然而它們的共同形體是萬物的來源。萬物最終都在原子結構中得到統一。原子的形狀不同，但它們的實體卻是一。形狀是原子之間唯一的固有區別。原子不僅在數量上是無限的，而且它們也體現出形式的多樣性。它們的數量和形狀都是無限的。原子的最初形體總是處在宇宙空間的自然運動中；原子在運動中形成各種自然物如土、火、氣、水等。原子的運動純粹是機械性的，萬物的生成與變化都是根據這種機械性或自然必然性而發生。根據Democritus的解釋，原子的運動是永恆的，正如本原的運動必定是永恆的那樣，原子的運動不僅是活生生的而且是神性的。[53]古希臘自然哲學自始就是要尋求萬物的本原，為萬物找到一個最初的根源，並將自然宇宙秩序歸於一個本原。原子的永恆運動表明原子具有能動性和自主性。後來的思想家正是從原子的機械性運動特性中發現了人的自由意志的自然根據，因為個人也就是自然宇宙中的一個原子。原子論明顯地符合個人日常生活的機械類比；當然，機械性或自然必然性是從屬於自然合目的性的。將個人類比為自然宇宙中的原子也包含著人之為人的基本屬性。因此，從自然哲學所揭示的自然宇宙秩序的本原中人們可以找到法律秩序的自然根基。私法上的私法自治原則和公法上的主權在民原則的自然根基就是原子論中的原子。

---

53 Windelband, *Lehrbuch der Geschichte der Philosophie*, § 10; Guthrie, *A History of Greek Philosophy*, vol. II, pp. 389-399, Cambridge University Press, 1965.

（一）自然秩序與私法體系

法律秩序是由法律體系體現出來的。在私法體系中，私法自治是與自然秩序相一致的思想和原則。

在早期希臘社會沒有自然與社會的區分。早期的希臘自然哲學將人和社會以及一切社會準則都視爲屬於physis領域的，將人與社會視爲自然的組成部分，並認爲宇宙的生成、動植物的產生、人的結構以及人的認識能力和社會生活等都是自然的。在自然聚集的共同體中形成了一種nomoi；nomoi就是共同體中的風俗習慣。在那時，社會準則、風俗習慣、倫理規範之類的東西都包含在physis概念中。在城邦產生之前，nomoi與physis共同維繫社會關係。在nomoi與physis中沒有私法與公法的分別。

人的生存本能要求共同聚居而建立城邦，因而人們需要正義感、道德崇敬感和法律作爲城邦的內在基礎。城邦出現後，人們在nomoi的基礎上制定法律，這樣的法律仍然是nomoi的組成部分。古希臘人十分重視法律與自然的一致，他們認爲個人的自然性、品性、個性等與physis是一致的。它們是倫理規範和法律制度的先決條件。Plato在《國家篇》和《法律篇》中認爲當一個城邦按照自然原則建立時，它作爲一個整體所具有的智慧對其中任何一個部分都是適宜的，因爲城邦在建立之初由於自然就已經是正義的，城邦各個部分各起各自的正當作用。自然宇宙是眞正的立法者，因此，城邦的政制要以自然宇宙爲自己的模型。Aristotle在《政治學》中論述了從家庭到村莊再到城邦的進化過程的自然性，認爲城邦顯然是自然的產物。他進而將事物中的主從關係解釋爲自然關係。他認爲在一切組合的事物和一切由部分構成的事物中都存在著統治元素和被統治元素的區分，這個特性源自整個自然；在有生命的事物中都具有這個特性，甚至無生命的事物中也存在著某種爲主的元素。在《尼各馬可倫理學》中Aristotle論述了自然、正義、法律之間的關係，強調三者的一致性。[54]

在羅馬早期（西元前8-6世紀），維繫社會的規範主要源於傳統與先

---

[54] Plato, *Republic*, 428e, 443b-c; *Laws*, 710a-c, 710d-711a. Aristotle, *Politics*, 1253a2, 1254a27-33; *Nicomachean Ethics*, vol. V, cha. 7.

例，私法與公法之間也沒有明確的界限；法、宗教、道德實際上是一致的。從Cicero的著述中可以看到法律與自然的關係。Cicero認為應在自然之中尋找正義之根，自然是最高的存在。由於萬物存在於自然之中，認識萬物可以發現法律與正義的來源。在《法律篇》（第1卷）中，Cicero詳細地討論了自然、正義、法律與人的關係。他認為必須將整個宇宙理解為一個共同體，神和人都是這個共同體的成員，因此全部討論都必須在自然的引導下進行。他說，正義出自自然；正義就是最高的法律，這種法律遠遠早於任何曾有過的成文法和國家。法律是一種自然力；[55]法律是根據與自然的一致性而制定的，因為自然是萬物中首要的和最古老的。Cicero在列舉了幾個具體規則後讚賞「十二銅表法」中的規則與自然一致，並稱大自然是法律的標準。自然就是那種永遠也不會被廢除的法律。[56]自然賦予人以遠見、敏銳的智力、理性，這些使人能夠觀察到正義；人接受了理性也就是接受了正義。自然要求人們遵守德性作為法律；遵循自然並按照它的法律生活就是最高的德性。當心靈考察了宇宙的本原並懂得宇宙的本原時，心靈就不能如同某個固定地點的居民那樣圍於狹窄的城牆，而是如同某一城市的居民一樣是整個宇宙的公民，並懷著對自然宇宙和諸神的崇敬、根據Apollo的法令與自然一致地生活。[57]

私法及其體系源自於自然並與自然秩序一致很容易為人們所理解，因為私法的特點在於自然形成；而公法具有人工製作的特點。Justinian在《法學總論》中將自然法、萬民法和市民法作為羅馬私法的構成。[58]在羅馬私法體系中，正義和道德既是法律體系的基本概念也是體現自然秩序的基本要素。正義是一個基本原則。法律調整一個民族中的權利關係，以使這種關係符合正義理想。法律旨在實現正義。神的正義根據人的道德價值衡量人；人的正義根據人的法律價值衡量人。個人與上帝的通約

---

55 Cicero, *On the Laws*, vol. I, 17, 20, vol. I, in *On the Commonwealth and On the Laws*, Cambridge University Press, 1999.

56 Cicero, *De Re Public/De Legibus*, vol. II, 5, 24, 6, in *On the Commonwealth and On the Laws*, Cambridge University Press, 1999.

57 Cicero, *De Re Public/De Legibus*, vol. I, 16, 17, 18, in *On the Commonwealth and On the Laws*, Cambridge University Press, 1999.

58 Institutes of Justinian, vol. I, 1. 4, London: Longman, Green, and Co., 1910.

（communion）是道德秩序的基礎，社會成員之間的團契是法律秩序的基礎。法律與道德密切地聯結在一起；原則上，每一個法律不僅在法律上而且在道德上是結合在一起的。法律與道德沒有實質區別。作爲法律之根的正義原則體現了人民自我維護的要求。[59]這顯示私法的起源與家庭村莊或氏族和城邦的起源具有相同的基礎即個體生存需要以及相同的性質即自然性和相同的過程即自然進程；這也顯示羅馬私法體系表示的秩序與自然秩序的相似性。這也就很容易理解Justinian爲何將自然法作爲私法構成的第一要素。

私法自治的思想淵源於古希臘哲學人類學時期的初期（西元前450年）。此時，有過嚴峻內外經歷的希臘民族已經成熟起來。它失去了對傳統的單純信仰而認識到才能和知識的價值，開始用科學解決各種問題。智者們應運而起，不僅科學的社會地位而且科學自身的內在性質和趨向、以及由於來源的變化而產生的使命都發生了變化。科學開始指向人的思維和意志，在性質上也形成了觀念和意志決定，從而必然涉及相互之間的個人自身權利。希臘科學選擇了人類學和主體性的研究方向。[60]人類學和主體性思想決定了個人的獨立思考和判斷代替了傳統的權威；在自然哲學基礎上形成的人類學和倫理學確認個人在作出決定時有權利按照自然的必然性和自然的內在目的性。與智者同時代的Sokrates認識到知識和科學已經獲得了實踐的、政治的、社會的意義。個人得以獨立自主表明人的才能以其自己的明智和有見識爲基礎。這種明智和有見識首先在於對與行爲有關的事物的確切認識；一個人只有對事物具有準確的洞見才能夠有恰當的行爲。[61]從上述知識和思想中可以看到，個人的獨立思考和判斷蘊涵著個人意志自由的理念；個人的主體性地位是基於意思自治的契約自由的基礎；認識與行爲的關係意味著行爲與行爲結果的關係，因爲認識包括對行爲結果的認識，它是法律責任的前提。這些原理都是後來的私法自治原則的內

---

59 *The Institutes: A Textbook of the History and System of Roman Private Law*, by Rudolph Sohm, translated by James Crawford Ledlie, third edition, Oxford at the Clarendon Press, 1907, pp. 22-23.

60 Windelband, *Lehrbuch der Geschichte der Philosophie*, S. 54-55.

61 Windelband, *Lehrbuch der Geschichte der Philosophie*, S. 64.

容。這些思想雖然在古希臘哲學中沒有完全明確地表述為法律思想，但是它們堪稱私法自治原則的思想來源，因而也是私法體系的思想來源。

　　幾乎是在同一時期，「十二銅表法」在羅馬先後公布，它是私法自治的法律淵源。「十二銅表法」第一表第5條規定了「債務口頭約定權」和「要式買賣權」；第一表第6條規定「如當事人達成了簡要的約定則可以履行」；第六表第1條規定「實施債務口頭約定權和要式買賣權根據宣告的言辭具有法律效力」；第六表第6b條規定「擬訴棄權與要式買賣各自具有法律效力」。從這些內容大致可以看到私法自治的基本法律要素：自己決定、行為自由、契約自由和所有權自主。

　　自由是私法的內在價值；個人的自由觀念是私法自治之於人的內在根源；意志自由是私法自治原則的哲學基礎。私法領域是由個人意志自由支配的領域。Kant說，自由是排斥他人任意強制的意志，而根據普遍的法則，一個人的自由能夠與所有人的自由並存；自由是每一個人基於他的自然性而具有的獨一無二的、原生的、與生俱有的權利。[62]Hegel更是認為自由意志是法的出發點。法的基礎本質上在精神領域；法的確切地點和出發點是自由意志，所以自由就構成了法的實體和規定性，法的體系是現實化了自由領域，是從精神自身產生出來的作為第二自然的精神世界。[63]Hegel的這些思想是德國古典哲學主體性和自由意志理論的法學表達。私法自治原則是作為個人的意志自由和主體性原則而成為民法典的基本原則的。這個法律原則不僅是針對物和所有權的原則而且也是個人精神領域的原則，因為意志自由與主體性既是自然賦予人類的屬性也是自然本身所具有的屬性，因為自然與個人都是具有精神的主體。只有這等理解，才能將私法秩序與自然秩序連結起來，更確切點說，才能從自然秩序中演繹出私法秩序；而更重要的是，只有從自然秩序中演繹而來的法律秩序才能具有實際的約束力。所以，法國啟蒙思想家Гольбах（Holbach）說，法

---

62 Kant's gesammelte Schriften, Akademie-Ausgabe: *Die Metaphysik der Sitten*, 1797, AA, vol. 6, Berlin: Druck und Derlag von Georg Reimer, 1914, S. 237.

63 Hegel, *Grundlinien der Philosophie des Rechts, oder Naturecht und Staatswissenschaft im Grundrisse*, Berlin, 1833, S. 39.

就是導源於萬物本性的各種必然關係的結果。這個定義適用於物質領域裡的法，也適用於精神領域裡的法。[64]私法自治是使私法是其所是的靈魂。

自然秩序之於私法的意義是個人的自由基於個人的自然性。自然賦予個人相同的自然性，它是個人的天賦權利和自由的基礎；法律只是承認個人的天賦權利和自由並加以保障。私法自治是私法體系的最高原則，而法律原則是構成法律體系的內在基礎。作爲私法首要原則的私法自治以其對個人的自然性、自主性和自由意志的承認和保障完全符合自然秩序對法律秩序的天然要求。換言之，自然秩序對私法體系的意義是通過私法自治原則實現的。自然秩序是私法體系的基礎。

（二）自然秩序與公法體系

如前所述，公法具有人工製品的特性，但並不是說公法可以背離自然秩序賦予人的自然性。法國啟蒙思想家Гольбах（Holbach）說，自然法直接以人的自然性爲基礎；人制定的法律應以人的自然性爲出發點，以使法律正確合理。[65]自然秩序之於公法也具有與私法相同的意義。

1. 希臘城邦民主政制和羅馬公法體系與自然秩序

在公法體系裡，自然賦予個人相同的自然性具體地體現爲政治平等；符合自然秩序的政制就是具體地體現爲基於政治平等的政治秩序。在古希臘城邦政制和羅馬公法體系中政治平等不僅作爲思想而且作爲體制存在。

Aristotle在《政治學》第二卷中論述了古希臘斯巴達、克里特和迦太基的政制。Aristotle認爲，平等是城邦生存的基礎。公民天生的政治平等意味著人民都是統治者。在斯巴達，對最高事務擁有決定權的監察官從全體平民中選擇，所有平民都有資格被選爲監察官。平民能夠參與最高權力。在克里特，全體公民都是公民大會成員。在迦太基，族主們與長老們如果意見一致可以決定將一件事務交給平民決定，如果意見不一致，

---

64 Поль Анри Гольбах, Основы Всеобщей Морали, или Катехзис Природы, Издательство Социально-Экономической Литературы, Москва, 1963, vol. I, cha. 1, § 15.

65 Поль Анри Гольбах, Основы Всеобщей Морали, или Катехзис Природы, Издательство Социально-Экономической Литературы, Москва, 1963, I, 1, 16.

平民也可以就這些事務作出決定。在一些較大的城邦，官職可以分配給許多人，使政體更符合憲法和民主原則。在雅典，Solon使平民獲得自由並創立了早期的雅典民主政體。Solon政體有三個高度平民化的特徵：任何人都不可以以任何人的人身自由作為借貸擔保；任何人都可以為遭受不公正對待的人申冤；民眾有權向公審法庭（dikasterion）申訴。[66]西元前5世紀初期，羅馬共和國以一個城邦的構成出現。政制由執法官、元老院和民眾會議構成。以政治平等為基礎的政制主要是由民眾會議體現出來的。民眾會議是立法機構，擁有選舉職能，也執行某些司法職能。公職由選舉產生；立法機構包括所有成年男性公民。最高控制權力歸於人民，體現了主權在民的思想。羅馬共和時期的政制發展實際上是主權在民思想的實踐過程。主權在民的思想在各個不同方面都有著活生生的表現。從貴族元老院到貴族—平民元老院，是平民與貴族平等化進程的表現。平民進入元老院的時間可追溯到共和國初期。國家等同於羅馬民眾共同體，也稱「羅馬公民團」（The Roman Burgessbody）。[67]羅馬共和政制的思想可以從古希臘自然哲學中找到淵源。歷史學家Mommsen認為民眾會議基於原子而存在；「人的意願行為」是法律形成的原動力。國家由原子組成，人民等同國家。[68]

　　政制通常通過公法確立。羅馬法的主體內容是私法。西元前6世紀末期，公法與私法開始在羅馬法中出現分別。西元前5世紀中期，「十二銅表法」先後公布，它是所有公法和私法的淵源。由於「十二銅表法」的內容基本上是世俗的，祭司團體對它們的解釋也與宗教分離開來，但是，Ulpianus（西元170-228年）後來仍然說，公法由聖事、僧侶的事務和長官的事務構成，是有關羅馬國家狀況的法律。[69]聖事包含人與神的事務。這顯示公法內容涉及人與神或自然的關係，因為古羅馬人與古希臘人一樣認

---

66 Aristotle, Politics, 1270b9-10, 25-26, 1272a31-33, 1273a6-9, 1273b12-15, 36-39; The Constitution of Athens, IX; in *The Politics and The Constitution of Athens*, Cambridge University Press, 2015.

67 Theodor Mommsen, *The History of Rome*, Routledge Thoemmes Press, 1996, vol. I, p. 97; vol. III, p. 7; vol. I, pp. 333-340.

68 Theoder Mommsen, *Römisches Staatrecht*, II, Leipzig, 1887 (r. a. Graz 1952), III, I, 33.

69 D. 1, 1, 1, 2. 羅智敏譯，中國政法大學出版社，2008年。

爲自然是由諸神體現給世俗社會的。通過諸神聯結人與自然宇宙，也是通過諸神聯結自然秩序與法律秩序。「人造的系統註定應該符合自然本身的系統，並且只是表達自然系統。」[70]法律與自然的一致性早在古希臘智者時期就是共識；在自然中有人之爲人的一切原初權利；由人制定的法律只是承認和記錄這些權利。這一思想一直爲後來歷代進步思想家們所繼承。Locke將理性法等同於自然法，基於此的法律概念作爲規制人類行爲的普遍概念，包括對任何生物的自由的承認，它來自於人的自然權利（生命、自由和財產）的效力，個人的自然權利是一切立法的永恆規範。[71]

2. 主權在民：自然秩序對公法體系的基本要求

萬物自由地平等地互爲目的地和諧生長變化發展是自然秩序的基本規定性。人作爲自然宇宙的部分必然受到這些基本規定性的影響和約束。古希臘城邦政制和羅馬共和政制中存在的政治平等是符合自然秩序的人類社會的制度型態。政治平等是基於自然宇宙中萬物本原的原子論民主的體現。政治平等的法律型態就是民主制度，它在公法體系中表述爲一個原則即主權在民原則。

自然賦予所有人同等的自然權利。人類在產生政府之前處於自然狀態中。Rousseau認爲，在自然狀態中，每個個人爲了生存所運用的力量已使自然狀態不能維持下去；於是要找到或建立一種聯合形式，以實現個人的權利和自由。公意成爲這種結合形式的基礎。法律乃是公意的體現。確切地說，法律是個人結合的條件，服從法律的人民也應當是法律的制定者。[72]自然狀態是人類生存的最初型態。自然狀態的結束以兩個具有現代意義的法律結果爲前提：個人的自然權利得到承認以及通過社會契約組成政府或國家。

契約論包含如下思想和制度設計：每一社會成員交出部分自然權利在

---

[70] Hegel, *Phänomenologie des Geistes*, Herausgegeben von Johannes Hoffmeister, Verlag von Felix Meiner in Hamburg, 1952, S. 165.

[71] Locke, *The Second Treatise of Government*, § 6, § 135, § 12. in *Two Treatises on Civil Government*, Macmillan, 1956.

[72] Rousseau, *The Social Contract*, Peter Eckler, Book 1, cha. 6; Book 2, cha. 6, 1893.

完全平等的基礎上自願聯合建立國家、制定法律，保護每一個人的天賦權利和自由。「契約這個語詞比其他任何學說更能顯示法律的力量在於它體現出來的完全的個人接受和遵守它的意願。」[73]在契約論中國家和法律都是基於個人的自然權利和自由；這些權利和自由正是自然賦予個人的。因此，「政府起源於人所固有的原初自然的概念。」[74]自然狀態與市民國家的連貫性意味著法律不能修改個人的自然權利，對其的保護是國家的唯一任務。對於立法者和所有人而言，自然法是一種永恆的規範；立法者制定法律必須符合自然法及自然權利。[75]立法者只能承認這樣的法和這樣的權利而不能否定和改變它們。

　　契約論是法律上的代議制的思想來源，也是主權在民原則的理論基礎。代議制度起源於中古時代選派代表出席國民大會核撥款項以供國家使用的慣例，並且也用於公布當時通過的法律；其中最重要的，在英國是關於土地保有制度的法律。[76]代議制的載體是議會。最早的議會可以追溯到英國盎格魯—薩克遜時期的Witenagemot（君主諮詢會議，產生於7世紀以前）和諾曼第時期的大會議（Magnum Concilium，產生於11世紀）。在早期盎格魯—薩克遜人統治下的英國社會中，就存在著久遠的民主和法治的傳統。現代英國議會就是源於早期郡法庭中集中地方代表的慣例。後來，又出現了Witenagemot。Witenagemot在一定程度上開始萌生了英國各階層民眾參政議政的傳統。[77]在12-15世紀，代表制議會是地區性或民族性的表示。這樣的議會也是一個已建立起來的社會—政治體制的產物，它基於領主和封臣制度，在西歐大多數地區存在；這樣的議會也是由其體現的原則的產物，特別是羅馬法學的遺產和演進的天主教會教會法彙編（corpus）。基於相互忠誠的貴族和封臣體制的發展基本上是日爾曼現象。在這個體制達到鼎盛時，特別是在日爾曼地區，封臣有義務以諮詢和

---

[73] Ernest Barker, *Greek Political Theory: Plato and Predecessors*, p. 63, Routledge, 1918; Ernest Barker, *Political Thought of Plato and Aristotle*, p. 73, Dover Publication, 1906.

[74] Поль Анри Гольбах, Основы Всеобщей Морали, или Катехзис Природы, Издательство Социально-Экономической Литературы, Москва, 1963, I, 2, 5.

[75] Locke, *The Second Treatise of Government,* cha. 11, § 135, Macmillan, 1956.

[76] James Bryce, *Modern Democracies*, cha. 59, Macmillan, 1921.

[77] David M. Walker, *The Oxford Companion to Law*, 1980.

資助支持領主。領主與封臣的集聚只是大人物的集會，與後來的代議制並無關係。儘管這樣的議會不是作為一個整體的共同體的代表，但它們具有符合後來代議制的諮詢（consilium, advice）和輔助（auxilium, aid）兩個功能和職責。在1188年西班牙半島的第一次萊昂（Leon）會議，君主不僅召集傑出的神職人員、領主和貴族，而且也召集從主要城市經過選擇的公民。這第一個有記載的議會（Cortes）可能就是君主Alfonso九世在牧師、貴族和城市團體的壓力下召開的。它的議程導致一種立憲主義的協定，根據協定，議會應給君主提供誠實的建議，而作為回報，君主的行為應符合主教、貴族和智慧人士的告誡。[78]在13世紀，各議會的結構和組織具有幾個共同的特徵：議會與君主的關係構建為一個相互義務的法律契約；議會擁有廣泛的權力，包括立法和控制徵稅許可；議會的地位通過一系列特權和同時保護議會和國民權利和自由的確定程序與制度而得到鞏固。[79]在14世紀初期，代表制度傳遍西班牙半島，進入西地中海地區。基於效忠、輔助（auxilium）和要求全民批准約束全民的決定，14世紀和15世紀早期的議會也在葡萄牙和納瓦拉得到發展。代表的觀念來源於繼受的羅馬法和日益發展的教會的教會法。到了14世紀，當許多歐洲議會形成時，由羅馬法和教會法秉持的兩個原則被統治者和被統治者廣泛接受。這兩個原則是：全權委託（plena potestas, full power）和涉及全體的事務得由全體批准（quod omnes tangit, ab omnibus appronetur, what touches all shall be approved by all）。[80]但是，這兩個原則本身並不能解釋為何中世紀的統治者為了與一個更為廣泛的共同體的代表諮詢、商議和形成決定而選擇與有權力者和特權者集會。[81]這可能是因為中世紀的君主是一個領導者（leader）而不是一個主人（master）；君主有限的權力和其日益增長

---

[78] Michael A. R. Graves, *The Parliaments of Early Modern Europe*, Longman, 2001, pp. 7-8, 14.

[79] A. Marongiu, *Medieval Parliaments. A Comparative Study*, London, 1968, pp. 61-64; A. R. Myers, *Parliaments and Estates of Europe to 1789*, London, pp. 59-65.

[80] Michael A. R. Graves, *The Parliaments of Early Modern Europe*, Longman, 2001, pp. 16, 8.

[81] Brian Tierney, *Freedom and the Medieval Church*, in Davis ed. *Origins of Modern Freedom*, pp. 86-88.

的需要發展了合作與同意的原則。[82]

　　如上所知，議會在初創時，君主是就皇室政策和重要決定，以及輔助（auxilium），特別是稅賦，尋求諮詢而不是批准。作爲君主會議的擴大版，早期議會也呈現出一些元老院的特徵。議會可以提出關於司法的事務，提出請願書，表達社會不公，保護社會和轄區的特權、自由與豁免的承認、確認和擴展。漸漸地，議會尋求通過立法，而不是司法過程或議會協商，解決社會不公、私人和共同的請願，以及「緊急和重要事務」。中世紀的歐洲議會，代議制在立法中取得支配地位，或者說起著主要作用。但一些君主也保留著不與議會協商或不經議會批准而頒發敕令或法令的剩餘權力。代議制的出現和發展在中世紀的歐洲是普遍經歷。到了15世紀，代議制在大多數基督教歐洲地區已經確立。議會成爲歐洲政治體系的一個特徵。[83]

　　文藝復興、宗教改革、資產階級革命，以主權在民原則爲民主制度支柱的憲法在大多數國家獲得了最高法的地位。依據主權在民原則，人民能夠普遍、直接地選舉產生國家的立法權和行政權，人民可以就共同體的重大事項舉行公民投票作最後決定。其基本體現就是普遍直接選舉的制度，立法機構和行政機構由人民普遍直接選舉產生；自由結社，組織政黨；自由投票，國家重大事務經由全民公投決定；自由討論政治問題，發表政治意見。人民參與國家事務已成爲一種制度。[84]當國家權力機構出現腐敗或整體腐敗時，定期的普遍選舉可以更換其中的一部分或者全部，使國家層面的長期腐敗不可能存在。主權在民原則摧毀了一個國家的結構性腐敗，保證國家權力整體地良性運行，保證人民同意的機制得以正常運行。主權在民原則體現著人民與國家的直接的自然關係，人民可以基於自然賦予的國家不可剝奪的自然權利與政府或國家發生平等和對等的關係，進而監督和制約國家權力的行使。所以Rousseau說，「使一個國家的政體眞正穩固

---

82 A. Marongiu, *Medieval Parliaments. A Comparative Study*, London, 1968, pp. 33-34.

83 Michael A. R. Graves, *The Parliaments of Early Modern Europe*, Longman, 2001, pp. 28-29, 30, 35.

84 Г. Арутюнян, Конституционализм В Контексте Конституционной Культуры Нового Тысячелетия, С. 11.12-13.19.25.29-31.

和持久的事情是對什麼是恰當的作應有的觀察，以使法律總是處處與自然
關係一致，並且，法律只不過是用於保障和維持自然關係。」[85]自然關係
就是自然秩序體現出來的關係，就是符合自然秩序的關係，就是個人與國
家之間、個人與個人之間符合自然要求的關係。由此可見，國家政體或公
法秩序是建立在自然關係的基礎之上的。

---

[85] Rousseau, *The Social Contract*, book, II, cha. XI, Peter Eckler, 1893.

第五章 法律的概念

　　立法權與法律之關係的關鍵問題是立法權先於法律還是法律先於立法權。這個問題超越了立法權與制定法律之關係的範圍，而涉及到對法律的來源的認識。研究者可能沒有意識到，在法學研究中，positive law的譯名也會引起對法律的來源的認識。因此，對法律的概念的研究首先需要確定positive law的名稱，而確定positive law的名稱的目的是為了確定法律的來源。Positive law應該譯為實在法。這個譯名可以通過自然哲學得到證立。自然法則、自然法、實在法在自然中一體存在。自然法要麼就是自然法則本身要麼就是從自然法則轉化而來；實在法要麼就是自然法本身要麼就是從自然法演繹而來。在立法之前或沒有立法時，實在法就存在於自然之中。

一、Positive law的譯名

　　Positive law的中文譯名包括實證法、實定法、實在法、制定法；這些譯名被理解為相同的涵義，即由人類的意志或立法者的意志產生的法律。

（一）Positive law概念的來源

　　早期的法律被確定為正義的原則而不是城邦的意志。在早期的觀念中，城邦的功能是實施法律而不是制定法律。[1]在古希臘早期，表示世俗法律的最初概念是dikē。在荷馬之後的時代，在抒情詩人的作品中，出現了古希臘後期用來表示風俗習慣及人定法的語詞nomoi；在這一時期，希臘人開始了以公共形式制定規則的活動。最初的立法與個人立法者相聯繫（比如雅典的德拉古與梭倫，斯巴達的萊克格斯等等）。但最早的

1　P. J. Fitzgerald, ed. *Salmond on Jurisprudence*, twelfth edition, London: Sweet and Maxwell, 1966, p. 124.

positive law最初並不叫nomoi，而是被稱爲themoi。顯然nomoi仍舊僅指風俗習慣。隨著立法民主的擴大，nomoi的涵義也逐步擴大，以至包括了法律。[2]在古羅馬，法學家認爲ius civil等同於nomikon dikaion，即positive law。[3]正如人們已經知道的那樣，一些「實證法」的其他拉丁文表達如les posita、ius positum和legem ponere，對於Aquinas的法律理論是基本的，這些詞是從希臘文表達直接翻譯而來。法文droit positif、loi positive和德文positives Recht、positive Gesetz是比最初的拉丁文表達好得多的翻譯。[4]拉丁文的各種positive law表達來源於古希臘關於語言是自然的（phusei）還是實證的（thesei）的討論。希臘語thesei一詞指由人的意志刻意創造出來的東西，並與那種不是以此方式發明出來的、而是自然（physei）生成的東西相區別。這個詞被拉丁化後，成爲positus（制定法）或posotivus（約定的、實證的、有條件的、任意的、絕對的等等）。於是，positive（實證的）一詞開始在法律領域中使用。[5]在12世紀Chartres教會學校的神學家和宗教法學者中，「實證的」法律和正義這個語詞的來源似乎一直是Chalcidius（《蒂邁歐篇》的拉丁文譯者、評論家）對Plato《蒂邁歐篇》的古老評論的發現。在《蒂邁歐篇》中，Chalcidius談到「實證的正義」。Chalcidius可能是在4世紀從Aulus Gellius那裡得到術語positiva。[6]

　　「實證法」的觀念與法律本身一樣悠久。古典希臘智者學派既已清楚地認識到成文法和不成文法的區別。在希臘語中，用來表示立法的動詞是tithenai，「放置」（to place）的涵義是這個詞的基本用法。當後來的拉丁語作者，包括中世紀的自然法學派的法學家，想起發展他們自己的詞彙時，他們根據希臘人的用法，用拉丁文動詞ponere表述形式的立法；

2　J. M. Kelly, *A Short History of Western Legal Theory*, Oxford University Press, 1992, pp. 8-11.

3　*Natural Law in Roman Thought, in Studia et Documenta Historiae et Iurie*, 15 (1949), pp. 17-18.

4　James Bernard Murphy, *Positive Language and Positive Law in Plato's Cratylus,* in *Plato and Modern Law*, p. 97.

5　Hayek, *Law, Legislation and Liberty*, London: Routledge and Kegan Paul, 1982, vol. 2, p. 45; vol. 1, p. 20.

6　Stephen Kuttner, Repertorium der Kanonitik (1140-1234), vol. I, Vatican City: Biblioteca Apostolica, 1937, S. 176, and n. 2. Aulus Gellius（約125-180年），拉丁文作家、語法學家，代表作《阿提卡夜話》（*Attic Nights*）。

ponere的基本涵義也是「放置」（to place），它的過去分詞是postus。
Positive law的英文表達是直接從ius positivum和lex positiva這類拉丁文翻譯
而來，但是，這些拉丁文表達並沒有作為翻譯希臘文表達的來源，或者，
甚至沒有任何希臘文表達的釋義。因此，英文術語positive law早在14世紀
就已經出現。[7]實證法只是從形式上被制定或規定的法律，與可以或不可
以適當地被稱作「法律」的規範相對；後者是不成文的和習俗式的。[8]

　　這個詞源學的討論對於認識術語positive law具有重要啟示。Positive
law與法律實證主義的關係遠非法律實證主義理論所陳述的那樣。「法
律實證主義是一種法學理論，它認為法律的整體等同於實證法。」[9]術語
positive law的最初功能至少從歷史上看是為了標誌被認作「實證法」的規
範，與被認為也應該獲得「法律」名稱的規範之間的區分，後者標準的
如：自然法規範、神法規範、不成文法規範。立法活動就是呈現理性為法
律的範式，因為立法就是形式上被「放置」或被制定的法律的範式。[10]也
就是說，這個術語最初不是用於指稱不含道德法則的法律的；而作為立法
結果，這個術語也可以指稱理性法，因為立法活動就是體現理性的活動。
這個理解實際上就是自然主義的觀點，即制定法作為自然（physis）的
法律形式。Murphy認為，「實證的」這個詞既是描述性的，又是規範性
的。在第一種意義上，描述性命題與什麼是習俗的構成隱含的對比；在第
二種意義上，規範性命題與什麼是自然的構成隱含的對比。為何positive
這個詞在以往於這些相當不同的概念對比中辨別出兩種涵義。也許是由
於這樣的假設，法律只有通過有意的施加才與道德有偶然的關係。由於
這個詞沒有固有的涵義，以及法律也沒有固有的道德約束力，它們都必
須通過人為的決定才具有涵義或約束力。這種概念合併並不是英文特有
的。「實證」法（基於pono的變體：legem ponere, lex posita, lex positive,
ius positivum）以及它的各種希臘文形式（tithēmi的變體：thesis, keitai,

7　John Finnis, *The Truth in Legal Positivism*, in *The Autonomy of Law: Essays on Legal Positivism*, edited by R. P. George, 195-214, Oxford: Clarendon Press.

8　Roger A. Shiner, *Legal Institutions and the Sources of Law*, 2005, p. 8.

9　R. A. Shiner, *Norm and Natures: The Movements of Legal Thought*, Oxford: Clarendon, 1992, pp. 5-9.

10　Roger A. Shiner, *Legal Institutions and the Sources of Law*, 2005, p. 9.

thetikos, thesmos）和現代歐洲的派生詞（positive, positif, positiv）的這些拉丁文術語顯示了一個從古希臘用法到當代用法的驚人連續性：在每一種語言中，一個詞結合了兩種相當不同的概念。[11]從本文前面章節內容可以知道，古希臘哲學家對法律的認識，即physis包含不成文法和人定法的觀點一直延續和影響到今天。

當代法學對positive law的理解大致有以下幾類涵義：第一類是將positive law解釋爲立法者意志的產物。立法者的語詞與意圖是法律有效性的唯一基礎。[12]這就是通說中的法律實證主義立場。第二類positive law是指由實證化（positivierung）而得到的法律：positive law就是把涉及正義的原則變爲具體的和一般的法律規則。這就是說，自然法的實證化而形成了實證法。[13]這是自然法學派的觀點。無論當代法學怎樣認識positive law這個概念，通過上文的論述可以知道，只要將這個概念追溯到古希臘哲學，它無疑就是從physis中產生的，因而它自然而然地具有了自然的屬性，亦即positive law自然而然地包含著自然法。

（二）Positive law概念的演進

在這一節裡僅列舉法律的概念或實證法的概念的內涵及其發展變化而不涉及傳統法律理論中關於實證法概念的理論，即法律實證主義。根據positive law的中文譯名實證法，一方面，實證法概念的演進與關於實證法的學說緊密相關，而實證法的學說又是通過制定法反映出來的。因此在傳統法律理論中也可以說制定法的性質決定著實證法的性質，因爲在這種理論背景下法律就是制定法；法律的概念實際上等同於實證法的概念。另一方面，在傳統法律理論中論述實證法總是在排除制定法以外的內容的情況下進行。因此，實證法的概念本質上就是基於實證主義思想而得到界定。

最早將法律等於制定法也即實證法的思想家是Jeremy Bentham

---

11 James Bernard Murphy, *Positive Language and Positive Law in Plato's Cratylus*, in *Plato and Modern Law*, pp. 98-99.

12 Kelly, *A Short History of Western Legal Theory*, Oxford University Press, 1992, p. 324.

13 Heinrich Rommen, *Die Ewige Wiederkehr Des Naturrechts*, Verlag Jakob Hegner G. M. B. H., Leipzig Gesamtherstellung von Josef Kösel, Graphische Anstalt, Kempten, 1936, S. 247-249.

（1748-1832年）。Bentham將Law（法律）作爲共同的名稱，他認爲下列語詞也可以標記法律：命令、戒律、常規、禁令、裁決、令狀、規則、條令和敕令、憲章、規章、法規、慣例、指令。[14]它們都是由人制定的。John Austin（1790-1859年）也將實證法界定爲由一個主權國家制定的法律，他認爲每一實證法都是由一個主權者個人或集體對社會成員直接或間接地設立的。Hans Kelsen（1881-1973年）對實證法的定義是一個由許多規則組成的秩序。在Kelsen的法律概念中有一個基礎規範作爲整個法律體系的來源；除了基礎規範其他法律規則都是由國家制定的。因此，Kelsen的實證法概念取決於基礎規範的內容。H. A. L. Hart（1907-1993年）將法律解釋爲規則體系；而規則分爲初級規則和次級規則。初級規則設定義務，次級規則授予權力；這兩類規則結合便是一個法律體系。在Hart的法律概念中存在一個承認規則。承認規則是一個結合了主體與客體、主觀與客觀的概念。因此，Hart的實證法概念取決於承認規則的運用。[15]

　　在19世紀的上半期，德國法學家Savigny（1779-1861年）對實證法做過幾次論述。Savigny早期也將制定法等同於實證法，並且認爲制定法就是作爲純粹實證的複合體；這一界定與Bentham和Austin的界定基本一致。Savigny後來在闡述制定法的作用時，認爲制定法補充了實證法，使實證法得以持續地發展；這一論述實際上已擴大了實證法的範圍，制定法是實證法的內容之一。在論述法律的來源時，Savigny認爲實證法產生自民族精神；民族精神對於每一個個體成員而言是同一個法。[16]此時，Savigny的實證法概念已不只是制定法本身即客觀的法律規則，而包含著超制定法的主觀內容。

　　在19世紀後半期到20世紀前半期，法學家們還通過社會學理論將實證

14　Bentham, *Of Laws in General*, cha. I, § 7, edited by H. L. A. Hart, The Athlone Press, University of London, 1970.

15　John Austin, *Lectures on Jurisprudence*, revised and edited by R. Campell, 1911. Hans Kelsen, *General Theory of Law & State*, with a new introduction by A. Javier Trevino, Transaction Publishers, 2006. Hart, *The Concept of Law*, Oxford: Clarendon Press, 1961.

16　Savigny, *Vorlesungen über juristische Methodologie* 1802-1842, S. 32, Herausgegeben und eingeleitet von Aldo Mazzacane, Vittorio Klostermann Frankurt am Main, 2004; Savigny, *System des heutigen römischen Rechts*, Band. I, S. 40, 14, Berlin: Veit, 1840.

法界定為基於一種社會規定性的法律。比如，Max Weber（1864-1920年）認為，法律是一個專門的社會組織對行為者施加強制以使各種社會行為合乎某種要求的秩序。[17]Jhering（1818-1892年）認為，法律是一個國家為保護社會生活條件而制定的有效的法律規範的總和。[18]法國憲法學家Leon Duguit認為，法律（客觀法）是基於社會連帶關係存在於社會中的行為規則。[19]這些基於社會規定性對法律概念的定義強調法律的根基在社會和社會機構。這種見解實際上是將社會與自然割裂開來認識社會，將制定法與它的來源割裂開來認識制定法及其功能，因而產生了這樣的法律概念。根據已有的法學見解，社會學意義上的法律概念具有社會學實證主義的性質，因而將之歸於法律實證主義的理論體系。

　　上述定義的共同之處是認同制定法的作用。因此，根據這些定義，立法便是法律的來源。進而，立法就成為行使實證行為的活動，儘管不能證立這種立法活動排除了法律的其他要素如道德（這不是本節討論的內容）。「從直覺上看，立法似乎是法律的範式來源。法律以法律的立法者為先決條件。立法機構也深深地關聯到一些基本方法，通過這些方法，使法律規範區別於道德規範。具有典型性的是，法律的生效、修改和廢止是在一個具體的時間點上，這是遵從具體程序的結果。而道德規範不具有這樣的特徵；法律是立法活動的結果是法律的典型特徵。」[20]這種見解強調規範基礎的重要性，但是，作為法律的來源的立法被作為法律來源的授權和憲法的考量而擴大了。認為法院行使一種立法功能也已經引起法學家的興趣。儘管這種觀念模糊了立法與法律的其他來源的基本區別，[21]但它的確對立法作為法律的一種來源的範式地位起著肯定的作用。[22]Sir John William Salmond（1862-1924年）強調，在對法律來源的理解上，立法擁

17　Max Weber, Wirtschaft und Gesellschaft, vol. 1, cha. 1, § 6.

18　Jhreing, *Der Zweck im Recht*, 1877/1883, S. 320-321, 462.

19　Leon Duguit，《憲法論》（第1卷），錢克新譯，商務印書館，1959年，第381頁。

20　Roger A. Shiner, *Legal Institutions and the Sources of Law*, 2005, p. 7.

21　P. J. Fitzgerald, ed. Salmond on Jurisprudence, twelfth edition, London: Sweet and Maxwell, 1966, pp. 115-116.

22　Roger A. Shiner, *Legal Institutions and the Sources of Law*, 2005, p. 8.

有這種特權是現代的觀念。[23]立法本身是法律的來源意味著立法概念的涵義與法律概念涵義等同，以及立法的範圍就是法律的範圍。然而，法律是什麼即法律的性質取決於立法的內容，它們可能是與自然法或自然法則相一致的實證法，也可能是與自然法或自然法則不一致或相違背的實證法。

（三）Positive law＝實在法

在法學中，將positive law譯爲「實在法」並沒有什麼爭議，但在論述positive law概念及其理論時卻很少使用「實在法」的譯名，而絕大多數論者都使用「實證法」的譯名。這種現象本身即已說明使用「實證法」的絕大多數論者認爲「實證法」這個術語更能明確地體現法律實證主義，雖然並未說明不使用「實在法」這個術語是因爲它不能完全明確地體現法律實證主義。既然「實證法」這個術語已經引起了持久廣泛的爭論，那麼，概念或術語本身的問題就是應該審視的問題。

實證法這個術語的問題是切斷了概念與理念的聯繫；同時，這個術語來源的經驗性質缺乏自然的根基。

概念是對事物的定義。概念不只是事物的現實性本身。也就是說，被定義的事物不只是事物的現實存在；在現實存在之上還有一種觀念存在。觀念的存在決定著事物的現實的存在。這種觀念存在在Plato那裡被稱作共相；在Aristotle那裡被稱作形式；在Schelling那裡被稱作精神；在Hegel那裡被稱作理念。從前文的有關論述中可以得知，Plato的共相概念、Aristotle的形式概念、Schelling的精神概念和Hegel的理念概念都在自然概念中；它們是這幾位大師通過對自然的觀察和研究得到的概念，因而這些概念也是他們的自然哲學體系中的基本概念。理念是概念的觀念型態，概念是理念的現實型態。理念蘊涵著概念的自然根基。對事物的定義只有包含理念才能形成概念。「實證法」這個術語應該既包括制定法本身也包括超越制定法本身的觀念內容。雖然人們無法區分制定法中的「實證的」與「觀念的」內容，更無法排除制定法中的觀念內容，但在法律實證主義和

---

[23] P. J. Fitzgerald, ed. *Salmond on Jurisprudence*, twelfth edition, London: Sweet and Maxwell, 1966, p. 124.

法學實證主義中，實證法的概念被公認爲不包含觀念內容，這主要是實證
法的概念與哲學中的實證主義聯結在一起。哲學中的實證主義基於不完整
的認識論，從而否認了本體論；同時，不完整的認識方法也就不可能包含
正確的認識目的。因此，實證主義無法通過認識的目的解釋整個認識的意
義。

　　對事物的定義不是基於感覺經驗而是基於理性思維。感覺經驗產生描
述性的方法論，它是非理性的；思維以理性爲基礎，是獲得概念眞理的必
要前提。基於理性的思維可以通過直觀發現和找到事物的根基。也就是
說，理性思維是概念與理念的聯結。實證法這個術語無疑可以使人們認識
制定法，但這個術語本身也無疑缺乏制定法的根基。「法律實證主義與哲
學實證主義在19世紀幾乎同時發生。此時，社會生活複雜化客觀上要求制
定法律加以規制。制定法成倍增長，法律法典化，以及憲法成文化。法學
家們終於獲得了一個獨立的研究對象：現行的立法。那麼如何在標準、原
則、思想等方面區分現行法律？其判斷根據一個是國家主義的實證主義，
另一個是社會學實證主義。它們與哲學實證主義有很大區別。實際上，現
代法學就是在此基礎上生長出來的。然後，它們宣稱自然法理論已經過
時。然而，這種論調過於誇張。古代和現代都沒有建立與自然法對立起來
的法律。比如，Aristotle認爲physis和nomoi都是古希臘的有效法律。在現
代，自然法通常與私法原則聯繫在一起，私法自然地產生於人們與私有財
產的關係中。在20世紀和21世紀初期，自然法和實證法的系統構想都有其
自己的主題、方法、目標和缺陷。」[24]

　　綜上，本文認爲，positive law的譯名應該取「實在法」，本文立刻在
下面予以論證。

二、「實在法」概念的論證

　　將positive law的譯名確定爲「實在法」，可以避免實證法與法律實證

---

[24] И. Ю. Козлихин, Современная Философия Естественного Права: Вопросы Новизны и Преемственности (Материалы «Круглого Стола»), Государство И Право, 2016, № 12, С. 107.

主義的矛盾，因為「實在」的概念是本體論範疇的概念，本體既是客觀實在，也是主觀實在。自然法就是一種客觀實在，而主觀權利就是一種主觀實在。「實在」也可以同時指稱法律的先驗範疇和經驗事實，因為它們都是客觀存在。也就是說，一個表述為「實在法」的規範，可以明白無誤地給人們提供這樣的知識資訊：這個規範是自然法內容和價值與社會經驗事實的統一體。對「實在法」這個譯名的論證在於對「實在」的理解。

「實在」是一種絕對的存在，是最具真實、普遍的本質的存在；「實在」是獨立於人的思想而存在的存在，具有自在自存的屬性。也就是說，實在的存在獨立於人的知性，但可以通過知性感知、通過理性確證事物的存在。事物的共相亦即理念具有本體論地位。共相是本質、原始的實在。共相不僅是實體而且是生產性和決定性的實體。任何事物自身都包含著共相，因此，共相是普遍的、真實的存在。越是普遍的東西，就越是真實的東西。[25]Plato的意思是，事物自身具有理念，事物的理念是實在，實在是事物的原始存在。那麼合乎邏輯的結論就是事物的實體或實在在自然概念中，也就是事物的概念的根基在自然之中。Hegel將實在視為精神的實體。Hegel認為，精神的東西才是現實的。精神的東西是本質或自在而存在的東西，自身關係著和規定了的東西，自在和自為存在，並且它是在這種規定性中仍然停留於其自身的東西，或者說，它是自在而自為。它對於人而言自在地是這個自在自為的存在，它是精神的實體。它必須為它自己而言也是自在自為地存在，它必須是關於精神的東西的知識和關於作為精神的自身的知識，即是說，它必須是它自己的對象，但既是直接的又是揚棄過的、自身反映了的對象。當對象的精神內容是由其對象自己產生出來的時候，對象只對人而言是自為的，但當它對它自身而言也是自為的時候，這個自己產生，即純粹概念，就同時又是對象的客觀因素，而對象在這種客觀因素裡取得它的具體存在，並且因此在它的具體存在裡對它自身而言是自身反映了對象。——經過這樣發展而知道其自己是精神的這種精神乃是科學。科學是精神的現實，是精神在其自己的因素裡為自己所建造

25　Windelband, *Lehrbuch der Geschichte der Philosophie*, § 23, 1.

的領域。[26]在Hegel看來，概念是一種具體存在，在具體存在中等同於事物自身。事物的概念在具體存在中產生自身的內容，此內容爲精神，即理念。其邏輯關係是，事物的理念是存在於自然中的事物的精神實體反映出來的；對事物理念的認識形成概念。事物的理念與概念都是存在於自然之中的事物的原型，這原型是實體和實在。對於「實在」這個概念的基本涵義以及它的哲學原理與法律和法學的聯結也即「實在法」概念的應用可以從如下三個方面予以論證。

（一）形而上學的論證

　　形而上學這個術語是指對世界本質的看法。在Aristotle的哲學中，形而上學探討本體、存在、本原、實體、基質、潛能與實現等。Aristotle認爲形而上學研究作爲存在的存在，以及那些以其自身的條件符合此原則的諸事物。因此，形而上學是研究萬物本原即終極因的科學。[27]實在法概念的本體論論證就是從本體論的意義上肯定法律作爲實體在自然中的原始存在，這樣就否定了法律實證主義將法律在經驗上的可觀察性作爲實在性的標準。

　　形而上學的論證一般被認爲是對本體的論證，在此際，本體被認爲是終極的客觀存在。客觀存在可以是物質的也可以是非物質的。實在法這個概念的本體是非物質的。本體源自希臘文noein，意思是「思想的事物」或「理智的事物」，作爲可理解的對象或終極實在的事物，它相對於現象即顯現的或可感的事物。本體就是客觀實在，是事物的共相。Plato認爲，共相作爲屬概念表現爲本質的原始的實在，這種實在在自身中包含特殊、從自身中產生特殊。[28]Plato的共相就是事物的理念。任何事物的存在都依賴於理念的存在；換言之，事物是理念的存在與現象的存在的合體。存在即實在，實在也即存在。理念是原型，現象是摹本。這樣，實在這個

---

26 Hegel，《精神現象學》上卷，賀麟譯，商務印書館，2012年，序言第17頁。

27 Aristotle, *Metaphysics*, 1003a21-33, translated by Christopher Kirwan, Oxford: Clarendon Press, 2003. 有的學者直接將Aristotle的原著Μεταφυσική譯爲*The First Philosophy*。

28 H. G. Liddel & R. Scott, *A Greek-English Lexicon*, Oxford, 1958; Windelband, *Lehrbuch der Geschichte der Philosophie*, § 23, 1.

概念就可以區分爲理念實在與現象實在；前者是非物質的而後者既可以是非物質的也可以是物質的，它們都由理念產生。理念作爲屬概念是一種抽象的存在，理念產生出具體的概念及種概念時是一種具體的存在。在法律領域裡，只有正義的概念是一個原始的更高的抽象的屬，在此際，正義就是理念；當根據正義產生出具體的法律規範或規則時，法律規範或規則就是正義的種。具體的法律只不過是體現正義的普遍本質。正義的概念也是法律的本體，因爲正義是任何法律的終極存在。實在的法律是理念與現象的合體，也即實在法的概念是理念與現象的綜合。在法學領域裡，正義也被認爲是法律。據此，正義也就是實在法本身。

　　Kant的本體相當於Plato的理念。Kant認爲，本體是超越感官、只通過純粹知性被思考爲自在之物本身的事物的概念；本體是完全不自相矛盾的。本體的概念可以約束感性的僭越；它是知性在直觀裡直覺地認識到的對象，因此，本體是客觀存在的知識。[29]而任何知識的獲得必需通過演繹，在演繹中知性與理性結合起來，成爲科學探究的方法，本體就是探究的對象。任何科學探究都必須直接深入到事物的本體。對本體或理念的發現，Leibniz早已作過探索並得出結果。他認爲存在一種直接的直觀的東西迫使心靈設想它們是明顯確實和自明的東西加以接受，並通過統覺建立一切演繹的知識，這種自明的東西對於理性而言就是普遍眞理即直觀知識。這種直觀知識本身是確實的而不是由其他東西推導而來，它們是原初眞理或原初可能性，因爲在其中一切被推導出來的知識都有其根據。[30]這就是認識與本體的關係；這也是認識與理念的關係。人的認識可以發現和揭示本體和理念；人類的這種理性能力使人類根據事物的本體和理念建立事物成爲可能。就立法而言，這已爲不計其數的優秀法典和不成文法所證明。

（二）自然哲學的論證

　　「實在法」的概念可以體現法律的根基在自然。自然創造萬物、自然

---

29 Kant, *Kritik der reinen Vernunft*, B310ff. Riga, 1787, Suhrkamp, 1995. 鄧曉芒譯，人民出版社，2004年。

30 Windelband, *Lehrbuch der Geschichte der Philosophie*, § 30, 7.

是萬物的本原是古希臘思想家和自然哲學家的基本認識。Aristotle的第一實體或基礎實體就是萬物的本原；這個第一實體就是作為整體的自然。自然創造萬物，自然也創造實在法。因此，實在法概念的自然哲學論證就是表明這個基本認識。就法律與自然哲學的關係而言，自然哲學要回答的問題是法律作為實體或實在為何存在於自然、產生於自然。

　　如前所述，自然哲學是研究和揭示自然的原因和原理的學說。Aristotle的自然哲學探討了自然界的普遍原理，闡述了自然界運動和變化的規律。Aristotle將自然事物生存變化的本原和原因分為四種：形式因，質料因，動力因，目的因。原因的意思是：1.原因是一個事物由它成為存在的構成要素。2.原因是形式或模式，亦即事物是其所是的方式和它的屬。3.原因是變化或靜止從它首先開端的東西。4.原因也作為一個事物的目的。³¹形式不僅是事物的形狀而且是事物的內部結構，是事物的自然與實體。在形式與質料的關係中，形式是質料的目的和質料構成的動力。Aristotle說，自然哲學就是用這四個原因回答「為什麼」這個問題。由於自然而存在和生長的事物中都包含目的因。因此，自然是一種原因，並且是以目的的方式存在的原因。³²

　　自然是原因揭示了自然宇宙的一個永恆真理，因為萬事萬物都不可改變地出自自然。自然作為目的因揭示了自然宇宙為一個活生生的有機體，這也是永恆真理。自然宇宙作為有機體，其生成運動都具有目的。一切自然事物都是由自然這個第一實體產生的，都是由於自然運動而產生的，是自然有目的地運動而產生的。日夜有規則地變更，星辰有序地運轉，四季有規律地交替，都是自然宇宙的有目的的運動。因此，自然宇宙的運動產生自然法則，而自然法則蘊涵著人類通過理性所認識的自然法和自然權利。它們是自然存在，因此，它們是實在。在本體論上，無須通過任何假設便可從理論上推出法律的終極實體或原因。因此，在認識論和方法論

31　Aristotle, *Metaphysics*, 1013a24-35, translated by Christopher Kirwan, Oxford: Clarendon Press, 2003.
32　Aristotle, *Physics*, 198a22-24, 198b10, 199a7-8, 199b32, 199a32-35, translated by William Charlton, Oxford: Clarendon Press, 2006.

上，論證和解釋法律的終極實體或原因必須以自然哲學爲理論基礎。

　　Aristotle的形式就是Plato的理念，都是指事物的原型。事物的原型是事物的觀念存在、最高實在。因此，在法律領域裡，形式與質料的關係就是正義與實在法的關係。由於形式與質料不可分割，因而正義與實在法也不可分割。實在法之所以在自然中存在是因爲在其中有正義存在。法律是產生於自然中的東西。所謂制定法律實質上就是從自然中複製法律。法律存在於自然中是一個客觀命題，它是一個自在的秩序；人類發現法律包含著人的主觀功能。在人的主觀性中，作爲觀念秩序的法律與作爲實在秩序的法律是同一的。在法律中，人的主觀性與法律的實在（自然宇宙中的存在）是同一的。就像存在於自然中的圓與存在於人們觀念中的圓是同一個圓或同樣的圓。正因爲如此，人類才能發現和建立符合自然宇宙秩序的法律秩序。Spinoza有一個命題是：「觀念的秩序和聯系與事物的秩序與聯系是一且同一的。」[33]在Spinoza看來，任何有原因的事物的觀念需要依靠對它的原因的認識，因爲這一事物的原因就是它的原因的結果。Schelling的絕對觀念論的核心是將絕對理解爲主體和客體的純粹或絕對同一，實體與屬性的同一。通過知性認知的任何構成實體本質及其屬性的東西都是實體的衍生物。[34]Schelling將概念的存在導向主觀方面。由於人本身就是自然物，因此，實在法的概念就潛在地存在於人的意識之中。Schelling說，概念本身只能存在於意識之內，因此它們不是在自然之前，而是在自然之後，才被認爲是客觀的。[35]Schelling視自然與意識爲絕對同一，並明確認爲自然是自在存在，自身構造自身。[36]因此，概念是在自然之後的客觀存在。同一性原則既是自然的原則也是意識的原則，世界就是物質和精神的統一體。理念與實在同一這一自然哲學思想對於立法和法學具有重要意義。它確切地告訴人們：人類認識自然法則進而認識自然法和自然權利這

---

[33] Spinoza, *Ethic*, vol. II, 7, translated by W. H. White, Oxford University Press, fourth edition, 1927.

[34] Schelling, *Fernere Darstellungen Aus Den System Der Philosophie, Schelling Sämtliche Werke*, Band 4, Hrsg. K. Schelling, Stuttgart: Cotta, 1856, S. 404.

[35] Schelling, *Zur Geschichte der neueren Philosophie*, Reclam, 1984, S. 157.

[36] Schelling, *First Outline of a System of the Philosophy of Nature*, translated by Keith R. Peterson, State University of New York Press, 2004, p. 13.

類自然實在事物是可能的和應當的，正義在自然中既是觀念也是實在、既是抽象存在也是具體存在是不證自明的，人類在制定法律時無法回避也不可能回避存在於自然中的自然法和自然權利的約束力，在實在法的概念中同時包含作爲理念存在的法律秩序和作爲現實存在的法律秩序，法律的根基既是理念也是實在且都存在於自然之中。法學一直認爲契約概念只存在於私法之中，因而法律行爲也只是私法上的行爲，進而排斥公法中存在契約概念和法律行爲。這種認識是沒有認識到概念與理念的關係。契約概念不是來源於私法，而是來源於自然。也就是說，契約的概念是從存在於自然中的契約的理念演繹而來的。自然必然地生成萬物，萬物自在地合目的地生長，新陳代謝，各類自然物（植物、動物、人類）有比例的存在，這一切所體現出來的自然關係是一種契約關係。這就是契約概念的理念。任何事物都有理念，因而，任何概念都有理念。對理念（事物的原型）的認識形成概念，概念就是事物的自然本性。因此，不僅私法上的契約概念是從自然中演繹而來的，而且公法上的契約概念也無可爭議地存在於自然演繹於自然。這個理解融貫了私法自治原則、社會契約論、政府契約論、主權在民原則等一系列實體法上的基本原則和概念。

（三）邏輯學的論證

對任何事物的論證都需要邏輯學。邏輯學不僅是現實思維的科學，而且也應該是一種理想的抽象思維的科學。邏輯不只是應該描述思維中實際發生的東西。邏輯是思維的代碼、思維的法典。邏輯思維的理想必須是自然的眞。[37]形式邏輯的思維在於邏輯本身。而本文認爲的邏輯思維不是脫離主體的思維，也不是封閉的思維。凡是思維均關聯著感覺、知覺和知性或者說思維的對象來源於感覺、知覺和知性所獲得的東西。這種理解具有人類學的特性，因爲感覺、知覺和知性必須以主體爲載體；沒有主體就不存在感覺、知覺和知性；這樣也就排除了形式邏輯的非主體性特性。這是邏輯學與人的必然關聯之一。

---

[37] Friedrich Eduard Beneke, *System der Logik als Kunstlehre des Denkens*, Erster Theil, Fredinand Dümmler, Berlin, 1842, S. 8, 9.

　　德國哲學家Jakob Friedrich Fries（1773-1843年）曾提出人類學邏輯的概念。他認爲，「人類學的邏輯自發地與邏輯學的所有部分交織、融合在一起而得到發揮。哲學邏輯即形式邏輯在內容上如此匱乏，並且相當依賴於來自人類學邏輯的全部斷言，以至於人們並不能獨立地建立形式邏輯。」[38]邏輯學需要將人類學的內容作爲素材，因爲人類學研究人類的生物性和文化性以及它們在邏輯上的必然關係。這樣，邏輯學研究就需要包含人的生物性，或者說以人的生物性爲邏輯起點研究人類的存在和發展。所謂人的生物性就是人的自然性。這是邏輯學與人的必然關聯之二。

　　「發揮人類學邏輯的基礎是內在經驗。這特別包括關於人們通常在思維和推斷中運用的語言規則的內在經驗。」「所有哲學原則都是從人類學的假定中得出的，它們基於經驗。因此，Fries一方面在基於公理的證明和另一方面也可能基於經驗事實的演繹之間辨識哲學原則。對於Fries來說，心理學觀念可以說是開闢了掌握形式邏輯的公理和規則的道路。這些公理和規則通過從內在經驗中演繹得以掌握。」[39]觀念、經驗、語言均爲人類所專有。這是邏輯學與人的必然關聯之三。

　　人類學邏輯與自然哲學的聯結點是人的自然性。目的性、因果性、從屬性是自然事物的基本屬性。自然的目的性因果性從屬性的特性中包含著人類學和倫理學的要素和成分。邏輯必然性必須與自然必然性一致，它們共同產生概念必然性。由於自然法則是自然運動中產生的實在事物，因而自然法則具有自然必然性，進而具有邏輯必然性，在自然中，具有自然必然性的事物必然具有邏輯必然性，具有邏輯必然性的事物也必然具有自然必然性。

　　實在法既具有自然必然性也具有邏輯必然性。之所以說具有自然必然性乃是因爲實在法終極地存在於自然之中，它們是由自然法則演繹而來；而自然法則與自然事物互爲因果，都同時具有自然目的性、自然因果性和自然從屬性。實在法與自然法則一樣存在於自然之中具有自然必然性。實

38　Jakob Friedrich Fries, *System der Logik*, Christian Winter, Heidelberg, 1837, S. 3.
39　Werner Stelzner, *Psychologism. University and the Use of Logic*, in J. Faye, P. Needham, U. Scheffler and M. Urche eds., *Nature's Principles*, 2005, pp. 275, 277-278.

在法與自然法則一樣需要用自然原因解釋，以使其符合人類社會的特性。
之所以說具有邏輯必然性乃是因爲基於感覺、知覺和知性的思維以理性爲
原則，這是思維的基本特性；而理性約束人類在認識自然中的實在法時須
遵從自然的目的性因果性從屬性。立法就是自然方法的連續應用。實在法
既是自然中的實在也是人的思維中的實在；實在法作爲自然中的實在與作
爲人的思維中的實在在人的理性認識活動中達到同一。這是人類通過理性
認識、發現自然中的自然法則、自然法和自然權利的基礎。自然中的自然
法則、自然法和自然權利既是實在法的來源也是實在法的部分。從自然法
則、自然法和自然權利中演繹實在法屬於自然演繹；自然演繹就是根據事
物存在於自然中的理念演繹事物本身，符合事物理念的任何要素可以在任
何步驟被引入作爲事物本身的內容而不需要作出任何證明。「理性邏輯
的法則即同一律（A＝A），其作爲命題使兩個A分別成爲主、謂詞，就像
Leibniz那樣，若兩個A沒有差別，就只能自身同一，同一律指向同一性。
理性不受任何他物限定，此無限理性要求一切都在其之內，故萬物如果存
在，就必須自身絕對同一。」[40]因此，實在法這個術語具有概念必然性。

三、關於實在法與自然法的關係

實在法與自然法的關係在古代和中世紀並不是一個被廣泛討論的問
題，更不是一個尖銳對立的問題。但是在現代，隨著實證主義哲學的興
起，法律實證主義也隨之出現。法律實證主義對自然法從形式到內容都予
以拒絕。法律實證主義認爲自然法不屬於法律，法律只包括實證性的法律
即制定法。法律實證主義忽視歷史上實在法與自然法關係的事實，從而引
起現代以來實在法與自然法關係的討論和爭論。而無論將自然法理解爲邏
輯的論述，還是歷史的、哲學的論述，自然法都是否定法律實證主義和法
律社會學的。[41]下面簡要敘述歷代思想家們的觀點作爲對法律實證主義的

---

40 Schelling, *Presentation of My System of Philosophy* (1801), translated by Michael, G. Vater, The Philosophical Forum, 2001(32).

41 Елизавета Александровна Фролова, Теория Естественного Права, Государство и Право, 2015,

否定。

（一）「實證法」與自然法關係及研究現狀

在古希臘的法學傳統中，「實證法」與自然法一直被認爲是一致的，其基本觀念是一切法均出自於自然即physis。Nomoi早期的涵義即風俗習慣和後來的涵義即制定法均出自physis，自然不能與physis不一致。Aristotle在《修辭學》中討論了他的自然法學說。他區分了特別法（nomoi idios）與一般法（nomoi koinos）的概念。他將特別法與成文法聯繫起來，每一個共同體都制定成文法；他將一般法與不成文法聯繫起來，不成文法是所有人都必須承認的法。這意味著一般法就是自然法，而特別法是每一個共同體制定的適用於其社會成員的法律。他認爲一般法高於特別法。一般法關聯著更高的平等和正義原則。這個更高的法是永恆的和不可改變的，就是因爲它是自然法。他認爲，存在一種普遍和永恆的正義原則，它用於評價現存的社會、制定法和各種制度。[42]這種正義原則是自然的；正義就是社會共同體的組成部分；法律是整體利益的體現。[43]

古代的自然法倡導者（特別是斯多葛學派哲學家）傾向於移去當代學者指出的自然法與制定法之間的溝壑。自然法與制定法的聯結產生了宏觀與微觀宇宙的區分。這種觀點在斯多葛學派出現之始就受到親睞。[44]自然法存在於宏觀宇宙中，制定法存在於微觀宇宙中。自然法是神的法律，制定法是人的法律。一些斯多葛學派哲學家集中思考這樣的問題：不成文法是如何成爲神的法律的？不成文法是如何變成不是「自然的」法。他們真切地認爲自然法的效力是不依賴於制定法的。制定法僅當它們符合普遍有

№ 4, C. 50.

[42] *The Rhetoric of Aristotle*, 1368b1-10, 1375a25-35; 1368b5-10; 1373b1-10; 1375a25-35, translated by Richard Claverhouse Jebb, Cambridge University Press, 1909.

[43] Aristotle, *Nicomachean Ethics*, 1129b1-25, 1134b18.

[44] Philo, *De Josepho* 28-32 (SVF 3.323); Cicero, *De re publica* 3.33 (SVF 3.325; LS 67S); Cicero, *De legibus* (De leg.) 1.22-23 (SVF 3.339); citing from Marcelo D. Boeri, *Natural Law and World Order in Stoicism,* in *Nature and the Best Life: Exploring the Natural Bases of Practical Normativity in Ancient Philosophy*, edited by Gabriela Rossi and Georg Olms, Verlag, 2013, pp. 183-184.

效的自然法設定的標準才是正確的。[45]一方面，他們將自然形成的不成文法視爲神的法律，另一方面，他們認爲約束城邦公民的制定法是從自然中轉換而來的（不成文法變成不是「自然的」法即制定法）。在一個法律體系中，什麼是正確的最高標準超越任何制定法。[46]制定法的標準存在於自然之中。斯多葛的自然法理論無可置疑地反映了斯多葛的特性：自然主義+普世主義。後期斯多葛學派的哲學家Epictetus（55-135年）和Marcus Aurelius（121-180年）認爲宇宙的自然的作用是強大的，宇宙的自然就是將宇宙各種事物的原因追溯到具有倫理目的的宇宙的意志。他們主張人類必須從屬於宇宙的意志，因爲人類是宇宙的一部分。[47]斯多葛學派哲學家斷定存在具有共同或普遍的自然理性、共同或普遍性質的自然法和完滿的原則。他們認爲，自然的支配遵循自然內驅力的引導，但爲了完滿的統治，理性被賦予各生物時，就可以稱爲自然的。理性就與自然共同科學地產生驅動力。[48]他們以一種最體系化的方法發展了最早的自然法觀念，即存在一種作爲道德標準的宇宙法則。[49]

斯多葛學派哲學家對宇宙法則作出定義，Chrysippus說，宇宙法則是萬物的君主，是決定作爲一個統治者或指導者的好與壞的原則。因此，宇宙法則是公正或不公正行動的標準。它規定人類應該做什麼和禁止做什麼。[50]Chrysippus所說的宇宙法則也就是斯多葛學派的其他哲學家所說的自然法。斯多葛的命題是：人人在正義、根據自然存在的法律和正確理性的範圍內生而平等。[51]

---

45 G. Striker, *Essays on Hellenistic Epistemology and Ethics*, Cambridge University Press, 1996, pp. 216-217.

46 P. A. Vander Waerdt, *Zeno's Republic and the Origins of Natural Law*, in Waerdt ed., The Socratic Movement, Cornell University Press, 272-308.

47 Epictetus, *Dissertationes* (Diss.) 1. 17, 14; Marcus Aurelius 9. 1; 2. 9.

48 Diogenes Laertius, *Lives of Eminent Philosopiers*, vol. VII, 86-89.

49 Marcelo D. Boeri, *Natural Law and World Order in Stoicism*, in G. Rossi and Georg O. Verlag ed., *Nature and the Best Life*, 2013, p. 194.

50 Marcian, *Institutiones* 1, in Chrysippus, *On Law* (SVF 3.314; LS 67R). Citing from Marcelo D. Boeri, *Natural Law and World Order in Stoicism*, in G. Rossi and Georg O. Verlag ed., *Nature and the Best Life*, 2013, p. 208.

51 Porphyry, *De beneficiis* 3.28, 1(SVF 3.309); Stobaeus, *Ecl.* 2. 94, 8. Citing from Marcelo D. Boeri, *Natural Law and World Order in Stoicism*, in G. Rossi and Georg O. Verlag ed., *Nature and the Best*

斯多葛學派的法律思想經過Cicero在羅馬法中生根發芽。Cicero本人確定地認爲實在法與自然法的一致性，並且制定法必須符合自然法，否則就不是法。羅馬法學家認爲法由自然法、萬民法和市民法構成。它們的關係是：自然法是自然賦予一切生物和動物的法律，不只是爲人類所特有和專有。萬民法是出自自然理性而爲全人類制定的法。市民法爲國家所特有，是每一民族專爲自己治理而制定的；同時每一民族也受萬民法約束。因此，共同體成員同時受自然法、萬民法和市民法的約束。[52]

在中世紀，Aquinas有永恆法、自然法和人定法（即實證法）的區分。永恆法、自然法與人定法是一致的。自然法服從永恆法。自然法是理性存在者對永恆法的參與，是人定法即實證法通向永恆法的橋樑，即自然法是人與上帝之關係的那一部分永恆法。人的自然性既是自然法的基本規定也是人定法的基本內容。人定法可以對自然法加以補充。[53]Aquinas的這些思想在中世紀的神學家、哲學家和法學家當中具有代表性，也爲後來的思想家們所繼承直至19世紀。西班牙神學家Suarez（1548-1617年）用lex naturalis闡釋法律，因爲它是源出於自然正義的法律。義大利神學家Vasquez（1549-1604年）將自然法視爲指示性法律的學說與Suarez證明lex naturalis是法律的特性的意圖密切關聯。[54]所謂「指示性法律」就是自然法是制定法的標準，因而自然法也就是法律。英國法學家St. German說，每一個恰當的實證法都包含著來自理性法的東西，從實證法中區分出理性法是非常困難的。[55]

如前所述，Aquinas的自然法雖然具有神性，但明顯地是自然主義的。Aquinas的自然法思想可能受到世俗領域的思想家的啟發。在Aquinas之前，許多猶太思想家提出了兩種統治（hanhagah）模式的概念，這種觀點在中世紀後期日益爲人們所接受。一種統治模式被稱作「自然的」，它

Life, 2013, p. 208.

[52] *The Institutues of Justinian,* vol. I, 2. 1, translated by Thomas Collett Sandars, London: Longmans, 1910.

[53] Aquinas，《神學大全》，第93題—第97題，劉俊餘譯，中華道明會，2008年。

[54] Heinrich A. Rommen, *The Natural Law*, p. 63, translated by T. Hanley, 1998.

[55] St. German, *Doctor and Student* (1518), I. P. 4.

與自然科學（特別是原始天文學，它爲陸地上的事件的因果性提供某種機制）的規則和法則一致；另一種是通過各種名稱稱呼的，特別是「神奇的」或「高級的」統治。這是一種選擇性的高級體制，幾乎是一種平行的世界，在其中，原因和結果顯示其爲符合對神的命令的尊敬，而代替了自然法（通常與星際的因果性一致）。Maimonides（1135-1204年）明白「自然」具有數種涵義，是一個多義的術語。其中一個涵義與醫學最相關，它指治理生物體的能力。這種能力總是給予生物體最傑出的活動，總是努力維持其一切活動的一體性。[56]自然法的命令有如共同的和不證自明的原理，產生出各種知識結論。人不是自然地就知道而是由理性才發現自然法的。人定法就是由人的理性根據自然法設計的特別規定。人制定的法律有多少成分源於自然法，便有多少成分的法律效力。源於自然法有兩種方式：一是如同結論源於原理，一是某些共同原理之進一步的規定。第一種方式如在知識方面根據原來而產生結論；第二種方式如在技術上將共同的形式規定爲特定的樣式。在實踐理性方面，人們能夠自然地知道永恆法的一些原理，而不知道永恆法中所含有的有關特定事件的指示。法律的效力取決於其含有正義成分的程度。人定法通過一定的普遍性的決定或普遍指令的實施與自然法關聯。所有人定法或直接或間接地從自然法演繹而來，且終極地與永恆法關聯，從永恆法獲得良心上的約束力。[57]

　　Spinoza將共同體法令的理念與宇宙法則的理念相聯結。Spinoza與Aquinqs一樣認同同時存在自然的神法和實證的神法（如《摩西律法》）。任何人類的實證法都是從一種完全自然化的自然法中獲得其最終的權威。Spinoza強調人類的實證法和自然法都具有自然的必然性。對於主體而言，每一權利必然是自然權利，即根據純粹的自然法則主張的權利，並且對於主體而言，在認識自然法則時，每一存在都是自然的抽象的存在。[58]Spinoza區分了兩種法：一種是由於自然必然性而生成的法，另一

---

56 Maimonides, *Medical Aphorisms Treatises 6-9* (a parallel Arabic-English edition, trans. and ann. By Bos G.), Brigham Young University Press, 2007, p. 20.

57 Aquinas，《神學大全》，劉俊餘譯，中華道明會，2008年，第12、53-54、65頁。

58 Schelling, *Neue Deduction des Naturrchts*, § 161.

種是由人決定而產生的法。由人決定的一項法律的生成理由不抵觸這樣的事實：萬物都絕對地先驗地爲普遍的自然法則所規定，其存在和運行都有一固定和確定的方式。[59]在談及自然權利時，Spinoza使用ius naturae，ius naturae是自然賦予人的權利。在指涉適用於一切事物的自然法則或自然規則時，他使用leges naturae，leges naturae是自然的權力或法令，它們是自然之力。[60]在這裡的一切事物包括人的決定及立法，因爲自然人也是自然中的個體，自然人與其他自然物一樣可以按照天賦的條件生存和活動。在Spinoza那裡，無論權利還是法律都與自然關聯，或者說都來源於自然。「權利與法律完全相關」意味著權利與法律在概念上是等同的。此外，從他的表述來看，自然法則或規則既是自然法也是實在法，因爲leges（lex的複數形式）一詞本身就是指稱法律。由此可以看到Spinoza的法律思想：自然法則、自然法、實在法在概念上是等同的，在功能上是一致的。

在Leibniz所使用的術語中，他有將ius naturae（有時寫作ius naturale）和lex naturae（有時寫作lex naturalis）作爲同義詞的意圖。但是，在聯繫自然時，他更多地使用lex，而聯繫法律時，更多地使用ius。而在內容上Leibniz的用法也有區別：在Leibniz看來，根據自然法（lex），人們可以做的任何事情；在主觀權利的意義上，人們基於自然權利也可以做任何事情。換言之，ius是來自lex的權利。[61]本文認爲，Leibniz確切的意思應該是：他用lex naturalis表示自然法，用ius naturale表示自然權利，包括主觀權利。Leibniz認爲，jus naturale和lex naturalis是統一的。正義的自然法是人類通過經驗觀察和理性演繹而獲得的。由此演繹的規則具有與數理定律同等程度的確信。這些規則不僅可以根據嚴格的邏輯要素（如命題的前提理論）制定，而且也可以隨確定性要求發展，進而從數學上得到證明。[62]

---

59 Spinoza, *Tractatus Theologico-Politicus*, 4: 57, 26/27 S 101, 4: 58, 7-8/ S 100, translated by Samuel Shirley, E. J. Brill, 1989.

60 Spinoza, *Tractatus Theologico-Politicus*, cha. 16, translated by Samuel Shirley, E. J. Brill, 1989.

61 Klaus Luig, *Leibniz's Concept of jus naturale and lex naturalis – defined with geometric certainty*, translated by Ishbel Flett, in Lorraine Daston and Michael Stolleis, *Natural Law and Laws of Nature in Early Modern Europe: Jurisprudence, Theology, Moral and Natural Philosophy*, Ashgate, 2008, p. 185.

62 Klaus Luig, *Leibniz's Concept of jus naturale and lex naturalis – defined with geometric certainty*,

Hegel將自然法與實在法視爲兩種法律類型。在Hegel的客觀精神學說中，自然法理念獲得了進一步的發展。根據此學說，存在兩種法律類型：自然法與實在法。自然法理念（如絕對理念）是漸進發展的過程。Hegel主義者和有機學派力求用涉及全人類的普遍法律原理確定不同法律體系的特殊性的相互關係，認爲法的歷史形式只不過是一致的不變的法的來源的特殊表現形式。[63]Hegel不持是與應當的二元論。

20世紀上半期，自然法思想幾乎被徹底棄置，但在「二戰」結束後不久即開始復興。德國法學家G. Radbruch（1878-1949年）認爲忽略法律核心價值即違反正義原則的實證法根本不具有法律的性質，它們不只是錯誤的法律，而根本就不是法律。實證法作爲由人制定的法必然要服從正義。[64]而另一位德國法學家Heinrich A. Rommen（1897-1967年）也深入地闡述了自然法與實證法的關係。首先，他認爲在歷史上從來不存在自然法與實證法的對立；幾乎所有法律哲學家都堅持認爲自然法對立法者來說是一種規範。其次，他認爲自然法與實證法具有相互作用的關係。自然法是實證法的尺度和指南，因而必然要求實證法充分詳盡地體現自然法。同時，自然法也需要實證法，即通過世俗權威機構將自然法確定爲法律。進而，他認爲實證法的規定是從自然法中演繹而來或者是對自然法的承認；每一個實證法，如果不是從自然法正確地演繹而來或者沒有在實證法中確立自然法，都不具有約束力。自然法具有保護和維護社會秩序的最深層根基的功能，它是人們社會生活永恆的結構性法則。只要實證法發生變化而變得客觀不正義，自然法隨即出現，因而自然法是實證法的永久基礎和規

translated by Ishbel Flett, in Lorraine Daston and Michael Stolleis, *Natural Law and Laws of Nature in Early Modern Europe: Jurisprudence, Theology, Moral and Natural Philosophy*, Ashgate, 2008, p. 184.

63 Елизавета Александровна Фролова, Теория Естественного Права, Государство и Право, 2015, № 1, C. 76. Hegel説，倫理的内在本質自身事實上並不是任一内容，而只是一種決定某一内容能否成爲一個法則的標準，即該内容不自相矛盾。倫理眞理只是這樣的事實，即法則應該與其自身同一，並以自己的本質屬性爲根據。作爲立法的理性於是還原爲一種作爲準則的理性。對於運用審核（test）的知覺而言，法則是已經存在的；審核的知覺只是根據其本來單純的狀態接受法則的内容。參見Hegel, *The Phenomenology of Mind*, translated by J. B. Baillie, 1931, pp. 663-664。

64 Radbruch, *Rechtsphilosophie*, Stuttgart, 1963, S. 352.

範。[65]稍後，德國法學家Helmut Coing（1912-2000年）認爲自然法是實證法的基質；實證法吸收了自然法的正義原則；正義原則是實證法的內在權威。[66]正義原則是法律秩序中的先驗價值，是構建法律秩序的基礎，即是實證法的具體原則和規則的根據。實證法上的權利與自然法的關聯是先驗的，或者用德國聯邦憲法法院的術語說，是超實證法的。權利和正義是先於立法者的立法而存在的。[67]法國哲學家Jacques Maritain說，所有的實證法都是自然法的延伸和擴展；自然法的效力不止於約束一般的原則，而且還轉換爲一個社會的更具體的法律。所有實證法都是自然法的表達，自然法因此獲得了法律的效力，並將它們的影響施加到人的良心。[68]根據Maritain的解釋，人權演繹自體現神的理性的自然法。[69]

Dworkin對自然法與實證法關係的認識是通過他的原則與規則的關係理論反映出來的。Dworkin認爲法律不只是一個規則體系；法律體系包含著豐富的原則成分。也就是說，法律體系由原則和規則共同構成。Dworkin認爲法律原則理論來源於社會倫理道德系統，具有正義、公平或其他倫理道德內涵，是法律規則背後的證立理由；法律原則的基礎是權利命題。[70]通過Dworkin的原則理論可以知道，實際上是自然法的法律化，即通過制定法律將自然法原理轉化爲法律原則；而Dworkin認爲規則在適用中要麼全有要麼全無，這意味著他對規則的認識方法是邏輯實證主義的方法論。也就是說，他的規則與Austin、Kelsen和Hart的規則一樣，都是後者理解的實證法中的規則。但是，他們又有實質區別，Dworkin的規則來自於倫理道德系統，而Austin、Kelsen和Hart認爲規則與道德無必然的概念關聯。在Dworkin的法律思想中原則高於規則且是規則的標準和證立理由；根據Dworkin的法律思想，規則實際上出自於原則，進而實證法也

65　Heinrich Rommen, *Die Ewige Wiederkehr Des Naturrechts*, Verlag Jakob Hegner G. M. B. H., Leipzig Gesamtherstellung von Josef Kösel, Graphische Anstalt, Kempten, 1936, S. 245ff.

66　Coing, *Grundzüge der Rechtsphilosophie*, Kapitel 4, § 3,(5), 3. Aufl, 1975.

67　BVerfGE 23, 98.

68　Jacques Maritain, *The Rights of Man and Natural Law*, thans. D. C. Anson, Scribners, 1943, at 70.

69　Ж. Маритену, Человек и государство. М., 2000, С. 91, 92, 98, 99.

70　Dworkin, *Taking Rights Seriously*, Gerald Duckworth & Co. Ltd., 1977, pp. 29-30, 82-84.

就是出自於自然法或不得違背自然法。

　　當代法學家John Finnis認為，創制實證法的行為（立法和司法）可以而且應該由道德原則或規則引導和約束；自然法不是縮減實證法的範圍、決定作用或解決問題的能力，而是論證實證法本身、實證法體系的正當性，從而為立法者、法官和公民的活動提供理性的基礎。[71]

　　在當代，俄國法學家越來越多地轉向自然法思想。俄國法學家Игоръ Ъорисович Калинин認為，忽視自然法範疇已不可能，因為自然法的思想、概念、術語已體現在俄羅斯聯邦憲法中。俄羅斯聯邦憲法第2條宣告：人、人的權利和自由是最高價值；第17條宣告：俄羅斯聯邦根據公認的國際法原則和準則並依照憲法的規定，承認和保障人和公民的權利與自由。人的基本權利和自由是不可讓與的、是每個人與生俱有的。自然法是一種三位一體的存在：作為一種可能行為的尺度，作為一種應當行為的標準，作為體現在一種特殊種類的生物系統的人自身中的目的。個人的自然人權在整體上的實現導致其生存目的的實現；在和諧發展條件下的各種生物物種的延續同時也是作為人的生物系統的系統形成因素。[72]自然法通過憲法承認而獲得實證法效力，但它繼續具有原初的和優先的法的意義。從憲法上承認和確立的自然法是實證法的優先淵源。[73]自然的東西和必需的東西被置於人造的、擬制的東西之上。[74]

　　本文認為，自然法是實證法的靈魂，實證法是自然法的顯現於外，實證法通過自然法的本質規定性將自然法展現出來；即法律的制定必然要體現出人的觀念因素，而人是自然秩序中的一部分，體現萬物平等和諧共存的自然正義因而也經由人的認識而進入實證法之中。實證法包含於自然法，自然法構成實證法的實體或實質的內容，而具體的法律規則則是自然法的普遍性和實證法的特殊性的統一，是自然法的觀念價值與實證法的社

---

[71] Finnis, *Natural Law and Natural Rights*, Oxford University Press, 2011, p. 290.

[72] Игорь Ъорисович Калинин, Естественнонаучные Основания Jus Natural, Государство и Право, 2017, № 1, С. 99, 102.

[73] См.: Несесянц В. С. Общая теория и государства. Учеб. М., 2004, С. 406, 460.

[74] Коркунов Н. М., Лекции по общей теории права (По изд. 1914 г.) СПБ, 2003, С. 111-114.

會事實來源的統一。[75]

　　上述關於實證法與自然法關係的論述可以歸結為一句話：實證法與自然法既一致又不同但都是法律。「一方面，將法律作為規範集加以接受。法律是人的作品，體現為公共制度；另一方面，也視法律為一種先驗的規範集，用以建立前者的正當性。在前者與後者不一致的情況下，廢除前者。此時，人類行為的規範標準就出現了。」[76]「自然法是法律與道德的制度聯結的觀念。」[77]「自然與道德範疇之間的關係是後者直接地建立在前者之上的關係。」[78]自然的合目的性不僅蘊含著豐富的倫理原理而且產生倫理觀念和法則。「真正的道德並不分離而是建立理念與現實的統一性。」[79]自然法也作為抽象實在的觀念和理念。觀念在人的思維中，理念在自然中。這是對自然法的自然主義解釋。自然法理念通過道德與實證法統一起來。因此，自然法具有本體論結構。一方面，自然法理念作為實證法的道德評價根據，另一方面，自然法理念是法律根據的哲學解釋。[80]俄國法學家А. А. Каневск以「自然法的聖經來源──猶太思想家的觀點」為題概括了不同語言國家的研究成果，這些在英國出現的成果代表著一個新的科學方向，已經引起極大關注。這個科學方向的目標和任務之一是重新思考16世紀至18世紀早期法律哲學家們的思想遺產。將自然法理論作為基礎的哲學的問題，根據已有的觀點，是人的理性與絕對真理的相互關係。用宗教哲學的術語說，這是人的理性與神的理性關係的問題。對於這個問

75 戚淵，《法律的概念──古典爭議的終結》，五南圖書，2018年，第90頁。

76 Paul Holländer, *Rechtspositivismus versus Naturrechtslehre als Folge des Legitimitätskonzepts*, Berlin: Duncker & Humblot, 2013, S. 20-21.

77 Alfred Verdross, *Die naturrechtliche Basis der Rechtsgeltung*, in N. Hoerster Hrsg., *Recht und Moral*, Texte zur Rechtsphilosophie, Stuttgart 1991, S. 42-43. Alfred Verdoss（1890-1980）是德國法學家，著有In Staatsrechtslehrer des 20. Jahrhunderts: Deutschland – Österreich – Schweiz, edited by P. Haberle, M. Kilian, and H. A. Wolff, De Gruyter, 2015。

78 Gabriela Rossi, *Nature and Excellence of Character in Aristotle*, in G. Rossi and Georg O. Verlag ed., *Nature and the Best Life: Exploring the Natural Bases of Practical Normativity in Ancient Philosophy*, 2013, p. 155.

79 Елизавета Александровна Фролова, Теория Естественного Права, Государство и Право, 2015, № 1, С. 77.

80 Елизавета Александровна Фролова, Теория Естественного Права, Государство и Право, 2015, № 4, С. 48-49.

題的轉捩點與現代早期發表的幾部著作有關。在哲學發展史上，這個時期密切關注被稱之爲政治希伯來主義的新科學趨勢。政治希伯來主義被用來重新思考16世紀至18世紀早期哲學家們的取態。[81]在當代情況下，如果沒有不同的宗教—法律的和哲學的傳統的比較而探索法律中的「最低限度的倫理」幾乎是不可能的。但是，這種比較的結果有時並不能證立預期的目的，其理由可能是不同傳統之間的過多的歷史文化差異。[82]А. А. Каневск認爲，從16世紀到18世紀前半期，有兩個因素阻礙了歐洲的思想家更深入地瞭解猶太哲學。第一，書面體裁是猶太哲學的唯一出版形式。第二，從希伯來文翻譯而來的法律和哲學著作只是很小一部分。即使是在這樣的情況下，有助益地採用易瞭解的猶太文文獻資料仍然是具有優勢的。[83]

（二）實在法中的自然法和自然法則

實在法中含有自然法則和自然法是不證自明的論述；實在法存在於自然宇宙、來源於自然宇宙也是不證自明的論述。這是因爲自然法則和自然法所在的自然宇宙包含著正義原則和事物本質的原理。也就是說，自然法則和自然法包含著正義原則和事物本質的原理。

自然秩序充滿倫理原理，因爲自然秩序是以自然法則爲根基的，倫理是自然法則的構成要素。倫理認識是建立在慣例之上的，即通過某種反復出現的自然現象歸納而來；自然法則就是這樣認識到的，最初的自然法也是這樣認識到的。古希臘人就是將自然界中一切有秩序的、重複出現的、必然如此的聯繫稱作合乎physis的nomoi。[84]自然秩序中的正義原則是自然

---

81 А. А. Каневск, «Библейские истоки естественного права: взгляды иудейских мыслителей». См.: Современная Философия Естественного Права: Вопросы Новизны и Преемственности (Материалы «Круглого Стола»), Государство И Право, 2016, № 12, С. 107-108.

82 А. А. Каневск, «Библейские истоки естественного права: взгляды иудейских мыслителей». См.: Современная Философия Естественного Права: Вопросы Новизны и Преемственности (Материалы «Круглого Стола»), Государство И Право, 2016, № 12, С. 108.

83 А. А. Каневск, «Библейские истоки естественного права: взгляды иудейских мыслителей». См.: Современная Философия Естественного Права: Вопросы Новизны и Преемственности (Материалы «Круглого Стола»), Государство И Право, 2016, № 12, С. 108.

84 K. Freeman, *The Pre-Socratic Philosophers: A Companion to Diels, Fragements der Vorkratiker*, second edition, Oxford, 1959, § 3-4.

正義原則的具體體現。因此，正義原則是自然秩序中的原始原則，其他原則都是這個原始原則的派生原則。作爲原始原則的正義原則是最高的、基本的、普遍的原則。大多數社會正義和政治正義的原則是那些通過法律和慣例而已得到更具體解釋和確定的自然正義。[85]這就是自然法或自然法原則。正義原則高於並約束一切實在法。這是對正義原則的抽象解釋。正義原則也是具體原則。在此際，正義存在於各別具體法律（如財產法、契約法等）之中。「法律與正義是同一事物。」[86]

正義與事物本質具有密切關聯。事物本質，在古希臘時期，等同於自然之理，而由物理、理念、目的因果、現實性等作爲其內容。古羅馬時

---

[85] 與此不同的認識是直截了當地將正義作爲實證的原則或規則，這樣，正義便是可以直接適用於人類事務的法律了。Calcidius在Timaeus中認爲正義和平等的東西是實證的，而不是自然的。（non positiuae sed naturalis illius iustitiae atque aequitatis.）Calcidius的這一拉丁文表達被認爲是術語Jus Positivum的來源。參見Calcidius, *Timaeus a Calcidio translates commentarioque instructus*, § VI, as quoted in Enrico Pattaro and Corrado oversi, *The Law and Right: A Reappraisal of the Reality that ought to be*, 2005, p. 80。法律語言要求形容詞positive作爲法律的修飾語。拉丁語作者願意用與naturalis相對的詞positivus以表達希臘語thései與physei的對比。在希臘化—羅馬時期，這一對詞取代了舊的一對詞nòmoi與physei。它們表明人造的東西與自然的東西之間的對比。Thésis在拉丁文中的意思是positio，因此，positivums在文字上提出了由thésis表達的概念。但是，positivums的這種用法很少得到證實，並且，在Calcidius之前，從未與倫理和法律發生關係。Calcidius將這個詞適用於正義，這種用法啟發了閱讀他的評論的中世紀作者，於是有了新造的術語ius positivum。參見Fassò, Stonia della Filosofia del diritto, 3 vols. New edition, with a foreword and an appendix by Carla Faralli, Rome-bari: Laterza. vol. 1, 2001, p. 94, as quoted in Enrico Pattaro and Corrado Roversi, *The Law and Right: A Reappraisal of the Reality that ought to Be*, 2005, p. 80。「實證的正義」（justitia positiva）之表述的發現可以追溯到西元4世紀。在Justinian的法學編纂中，legem ponere的表述使得它第一次作爲法律術語出現。legem ponere的意思是制定一個法律。參見Karl Oliverona, *Law as Fact*, Copenhagen: Munksgaard/Londeon: Oxford University Press, 1971, pp. 7-8。Abelard認爲，實證的正義是被人類制度化的東西，是基於習俗和成文的權利。參見Abelard, *Dialoque of a Philosopher with a Jew and a Christian,* 119-20. 在Codex Iustinianus中，有兩處（II, 58, 2 pr. 和III, 1, 13 pr.）使用了legem ponere的表述，以及相同涵義的表述legem condere（I, 14, 12, 3）。Walter Ullmann指出，在Justinian的Novellae中，有數處使用了legem ponere的表述。參見Walter Ullmann, Review of Gagnér, "Studien zur Ideengeschichte der Gesetzgebung", in Tijdschrift voor Rechtsgeschiedenis/Revue d'historie du droit 29: 118-29。幾乎可以確定地說，法國神學家和經院哲學家Pierre Abélard（1079-1142年）是從Calcidius在法律用語的歷史上第一次所造的術語jus positivum那裡獲得的靈感。特別是，他認爲，「一種權利被稱作自然的，另一種權利被稱作實證的。」（Jus quipped aliud naturale, aliud positivum dicitur.）參見Stephan Kuttner, Sur les origins du terme "droit positif", in: Revue historique de droit francais et étranger 15: 728-40. 1936, p. 730, as quoted in Enrico Pattaro and Corrado Roversi, *The Law and Right: A Reappraisal of the Reality that ought to Be*, 2005, p. 81。

[86] Xenophon, *Memorabilia*, 4. 4. 12-13.

期，事物本質被當作自然的存在理由，在法律上則當作衡平法而被使用，在概念上是「正義」的直觀表示，與事理或情理相當。在德國法上，事物本質被納入法律理論，是一種法源。事物本質是現實事物的自然本性。事物本質所謂的「事物」，包含一切與法律有關的現象，包括有體有形的具體現實事物，或抽象的一般概念，或社會生活形式。而「本質」是指構成事物的特質、意義的決定性因素，是事物內在的特質與意義[87]。「事物本質」是實質正義的具體標準、具體自然法、實在法以外的法源、具體的生活關系中或多或少所蘊涵的標準與秩序。事物本質是實然與應然共同指向的中介領域；自然法與實在法、實在法與個案判決，在意義上相一致，即為事物本質的體現。換言之，事物本質就是在具體個案中表現出來的一般事理，在經驗事實中所反映出來的價值判斷。[88]

人作為自然存在物，也受事物本質原理規範和約束。比如，德性就是一個人為人處世的事物本質。Aristotle說，人的活動通過智慧和德性來實現。德性提供正確的目的和方向，智慧提供實現目的的正確方法。德性使人的選擇正確，智慧就是正確的理性。一個人的實踐活動是怎樣的，他的品質也就是怎樣的。Aristotle要求人們與正確的理性一致地行動，比如通過做正義的事就可以成為正義的人。事物本質聯結著自然與德性。自然與德性都與人有著密切關聯。Aristotle清晰地分析了自然與德性的關係，即能夠聽從理性的靈魂的那一部分的德性與自然的關係。根據自然，一個人通過接受德性便具有了能力。自然賦予人接受德性的能力，Aristotle說，最好的德性自然地支配和引導一個人去思考何為優秀和何為神聖事物。德性與實踐智慧密切關聯，因為實踐智慧的原則與德性一致，並且當它們符合實踐智慧時才是正確的。[89]

---

87 A. Gern, *Die "Natur der Sache" als Rechtsgrundsatz im Verfassung- und Verwaltungsrecht*, JuS 1988; F. Bydilinski, Juristische Methodenlehre und Rechtsbegriff, 1982; H. Schambeck, Der Begriff der Natur der Sache, 1964. 引自高文琦，論事物本質對司法之作用，載《憲政時代》第20卷第1期。

88 Karl Larenz, *Methodenlehre der Rechtswissenschaft*, 1983. 陳愛娥譯，五南圖書，1999年。

89 Aristotle, *Nicomachean Ethics*, 1102a-1103a, 1144a-1145a, 1177a-1178b. Translated by Christopher Rowe, Oxford University Press, 2002.

基於這樣的眞理，自然法則和自然法與實在法存在如下具體關係：

1. 自然法則直接為實在法規則

自然哲學將自然法則精神化爲理智的法則，或將形式的東西添加給質料的東西，就從實在論中產生出唯心論。先驗哲學將理智的法則物質化爲自然法則，或將質料的東西帶給形式的東西，就從唯心論中產生出實在論。[90]自然哲學爲人們通過物理學、邏輯學和倫理學獲得自然法則提供了本體論和認識論根據；先驗哲學爲人們通過知性的綜合統覺和理性演繹獲得自然法則提供了方法論根據。人們在認識和獲得自然法則的同時，實際上也就認識和獲得了實在法。自然法則與實在法都存在於自然宇宙之中；它們的關聯體現在三個方面：實體與屬性、整體與部分、一般與特殊。

實體與屬性的關係是實體是屬性的最終主體。實體不需要任何其他東西就可以存在，而屬性依賴於實體而存在。根據自然哲學，實體就是自然，各別自然物就是實體的屬性。各別屬性來源於實體，存在於實體中。自然是自然物的主體；自然產生自然物。類比地解釋，在自然法則與實在法的關係上，自然法則無疑就是實體，而實在法就是它的屬性。實在法來源於、存在於自然法則之中。自然法則是實在法的終極根據。很多法典將法理、自然法原則（即在沒有實在法規定時根據法理或自然法原則）作爲實在法的最終根據就是認爲法律的來源在自然之中。

整體與部分的關係是整體由相互關聯著的部分構成；整體決定著各個部分的性質與特徵、存在與發展。部分是整體的一環且依賴於整體，不能獨立於整體而存在。同時，整體的變化也會引起部分的變化。自然作爲最大整體，自然宇宙之內的任何類事物都是它的部分。人類在自然宇宙中，因而人類也是它的部分。自然法則是整個自然宇宙的法，規範著其內的一切事物。人類的實在法是規範人類自身的法。兩者的關係就是整體與部分的關係。自然法則決定著實在法的性質與特徵、存在與發展；這是因爲人

---

[90] Schelling, *System des transzendentalen Idealismus*, Mit einer Einleitung von Walter Schulz und ergänzenden Bemerkungen von Walter E. Ehrhardt; Hrsg. von Horst D. Brandt und Peter Müller. Hamburg: Meiner, 2000, S. 21-22.

類的社會生活從屬於自然宇宙的規律。如果實在法不符合自然法則或違背
自然法則，則不僅影響到整體而且也影響到其他部分如動植物。

　　一般與特殊的關係是一般包含特殊。一般是諸多特殊事物存在和發展
的規律；一般反映了各個事物之間的依賴性和統一性。自然宇宙是一般性
範疇，自然宇宙中的各個事物是特殊性範疇。在自然法則與實在法的關係
上，自然法則是一般規範，實在法是特殊規範。自然法則是萬物的共同基
礎，概括和反映了自然領域中的一般聯繫和運動與發展的規律，是作為人
類行為規範的實在法的根據和標準。

　　基於自然法則與實在法的這些關係，在實在法中，特別是在與自然有
關的生態法律中，通常用禁止性規定體現自然法則的約束力，或者對具有
自然生態平衡功能的自然物給予特別保護以體現自然法則的功能。

2. 自然法成為實在法原則

　　如上所述，事物本質是自然宇宙所具有的原理。自然宇宙中的任何自
然事物都具有各自的事物本質。每一類事物都具有事物本質，每一事物也
都具有事物本質。既然自然法是自然事物體現出來的規律和規則，那麼自
然事物也必然地包含事物本質。自然法與實在法的關係已如前述。「事物
本質」之於實在法的意義是：以「事物本質」確定實在法的概念的意涵，
如婚姻概念的事物本質是繁衍後代。以「事物本質」確認基本權的範圍，
如對「講學自由和大學自治」的解釋。以「事物本質」作為法律的標準，
如在實務中，憲法法院經常以「禁止恣意」作為平等原則的界定範圍，將
「事物本質」作為禁止恣意的具體化標準。以「事物本質」作為目的論解
釋的基準；以「事物本質」為根據作出合乎情理的裁判，如裁判是否符合
法律規範背後的倫理原則。[91]以「事物本質」作為個案論證的終極根據，
如「家暴」不只是虐待行為而是侵犯人性尊嚴的行為。

91　Karl Larenz, *Methodenlehre der Rechtswissenschaft*, 1983, 陳愛娥譯，五南圖書，1999年。F.
　　Bydilinski, Juristische Methodenlehre und Rechtsbegriff, 1982; A. Gern, *Die "Natur der Sache"
　　als Rechtsgrundsatz im Verfassung- und Verwaltungsrecht*, JuS 1988; E. Kaufmann, *Die Natur der
　　Sache,* JuS 1987. 引自高文琦，論事物本質對司法之作用，載《憲政時代》第20卷第1期。

3. 自然法成為實在法規則

　　根據Schelling的解釋，自然法指(1)法律的理想主義原則；(2)哲學產生的個人權利；(3)對自然物的法律主張。在將法律和權利追溯到必然性時，對自然法的研究導致對自然的研究，進而引起對物理性法則意義上的自然法則的研究。[92]Schelling的解釋深刻地揭示了自然法與自然法則的關係以及它們與自然的關係。如果不研究自然，就不能認識和獲得自然法則；如果不研究自然法則，就不能認識自然法。

　　自然法成為實在法規則就是說自然法是可以作為法律規則被直接援引，不僅公職人員而且所有公民都可以直接根據自然法行事。Cicero早就認為，自然法是符合自然的普遍的必然性。[93]這就是說，自然法對人類具有普遍的必然的約束力，人類時時處處都須根據自然法行事。一方面，立法者必須運用最高智慧和耐心制定事實上是公正的、且符合更高的法律即永恆法和自然法的法律。另一方面，公民在判定什麼法律是不公正的法律時，必須審慎地、明智地審議。[94]

　　實際上，這種見地在古希臘法律和羅馬法中清晰可見。比如，所有權的自然取得，對某些物的轉讓是根據自然法。交付即非程序地轉移占有系自然取得方式。[95]所有權的自然標準：用所有人原料製作的物品歸原料所有主所有。《十二銅表法》第VII表第8條規定「土地所有人不得妨礙鄰居土地的水向自己土地的自然流動」，這是遵循「水往低處流」的自然法則。Gai Institutiones規定：通過淤積而添附到土地所有人的土地上的泥土歸土地所有人所有。[96]淤積是因自然原因引起的逐漸性現象，是因水流自然向下運動帶動泥沙向下移動所形成。在倫理方面，《學說匯纂》認為，

[92] Schelling, *System des transzendentalen Idealismus*, Mit einer Einleitung von Walter Schulz und ergänzenden Bemerkungen von Walter E. Ehrhardt; Hrsg. von Horst D. Brandt und Peter Müller. Hamburg: Meiner, 2000, S. 9.
[93] Cicero, *On the Commonwealth*, vol. III, 22, in *On the Commonwealth and On the Laws*, Cambridge University Press, 1999.
[94] Daniel Westberg, *The Relation between Positive Law and Natural Law in Aquinas*, 11 J. L. & Religion 1 (1994), p. 50.
[95] Gai Institutiones, vol. II, 65, 黃風譯，中國政法大學出版社，2008年；Institutes of Gaius 2. 65; Institutes of Justinian 2. 1. 11。
[96] Gai Institutiones, vol. II, 79, 70, 黃風譯，中國政法大學出版社，2008年。

結婚是男女之間的結合、是神法與人法的結合。[97]在其中，神法就是自然法。

從前面的內容可以看到，自人類社會的自然狀態到當代，自然法不僅存在於自然宇宙中而且也為人類社會生活中的法律。Locke說，自然狀態由一種人人都應遵守的自然法進行統治。理性（也就是自然法）教導著會遵從它的全人類：每一個存在物都是平等的和獨立的，任何人都不應該侵害他人的生命、健康、自由和財產，因為所有人都是全能的和無限智慧的造物主的創造物，所有人都是這位至高無上的造物主的創造物，奉他的命令來到這個世界，從事於他的事務，他們就是他的財產。Locke同時認識到，對於財產的保護，自然狀態有許多缺陷。公民社會需要創制和實施法律。Locke在強調立法的必要性和重要性同時，也認為實在法必須符合自然法。他說，立法機構的權力是在最大範圍內保護社會的公共利益，其通過的法律以及他們自己的行動必須符合自然法。自然法是所有人、立法者和其他事物的永恆規範。這就是說自然法是作為一種規範且是永恆規範約束立法的。這種規範要求立法者在立法時須考慮人類與其他自然物的關係。立法機構只是為了一定的目的而行使受託的權力；如果立法機構違反了寄託於它的信任，就可以收回寄託的權力。[98]立法權的行使與立法目的必須符合這種規範意味著立法權也是自然法授予的。社會成員可以根據自然法的規範要求衡量立法權的行使，直至收回寄託的權利。與Locke同時代的Christian Thomasius強調理性的世俗性。他認為，人性在問題被提出之前就是才情豐富的法庭，因為人具有理性的獨立性和內在的社會性，它們是理性能力之行使的標誌。如果沒有社會和社會性，就無法涉及人的理性。[99]理性要求自然的東西由道德法則加以規定，且任何自然力都與道德性相結合。[100]

---

[97] Digesta, 23. 2. 1, 羅冠男譯，中國政法大學出版社，2013年。

[98] Locke, *The Second Treatise of Government*, § 6, § 135, § 149, in *Two Treatises on Civil Government*, Macmillan, 1956.

[99] T. J. Hochstrasser, *Natural Law Theories in the Early Enlightenment*, Cambridge University Press. 2000, p. 115.

[100]Schelling, *Neue Deduction des Naturrchts*, § 163.

　　人類作爲宇宙中的部分，人類既能夠理解整體，也能夠在規範的意義上把握應該做什麼。宇宙的logos、自然、神或精神都是指稱同一事物的名稱，這個事物不僅在物理自然中而且也在語言和包含於其中的認知過程中顯示自己。人們可能應該關注存在於物理學與倫理學之間的密切關聯，作爲對宇宙秩序的一種揭示。自然法則應該被視爲使宇宙系統秩序化的尺碼，它也應該被認作爲一種方式，根據這種方式，合理性能顯示其自身於不同的現實層面上，特別是在人的領域中，這是自然法得以被把握的唯一領域。[101]自然法，當其產生約束力時，它可以重構一切權利；它委託保留所有權利；在終極的意義上，它具有符合自然規律的優勢。[102]這是對自然法的終極認識，即將自然法的來源導向自然概念之中。這也是對實在法的終極認識，自然法可以構建一切權利；那麼，以權利體系爲基礎的實在法體系的終極根源也在自然概念之中。「只有對法律的本原具有這樣的認識，才能夠確定一個法律體系。」[103]

---

[101] Marcelo D. Boeri, *Natural Law and World Order in Stoicism*, in G. Rossi and Georg O. Verlag ed., *Nature and the Best Life*, 2013, p. 207.

[102] Schelling, *Neue Deduction des Naturrchts*, § 162.

[103] Ю. Е. Пермяков, Современная Философия Естественного Права: Вопросы Новизны и Преемственности (Материалы «Круглого Стола»), Государство И Право, 2016, № 12, С. 106.

第六章　立法與自然秩序

　　立法是自然秩序內的人類活動。這個命題的意思是立法不是自在自爲地活動而是立法者自始至終在意識上和立法行爲上接受自然秩序約束的活動。

　　自然秩序是立法意識的來源。制定法律本質上是爲了在共同體中體現自然秩序；當共同體需要秩序或需要用秩序約束共同體成員時便將自然秩序轉換爲法律秩序，也就是說，通過法律使共同體成員的行爲符合自然秩序或自然法則。自然秩序是立法行爲的界限。相應的自然法則根據立法內容約束相應的立法行爲。自然秩序是立法結果的衡量標準。立法結果受自然秩序檢驗；不符合自然秩序或自然法則的法律無法實施或不能得到有效實施或實施後損害自然秩序和社會共同體自身。

　　這就是自然秩序與立法的關係，或者說，這就是自然法則或自然法與實在法的關係。自然法是普遍性範疇，實在法是特殊性範疇。即使在自然宇宙系統內也是如此，特殊的自然法則服從於普遍的自然法則；而原則的簡約性不僅成爲理性的基本原理，而且也成了自然的內在法則。[1]將自然秩序複製與人類社會，以建立受自然法則和自然法約束的正義的社會秩序，根源於古希臘哲學宇宙論時期Anaxagoras的目的論起因學說和Diogenes的「聖靈」概念。Anaxagoras認爲，理性物質（Vernunfestoff）確立了宇宙有秩序的運動；起著排序作用的精神（Geist）使各元素合目的地運動。理性被理解爲賦予生命的原則，與有機體結合在一起，便產生了整個秩序。目的論宇宙論的基本概念就是宇宙秩序。Diogenes將「氣」作爲萬物始基，並將它與符合目的的力即理性結合。他將「理性的氣」命

---

[1]　Klaus Düsing, *Teleologie der Natur: Eine Kant-Interpretation mit Ausblicken auf Schelling*, in Reinhard Heckmann, Hermann Krings und Rudolf W. Meyer Hrsg., *Natur und Subjektivität: Zur Auseinandersetzung mit der Naturphilosophir des jungen Schelling*, Stuttgart-Bad Cannstart: frommann-holzoag, 1985, S. 189.

名爲「聖靈」，他發現它也是作用於人類的按目的構造的原則。在人類學時期，智者學派認爲存在一種由永恆的、同樣的自然所決定的、超越一切變化和差異的法。在體系化時期，這些思想在Plato的Timaeus和Laws中獲得更系統的闡述。Aristotle也認爲的確存在一種對所有人都一樣有約束力的自然正義，即根據自然是正義的。而到了希臘化─羅馬哲學時期，斯多葛學派哲學家明確提出與自然一致地生活是一種義務和準則。人的道德從屬於自然法則，人的意志服從於宇宙進程和永恆的必然性。[2]Schelling更清晰地認爲，判斷自然法的能力原則上以承認下面的情形爲根據：與先驗聯結的經驗構成人類自身的獨特能力，相信屬於個人的道德洞見的能力，把握絕對知識的直覺經驗，以及由於上述原因擁有對存在之本來意義的確信。直覺經驗產生直觀正義，即通過直觀就可以判斷什麼是正義，從而產生確信。對自然法的認識始於直觀經驗，俄國法學家E. Трубецкой認爲，自然法的特定內涵應該具有人類過去的或實際的經驗，這種經驗是以普遍公認的原則體系靜態地被綜合和建立的。[3]而通過理性演繹，自然法就可以成爲實在法的具體規範。通過直觀經驗和理性演繹獲得的知識便是具有確信的知識。基於此，實在法體系成爲以自然秩序爲基礎的法律體系便是自然而然的，因爲自然法或自然法則就是自然秩序的體現。

　　職是之故，當且僅當立法是自然秩序內的活動時，立法才能作爲法律的一種來源。立法是聯結自然與人類的活動；立法同時受自然法則和主權在民原則的制約。這意味著主權在民原則與自然法則一樣，其理論基礎是自然哲學。

一、立法與自然哲學

　　立法與自然哲學的關係體現在物理學、邏輯學和倫理學領域。立法與

2　Windelband, *Leherbuch der Geschichte der Philosophie*, S. 45-46, 61, 143; Plato, *Timaeus*, 23e-24e, 68e-69e, *Laws*, 889a-b, 896e-897c; *Rhetoric of Aristotle*, 1373b1-11, translated by Richard Claverhouse Jebb, Cambridge University Press, 1909.

3　Ю. Е. Пермяков, Современная Философия Естественного Права: Вопросы Новизны и Преемственности (Материалы «Круглого Стола»), Государство И Право, 2016, № 12, С. 106.

物理學的關係主要體現爲自然法則或宇宙法則對立法的約束；立法與邏輯學的關係主要是數學方法包括歸納、演繹、推理等在立法中的功能；立法與倫理學的關係主要體現爲幾何學公理在立法中的意義。

（一）立法與物理學

立法與物理學的必然關係是由物理學及其對象的基本性質所決定的。這些性質主要體現爲自然必然性、自然的內在目的性和自然法則的約束性。

1. 自然必然性

必然性是一個與自然法則相關聯的普遍特徵。在自然哲學中存在三種必然性概念。[4](1)邏輯必然性；通常的定義認爲，一個命題在邏輯上是必然的，僅當該命題的否定必須包含矛盾性。這意味著必然性依據一個定義便涵攝了所有可能世界。然而，自然法則不通過定義與任何事物發生關聯。邏輯必然性的觀點堅持自然法則適用於每一可能的世界。(2)實在必然性；根據實在必然性的定義，一個法則可以使每一個可能世界中都存在的東西發生關聯。這種必然性可以被稱爲超自然的必然性。自然法則是特定實體之間的必然性或關係性。(3)自然的或物理的必然性。這個概念通常通過下述陳述得到詳細說明：某種東西自然地是必然的，當且僅當它涵攝了在其中自然法則是有效的每一可能世界。但是，明顯地，如果對自然法則的解釋有待根據自然必然性加以規定，那麼這樣的解釋是循環性的。訴諸自然必然性必須避免任何不融貫性。自然的或物理的必然性的觀點認爲自然法則在沒有自然的可能世界裡是有效的。事物的規則（nomical）狀態是物理學上的必然性。三種解釋都依賴於存在某種必然性的理念。在這三種必然性概念中，自然的必然性是純粹基於自然事物的必然性，它是有機物的必然性；它是自然法則的直接的和普遍的體現，在此際，必然性內在於自然法則本身。「必然性之作爲必然性自在地是自我關聯的概

4　Jan Faye, Paul Needham, Uwe Scheffler and Max Urchs eds., *Nature's Principles*, 2005, pp. 30, 100-101.

念。」[5]Hegel的這一解釋是對自然的精準理解；自然就是自在地自己與自己聯繫著的概念，自然生成、生存和發展完全基於自然自身。因此，自然產生自然物以及合目的地運動具有必然性。邏輯必然性是理論必然性，它是揭示自然法則的論證根據；一個自然法則的成立必須同時在邏輯上是必然的。超自然的必然性就是指自然宇宙中存在諸神或萬物的本原以及產生抽象原則的必然性。

自然必然性是古希臘自然哲學家揭示的自然宇宙的一個本質。必然性（ananke）作爲宇宙的力量貫穿在整個前Socrates學派的思想中；在Euripides（西元前480-406年，古希臘哲學家）的著述中，必然性只是用作nomoi的對比詞而代替physis（自然）。[6]在Democritus的理性主義中，必然性顯示爲一種自然力量，這種自然力量相等於原子和宇宙漩渦形成的隨機碰撞。[7]原子運動與自然力量關聯，意味著在自然之必然性的前提下，人具有自由意志和選擇自由；換言之，自由意志和選擇自由是人的自然本性。Democritus認爲，一切事物都是根據必然性發生的，宇宙漩渦運動是產生一切事物的原因。[8]

對自然必然性特性的認識對於認識立法活動本身具有重要意義：(1)法律源於自然是必然的；這已是古希臘人認識的眞理，即nomoi必然地出自physis或nomoi出自physis是必然的。(2)立法符合自然是應當的；自然必然性包含應當，即自然具有應然效力。自然秩序覆蓋法律秩序。自然法則的效力不會因爲立法意圖和行爲所改變。(3)法律的本質是自由是自然的，因而也是必然的。Schelling將法律視爲以自由爲目的的自然規律。Schelling認爲，第二種更高的自然一定是建立在第一種自然之上；這種自然也受一種自然規律的支配，但這種自然規律完全不同於可見的自然中的規律；也就是說，這種自然規律是以自由爲目的的自然規律。在能感覺到的自然即可見的自然中，原因以不可改變的必然性產生出結果。在第二種

5 *The Logic of Hegel*, p. 371, translated by William Wallace, Oxford at the Clarendon Press, 1892.

6 Felix Heinimann, *Nomoi und Physis*, Basel: Friedrich Reinhardt, 1945, 126, n. 5.

7 William Keith Chambers Guthrie, *A History of Greek Philosophy*, vol. III, Cambridge University Press, 1969, p. 100.

8 Diogenes Laertius, *Lives of Eminent Philosophers*, vol. IX, 45, by Robert Drew Hicks, 2005.

自然中，出於私欲對他人自由的干預也必定會遭到即刻的否定。這樣的自然規律就是法律。[9]不僅法律如此，法學也是如此。法學是一門純粹的理論科學，它對於自由正如力學對於運動，因為法學在於演繹出一種自然機制，使自由的存在者本身可以相互影響，而這種機制無疑只能基於自由得以建立。法律狀態應該只是對可見的自然界的補充。法律秩序是一種單純的自然秩序。[10]

2. 自然的內在目的性

Aristotle將自然必然性與自然的內在目的性聯繫在一起。在Aristotle的思想中，自然必然性從屬於自然的內在目的性。Aristotle認為，「必然的」是指(1)作為一種結合的理由，沒有它，一個事物不能存在；(2)一種結合的理由，沒有它，任何事物都不能合理地存在或生成；或者沒有它，我們就不能除去惡或擺脫惡；(3)使得一個事物不能是另外一個事物的東西；(4)證明一種必然的事情，該事情必然的原因就是它的前提。因此，「有些事物成為必然的是從另一事物獲得原因；有些事物是其他事物成為必然的原因。」[11]但是，自然還具有內在的目的性。Aristotle認為自然的一切活動都是必然的，這是真實的。但它們是為了一個最終的目的，即在任何情況下都是為了一個最好的目的。[12]由此可知，自然必然性從屬於自然的內在目的性。

Hegel同樣既肯定自然必然性也肯定自然的合目的性。在Hegel看來，自然必然性是自然事物中獨立存在的屬性，它既是靜態的也是動態的。自然的內在目的性既是自然事物個體的基本屬性也是各個自然事物之間的關聯性；而這種關聯性具有必然性。Hegel說，自然本身的合目的性在於它是各個不同的事物的關係，是一種必然性。這種必然性的各個環節都是特

9　Schelling, *System des transzendentalen Idealismus*, Mit einer Einleitung von Walter Schulz und ergänzenden Bemerkungen von Walter E. Ehrhardt; Hrsg. von Horst D. Brandt und Peter Müller. Hamburg: Meiner, 2000, S. 253.

10　a. a. O., S. 254.

11　Aristotle, *Metaphysics*, 1015a20-1015b8, 1015b10-11, translated by Christopher Kirwan, Oxford: Clarendon Press, 2003.

12　Aristotle, *Genesis of Animals*, 789b2-6, London: W. Heimemann Ltd., 1953.

定的存在，或者說是己內存在；它是自然的一種獨立自主的理智行動。合目的性並不單純是一種從外部賦予物質以形式的理智。各個事物只有彼此相關，才完全有意義，而目的就是它們的這種統一和意義。[13]根據Hegel的見解，自然事物的目的性從屬於自然整體的合目的性。物理學正是通過揭示自然的內在目的認識自然的原因，爲人類實踐活動符合自然秩序的要求提供依據。

　　對自然的內在目的性的認識有助於在本體論和方法論上認識立法本身。在本體論上，物理學揭示的自然法則是自然宇宙中的客觀存在。自然法則是立法規範的終極根據；基於自然法則，不僅形成規範體系而且也形成爲理論結構。「基本法則是對理論謂詞的定義，同時它們組成一個理論結構。這個理論結構與自然即現象的分類相符合，這種分類是使用謂詞的內容，使用一個通俗的表達式在關節處雕刻自然。」[14]在方法論上，物理學通過直觀獲得的概念以及從經驗中獲得的原則描述物質的自然性、位置、大小及型態，研究運動的原則，解釋運動發生的原因。[15]通過物理學方法可以清晰地認識到自然秩序的客觀性，爲通過立法建立符合自然秩序的法律秩序提供原型。von Weizäcker說，自然比人類更早證明物理學是具有完全客觀性的典範。[16]這是因爲自然是自在自爲的秩序；這種秩序也就是物理秩序；物理學的任務和目的就是認識、發現和揭示秩序。物理學的對象就是客觀的自然秩序，因而物理學完全建立在認識對象的客觀性上。

　　瑞典博物學家von Linné（1707-1778年）說過，「獲得知識的第一步就是要瞭解事物本身。這意味著對客觀事物要有確切的理解；通過有邏輯的分類和確切的命名，就可以區分並認識客觀對象（即客體）。分類和命名是科學的基礎。」[17]分類和命名的結果就是概念，而且是基於事物的自

13　Hegel, Sämtliche Werke, Jubiläumsausgabe/Band 9: System der Philosophie II, Die Naturphilosophie, 1800, § 315. 梁志學等譯，商務印書館，2011年。

14　Lars-Göran Johansson, *How the centeris paribus laws of physics lie*, in J. Faye, P. Needham, U. Scheffler and M. Urche eds., *Nature's Principles*, 2005, p. 161.

15　Paul Feyerabend, *Naturphilosophie*, herausgegeben und mit einem Vorwort von Helmut Heit und Eric Oberheim, Frankfurt am Main: Suhrkamp, 2009, S. 272.

16　Werner Heisenberg, *Physics and Philosophy: the revolution in modern science*, London: George Allen & Unwin, 1959. 張岱年譯，商務印書館，2009年，第25頁。

17　Von Linné, Systema Naturae: a Photographic Facsimile of the First Volume of the Tenth Edition

然本性的概念；這樣的概念才是符合事物本身的真正概念。用這樣的概念解釋世界是科學的任務。

3. 自然法則與立法

自然法則與立法在本體論上的關聯已如前述。「如果任何事物都不可能違反法則，那麼，科學可以使用法則解釋爲何這類事物與其他事物在時空上的聯結正好是以它們發生的方式發生的。因此，將個體事物的原因性行爲認作是潛在因果法則的體現是相當常見的。從本體論視角看，正好相反，因果法則先出現，個體原因接著出現。在現實中，因果法則要比它們的特定實例更爲基本。法則在本體論上優於事物與事件。」[18]就此而言，在立法中，自然法則是「因」，立法過程和結果是「果」。立法或是將自然法則直接變成法律規範，或是在符合自然法則的前提下制定法律規範或在將自然法則作爲根據的情況下制定法律規範。

自然法則之於立法的意義還在於自然法則具有規律性的特性。規律性對於立法既有認識論作用又有方法論功能。「科學的目標部分地與發現事物和屬性相關聯，部分地與發現法則相一致。因爲法則被用來解釋爲何特定的現象是其所是，或者，爲何按照其發生那樣發生。科學的興趣在於盡可能多揭示自然宇宙的法則。無論人們何時觀察到事物和屬性以一種規律性的方式發生和起作用，人們都會認爲這是自然法則將一些事物與其他事物、一些屬性與其他屬性聯結起來。法則不容許例外。」[19]法則使一個實體或自然系統的各個屬性發生聯繫。簡言之，法則是一個系統的各個屬性之間的關係。立法就是表述規律性現象，這是成文法由風俗習慣演化而來的原因。雖然法律原則也是使一定領域裡的概念、術語、規則發生關聯，

(1758), London: Printed by Order of the Trustees, British Museum, 1956.

18 Jan Faye, *How Nature Makes Sense*, in Jan Faye, Paul Needham, Uwe Scheffler and Max Urchs ed., *Nature's Principles*, 2005, p. 77.

19 Jan Faye, *How Nature Makes Sense*, in Jan Faye, Paul Needham, Uwe Scheffler and Max Urchs ed., *Nature's Principles*, 2005, p. 91; John Barrow, Perché il mondo è matematico? (Why is the world mathmetical?) Laterza, Roma-Bari. Here citing from Mauro Dorato, *Why Are (most) Laws of Nature Mathmetical?* in Jan Faye, Paul Needham, Uwe Scheffler and Max Urchs, *Nature's Principles*, 2005, p. 71.

但法律原則本身容納了例外。

　　邏輯上，法則可以簡化爲規律性。法則的規律性解釋並不接受相同的理由作爲因果性的相似解釋。經驗法則以各種形式出現。因果法則是假設其他因素都相同（ceteris paribus）的法則。法則的涵攝範圍各不相同，有的很大有的很小。在哲學上，法則被區分爲經驗法則和理論法則。經驗法則也稱作現象學法則。經驗法則是涉及可觀察到的實體的法則，而理論法則是涉及不可觀察到的實體的法則。[20]經驗法則和理論法則在本體、認識和方法諸方面均可應用於立法的各個階段。如果某物應該被視爲一個自然法則，那麼它至少須具備這樣的要求，即人們能夠觀察到類似的事件有規律地發生。正是法則才使規律性成爲可能。自然法則只是蘊涵規律性。[21]因此，在自然法則的概念和自然必然性概念之間存在一種牢固的聯繫，進而，很容易認爲自然法則是某種必然的眞實，即那些表達的自然必然性。人們可以先定義所謂的自然法則是什麼，然後就可以說一個自然法則不僅是眞實的而且也表達了一種自然必然性。[22]

　　自然法則的規律性是立法的認識論基礎。立法首先需要認識事物的規律性，進而將規律性現象表述爲規範或規則。「先於人定法的是自然法則，它們是不變的法則。這些法則始終如一地反映已確立的關係，每一不同都有其同一性，每一變化都有其永恆性。自然法則以一種規律性體現事物的必然性。從廣義上說，人定法是源自事物的自然性的必然關係。因此，在這個意義上，所有自然存在物都有其自己的法。」[23]

　　自然法則的規律性也是立法的方法論基礎。立法過程中的歸納、演繹、溯因推理都是直接或間接地以自然法則爲邏輯起點；自然法則的規律性功能貫穿於推理的整個過程。但是，規律性（自然法則是規律）只是立

---

[20] Jan Faye, *Observing the unobservable*, in E. Agazzi and M. Pauri ed., *The Reality of the Unobservable Observability, Unobservability and their Impact on the Issue of Scientific Realism*, Kluwer Academic Publishers, 2000, pp. 78, 95-96, 165-177.

[21] Ibid., p. 90.

[22] Lars-Göran Johansson, *The Nature of Natural Laws*, in J. Faye, P. Needham, U. Scheffler and M. Urchs eds., *Nature's Principles*, 2005, p. 152.

[23] Montesquiu, *The Spirit of Laws*, pp. 3-6, translated from the French by Anne M. Cohler, Basia Caroln Miller, Warold Samud Stone, Cambridge University Press, 1989.

法在認識論和方法論上的必要前提和條件，而不是立法的完全充分的前提和條件。規律性排除例外，因爲自然法則排除例外。但這並不影響自然法則對於立法和法律的本體論意義，因爲任何法律規則的終極根據在自然之中。法律不免包含例外。立法包含例外具有自然哲學的基礎，比如一種自然法則的例外可以通過另一種自然法則補充，也可以以自然哲學爲根據予以解釋。

（二）立法與數學、幾何學

　　自古希臘起，數學、幾何學就一直在哲學中起著重要作用。有幾個原因可以說明數學爲何如此重要：首先，數學問題簡約明白，具有明確性；其次，數學已經有一套論證程序的模式，它不是人們精心設計的，不是任意的，證明在數學中的作用要比其他科學更爲明顯；第三，一項數學論證的結論一旦被正確理解，就不容置疑。[24]「證明」這個概念最初是在與幾何學的關係中引起注意的。眾所周知，埃及人已經在經驗上發現了幾何學的一些眞理，例如計算金字塔體積的公式，最初與「土地測量」意思相同的「幾何學」的名稱表明這個研究被引入古希臘時是如何考慮的。古希臘人的偉大成就在於用先驗的證明科學提升了這種經驗研究。[25]但是，須注意的是，古希臘的邏輯不是完全根據證明得到解釋。古希臘哲學家也重視辯證法的論證和形而上學的論證。「辯證的」一詞在最初的意義上就是具有形而上學特性的論證方法的名稱。辯證法方法就是指邏輯論證、邏輯推理。Aristotle將辯證的前提作爲辯論者在論證中採用的東西。[26]Plato認爲，辯證是一個概括的過程。辯證論證要麼是推論論證要麼是歸納論證。傑出的辯證論證是發現本質的方法論。[27]從邏輯學的發展可知，論證是比證明更綜合、更具說服力的方法。希臘人把抽象和演繹的方法引進數學中，建立了較爲完整的體系，將數學變成一個純粹推理演繹的抽象領

24　Bertrand Russell, *Wisdom of the West*, London: Macdonald, 1959, pp. 102-103.

25　William Kneale and Martha Kneale, *The Development of Logic*, Oxford: the Clarendon Press, 1962, pp. 2-3.

26　Aristotle, *Prior Analytics*, 24b1, translated by Gisela Striker, Oxford: Clarendon Press, 2009.

27　Richard Robinson, *Plato's Earlier Dialectic*, pp. 162, 20-21, 52, Oxford: Clarendon Press, 1953.

域，這種抽象演繹的思維是形成數學觀念和數學精神的前提。Plato認爲只有通過數學才能領悟自然世界的真實性和超感覺性。[28]數學和幾何學的原理、公理與方法是立法方法的組成部分。Russell認爲，數學是建構性的和演繹性的，哲學是評論性的。在有演繹推理的地方，就有數學存在；但是，演繹的原則、對難以定義的實體的識別以及這類實體的區別則是哲學的事務。[29]因此，本文認爲數學和幾何學方法只是立法方法的組成部分；立法還應該包含其他方法。

數學和幾何學蘊涵著豐富的理性精神和求眞精神。從廣義上說，數學是一種精神，是一種理性的精神。數學所具有的理性精神使得人的思維得以運用到最完善的程度；理性精神決定性地影響人的物質、道德和社會生活；理性精神促使人類探索知識的最深刻內涵。[30]數學同時具有求眞精神。數學眞理既是客觀眞理也是主觀眞理。數學既是人類對自然宇宙中現象的經驗統覺和本質的先驗演繹，也是人類對自然宇宙中量的實在關係和空間構成的精確抽象。Plato說，「運算和算術都關聯到數；數學方法能夠把人們引向眞理」。[31]數學眞理具有邏輯的合理性、模式的眞理性和現實的眞理性。這樣的價值同樣爲幾何學所擁有。「幾何能夠把靈魂引向眞理，能夠使人們的心靈朝向上方。」[32]

1. 數學邏輯與立法

數學與立法在方法論上的關係主要是數學邏輯在立法中的功能。立法中數學邏輯主要表現爲下面三種方法：

（1）歸納——即通過對許多個別或特殊事例的觀察而上升到某個一般命題。歸納可以發現一切非自明眞理，聯結永恆、持久不變、反復出現的觀念和現象。John Stuart Mill（1806-1873年）從自然進程的一致性（uniformity）中認識到並充分論證適用歸納方法的必然性和普遍性。歸

---

[28] Morris Kline, *Mathematical thought from ancient to modern times,* vol I, p. 150, Oxford University Press, 1972.

[29] Bertrand Russell, *The Principles of Mathematics*, London: Routledge, 1992, p. 129.

[30] M. Klein, *Mathematics in the Western Culture,* cha. I, George Allen and Unwin Ltd., 1954, p. 9.

[31] Plato, *Republic*, 525b, translated by Robin Waterfield, Oxford University Press, 1993.

[32] Plato, *Republic*, 527b. Ibid.

納這個一般原理立基於先天的普遍原理，也就是說，自然進程的一致性是歸納的基本原理和普遍公理，是歸納的終極的基本前提。當自然進程的一致性通過足量的歸納而被確定時即產生自然法則。[33]歸納對於立法和法學研究具有重要的方法論意義。歸納方法在於對自然中和社會上諸現象的認識和概括，而自然進程的特性就是自然中諸事物對自然法則的遵從，這可以使立法者認識到社會現象的基本屬性，因爲社會現象是處於自然宇宙中的人類在共同體生活的反映。當需要通過法律規範諸社會現象時，自然法則便是法律規則的根基和來源，即法律中的每一個概念或者規則都遵循自然中的一般規律。由於自然法則是確定的，而社會現象是開放的，因此，根植於自然中的法律概念或規則的意義總是確定的而涵義則是開放的。歸納方法有助於法律概念類型化。

(2)演繹——即從一般命題或必然命題出發並輔以其他一些命題而推導出具體的單稱命題。演繹是一個明確揭示一般命題或必然命題的邏輯涵義的實在過程。演繹的所有基礎命題的意圖在於傳達實在知識，演繹也是獲取實在知識的一種模式，因此，任何沒有認識到所有命題的這一意義的演繹便不是眞正的演繹。演繹也是一個自然推論的過程。自然法則是任何演繹推論前提的先在公理；推論前提的設定總是涉及到自然進程和宇宙秩序，任何推論都不能違反自然法則。[34]由此可知，演繹的基礎前提也在自

---

[33] John Stuart Mill, *A System of Logic: Ratiocinative and Inductive*, vol. II, cha. 1, § 3; vol. III, cha. 3, § 1, cha. 4, § 1; London: Longmans, Green and Co., 1886.

[34] John Stuart Mill, *A System of Logic: Ratiocinative and Inductive*, vol. II, cha. 3, § 3; vol. III, cha. 3, § 1, 3; London: Longmans, Green and Co. 1886. 如前所述，數學邏輯只是立法方法的一部分，立法方法還需要運用其他演繹方法。Kant區分了三類演繹：形而上學演繹、經驗演繹、先驗演繹。在形而上學演繹中，諸先天範疇的一般起源是通過它們與思維的普通邏輯機能的完全契合來闡明的。在經驗演繹中，根據對經驗對象的經驗應用一個經驗概念的合法性。在先驗演繹中，這些範疇的可能性被表現爲對一般直觀的諸對象的先天知識。三類演繹都是立法中必須使用的方法。Kant在《純粹理性批判》中建立了範疇表，它們包括：量的範疇（單一性、多數性、全體性）；質的範疇（實在性、否定性、限制性）；關係範疇〔依存性與自存性（實體與偶性）、原因性及從屬性（原因及結果）、相互性（能動者及受動者之間的交互作用）〕；模態的範疇（可能性與不可能性、存在性與非存在性、必然性與偶然性）。這就是知性先天地包含於其自身中的一切純粹綜合概念。因此，這些範疇是任何立法者都應該擁有的純粹知性概念。這些範疇也是法律中的各種概念的先天綜合概念；通過演繹成爲實在的法律概念。形而上學演繹的必要性在於對範疇來源的揭示和對它們的系統辨明。經驗演繹的必要性在於知識必須來源於感性直觀中所給予的東西，以及以此爲基礎而作出的判斷。先驗演

然中，自然法則也就是演繹的前提。從自然法則演繹而來的結論是次一般的命題或者定理。如果演繹規則具有正當性，那麼這些次一般的命題或者定理也是真理，它們也可以是其他演繹的前提。在立法中，演繹就是從自然法則中推理出一般法律原理或者原則，再從一般法律原理或者原則中推論出法律規則。

歸納與演繹這兩種方法相互依賴。演繹的前提往往是從歸納的結論中獲得；但歸納獲得的結論往往具有或然性，這樣，通過演繹可以檢驗歸納所獲得的結論是否為真。因此，歸納方法和演繹方法往往同時使用。所有的歸納都可以通過演繹連結，這是一個一般原則。在立法方法中，通過對經驗材料的歸納獲得一般性結論；通過對一般性結論的演繹而獲得具體的法律概念或法律規則。只有同時運用演繹和歸納方法才能保證立法結果的正確性和準確性。

(3)溯因推理——在一個演繹系統中證明一個定理就是表明這個定理是某些先前業已證明過的命題的必然邏輯結果；而這些命題的證明要用另一些已經證明的命題，一直逆推直至被證明對象的根基。[35]在立法中，一個概念或者一個規則的證立往往需要通過其他概念或規則予以佐證；在此際，其他概念或規則應該是已經被證立的概念或規則。之所以說佐證是因為它們只是必要條件，還需要對擬制的概念或規則的終極根據進行論證，這就是溯因推理的運用。在法律實務中，由果溯因即由已知事實探求未知理由是常見的事務。在此際，溯因推理也具有獨特的功能。

2. 幾何學公理與立法

在傳統上，數學包括代數和幾何，它們具有共同的邏輯思想和方法，但在表達上，不同表述都能說明各自的涵義。因此，本文沒有根據傳統的

繹的必要性在於確立範疇的合法性。在立法中，形而上學演繹可以用於揭示一個概念或規則的終極來源，因為形而上學演繹需要對本體的追溯；在立法過程中，對立法對象的把握實際上是對直觀雜多的綜合統一；這是經驗演繹的任務；在立法中，概念或規則是否正當取決於它們是否從先驗範疇演繹而來；這是先驗演繹的任務。在法律過程中，演繹意味著確立一個行為的根據而不是事實的根據。Kant, *Kritik der reinen Vernunft*, B159, A80/B106. 鄧曉芒譯，人民出版社，2004年。

35 馮契主編，《哲學大辭典》，上海辭書出版社，2007年，第399頁。

表述，但並不說幾何學就沒有演繹、推理方法。

公理源自希臘詞axioma，是指某種值得接受或尊敬的東西。公理是自明的、眞實的，是論證的前提和邏輯基礎。公理表達了自然的內在關聯；基於公理能夠揭示存在於一般實體與從屬於它們的特殊實體之間的內在關聯。公理化方法即從不加定義的原始概念和不加證明的基本命題出發，按照特定的演繹推理規則推導出其他命題，從而構成一個公理化系統。自Euclid（西元前3世紀希臘數學家）時代以來，幾何學就把公理化方法作爲一種演繹推理的邏輯形式。Hilbert認爲幾何學上的任何一組公理都具有相互獨立性（在一個公理系統中，一個公理不是從其他公理中推導而來）、相容性（從原始概念和基本命題開始的推理不會出現矛盾的命題）和完備性（一個學科的公理體系中的公理應當足夠）。公理化體系是人類認識到達一定階段的結晶。[36]公理或基礎公理總是存在於自然中；自然法則都是公理。

Leibniz用幾何學的確定性定義自然權利與自然法的概念。[37]一個必然命題是一個其眞理是能夠以幾何學的精確性推證出來的眞理。[38]Leibniz認爲，推理的眞理是必然的，可以通過分析找到它的理由，並把它解析爲更加簡要的觀念和眞理，一直可以追溯到其源頭。數學家們就這樣用分析的方法把思辨的定理和實踐的法則抽象爲定義、公理和公設。有一些觀念、公理和公設是不能定義的，它們就是原初眞理。[39]在Leibniz看來，法律就是從原初眞理中演繹而來，而Leibniz的演繹就是數學和幾何學的方法，通過這種方法可以獲得理性眞理。

---

[36] John Stuart Mill, *A System of Logic: Ratiocinative and Inductive*, vol. II, cha. 2, § 2, 3; London: Longmans, Green and Co. 1886; 馮契主編：《哲學大辭典》，上海辭書出版社，2007年，第413頁。

[37] Klaus Luig, *Leibniz's Concept of jus naturale and lex naturalis – defined with geometric certainty*, translated by Ishbel Flett, in Lorraine Daston and Michael Stolleis, *Natural Law and Laws of Nature in Early Modern Europe: Jurisprudence, Theology, Moral and Natural Philosophy*, Ashgate, 2008, pp. 183-198.

[38] Leibniz, *Philosophical Essays*, translated by Roger Ariew and Daniel Garder, Hackett Publishing Company, 1989, p. 30.

[39] Leibniz, *Monadology*, sec. 33-35; by Lloyd Strickland, Edinburgh: Edinburgh University Press, 2014.

　　Spinoza在他的《倫理學——附幾何論證》（*Ethica: Ordine Geometrico demonstrate; Ethics, Demonstrated in Geometrical Order*）中就是採用由定義和公理推導定理的形式來論證的。Spinoza將其倫理學體系置於Euclid幾何學的框架中，從定義、公理依次導出命題及其證明，且設有公設和繹理。Spinoza認爲，只有像幾何學一樣，憑理性的能力從最初幾個由直觀獲得的定義和公理推論出來的知識才是最可靠的知識。[40]比如Spinoza在《倫理學》中先定義實體和事物的樣式，然後提出命題並用定義證明命題。如果定義不足以證明命題，還可以用他同時提出的公理推導。比如，(1)實體按其性質先於它產生的事物樣式。(2)實體是在自身內並通過自身而被認知的東西。(3)由實體產生的事物樣式是在他物內並通過他物而被認知的東西。在這個例子中，(1)是命題，(2)和(3)是定義。再如，(1)凡無共同點之事物亦無因果關係。(2)凡兩事物無共同點則一事物的概念不包含另一事物的概念。(3)認知結果有賴於認知原因且包含認知原因。在這個例子中，(1)是命題，(2)和(3)是公理。[41]

　　從Spinoza的運用可以看到，法律體系在形式上就是公理化系統；立法在形式上就是將法律素材公理化。但是，法律體系在實質上還包含形式不能包含的內容；立法方法在本質上就是通過形式確立法律應該包含的內容。

　　至此可以說公理化方法無疑是立法的認識論和方法論基礎。「動點成線，動線成面，動面成體」的幾何學原理在在告誡立法者，任何一個法律概念、術語或語詞都構成一個體系，「動點成線」的界限是「面」，「動線成面」的界限是「體」，「動面成體」的界限是另一概念、術語或語詞。

---

40 Spinoza，《倫理學》，賀麟譯，商務印書館，1959年，第1-2頁。
41 Spinoza, *Ethik*, I, 1. 賀麟譯，商務印書館，1959年。

二、立法與生態學

Ecology（生態學）這個詞當然是源於希臘文。它是希臘文oikos（房子、住所、家庭等）與logos的合成；其字面意思是「研究住所的學說」。其英文的最初形式是oecology。Oecology的最早例子是在1873年的《牛津英語詞典》（Haeckel）中提及的。Ecology的最早例子是在1896年該詞典的補充部分確定的。《牛津英語詞典》將「生態學」定義為「動植物經濟的科學；研究生物有機體與它們周圍的事物、它們的生活方式之關係的生物學分支。」[42]生態學作為科學起源於古希臘。古希臘自然哲學包含生態學。早期古希臘哲學家將自然作為一個整體，即physis，在其中，人被視為自然構架中的一部分。古希臘自然哲學家發現的、在作為整體的自然中各事物相互作用的學說就是這種意義上的生態哲學。Physis是一個功能性的整體，在其中，每一部分都根據自己的目的發生作用。缺少一個自然功能而運行就可能導致無序。Aristotle的政治學和社會學研究包含生態學的考量。在Aristotle看來，每一事物都有其自然的位置。汙染就是事物被放在了不屬於它的地方，也就是它們不應該所在的地方。[43]在Aristotle時代之前，聰明的農夫、獵人、漁民就有機會觀察生態現象，然而是Aristotle第一次記述了生物生存的現象，並對生物存在的原因進行了研究。比如，Aristotle考察了貽貝和鼠的生活情況。貽貝自己會營造其巢居；凡是有淤泥的地方，就是它們原態滋生的地方。鼠在田間繁殖的速度快是因為田間適宜鼠生存。[44]這充分表明生態關聯到動物生物的居所；動物生物當然也包含人在內。

---

[42] George Sarton, *A History of Science: Ancient Science Through the Golden Age of Greece*, Oxford University Press, 1953, p. 565.

[43] Gunnar Skirbekk and Nils Gilje, A *History of Western Thought: From Ancient Greece to the Twentieth Century*, Routledge, 1972, p. 75.

[44] Aristotle, *Historia animalium*, 546b11-19, 580b10-28, edited by D. M. Balme, Cambridge University Press, 2002. G. Sarton, A History of Science – Ancient Science Through the Golden Age of Greece, pp. 565ff, Oxford, 1953.

（一）生態律令的内涵

　　生態學與人的關係既包括人對自然的認識和使用也包括生態律令對人的制約。生態律令包括生態規律和生態法則。

1. 概念

　　生態律令主要是指自然中的生物生存、生物生存與環境因素、生物生存與無機物的關係的基本規律，以及影響、約束人在自然中生存活動的生態法則。

2. 生態律令的内容

　　(1)互生規律：生態系統是由生命系統和環境系統構成的綜合體。生命系統中的植物、動物、微生物之間以及它們與環境和無機物之間相互依存相互作用相互協調共同生存。(2)運動規律：生物有序地運動和自我調控是生物進化的基本規律。生態系統在時間空間功能上的有序性是由生態系統自身的有序結構決定的，因為結構內部存在著負反饋機制而隨時調控生態系統。(3)循環規律：生態循環是生態運動的最基本形式，生物圈的各個因素都處在生物地球化學的循環之中。生態循環是自然界一切物質運動的普遍形式。在生態系統內部生物與生物之間，生物與環境之間不斷進行著複雜而有規律的物質交換。這種物質交換是周而復始不斷地進行著，對生態系統起著深刻的影響。生態循環關聯到生態系統內部的結構平衡、物質能量輸入輸出比例、時間序列空間分布等因素的協調。(4)自然選擇：生物總是生長在不斷變化的環境之中。隨著環境的變化，生物的型態結構、生理機能、繁殖能力等也會相應地變化。凡是適應性強的生物個體和群體，在自然選擇中都占有優勢，反之就是劣勢乃至淘汰。[45]

---

[45] 1859年，英國博物學家Darwin出版了《物種起源》，闡述了以自然選擇學說為主要內容的生物進化理論。《物種起源》證明生物是在遺傳、變異、生存鬥爭中和自然選擇中，由簡單到複雜，由低等到高等，不斷發展變化的，提出了生物進化論學說。參見R. Darwin，《物種起源》，謝蘊貞譯，科學出版社，1972年。Darwin的生物進化論沒有涉及人類的進化問題。

3. 功能

抵抗干擾、恢復生長、調控生態系統、保持相對穩定。保障生物適應物理環境、改造環境有利於生命有機體進化。約束生物有機體自然選擇、並自然提供生態系統的正負資訊。[46]

（二）生態學與立法原則

現代生態（自然保護和自然資源）立法在很大程度上是以人爲中心的。生態政策基於對環境問題的權宜方法，只是爲了維持人們的生活條件而加以保護。[47]從上述生態律令和生態現實可以認識到，生態立法應該放棄以人爲中心、以權利爲本位的原則，而採取自然人類學[48]的思考方法立法。人類學實際上應該是自然人類學。也就是說，人類學應該拓寬它的界面，把人類置於自然概念中與其他自然事物關聯地一體地研究。現在的人類學研究的內容如體質、文化、語言、民族、考古以及後來加入的生態等範疇實際上都包含於自然概念中。生態現實有目共睹；而生態律令實際上就是自然規律或自然法則的一部分。Schelling說，由於自然賦予其自身的活動範圍，沒有外力可以干預它；所有自然法則都是固有的，或者更確切

---

[46] 需要說明的是，上述概括參考了生態學教科書的相關內容，但與教科書及其他相關內容又有基本區別。大致是：教科書及其他相關內容有意識或無意識地將自然作爲客體而強調生態的重要性，本文十分明確地將自然作爲主體而演繹出生態的重要性。

[47] Новикова Е. В., Теоретические проблемы развития экологического законодательства в Республике Казахстан. М., 1999, C. 39.

[48] 人類學研究早有把「身心和諧」作爲核心內容。這個思想來源於韓國人類學家全京秀。朝鮮人類學會於1946年成立，全京秀藉此契機提出人類學研究的三個原則：1.人類學研究必須包含文化人類學、體質人類學、語言人類學和考古人類學。2.人類學研究的核心是文化人類學，而文化的主要思想是身心和諧，單純的民俗研究不能替代文化的整體研究。3.文化是一個整體。參見全京秀，《韓國人類學百年》，一志社，1999年；（朝鮮）崔海洋、楊洋譯，知識產權出版社，2015年。「身心和諧」的人類學思想將人與自然結合起來：身心屬於人自身，但身在自然中，心即心靈便與自然的靈魂聯結起來；「身心和諧」包含人與自然的和諧。這種思想與古希臘「與自然一致生活」的思想具有高度相似性。全京秀的人類學思想具有普遍意義。正因爲如此，秋葉隆等日本人類學家也加入了朝鮮人類學會。儘管後來經歷了曲折，但韓國的人類學研究仍然一直強調整個高麗民族的文化統一性；此成爲韓國人類學的學統。本文相信，這種人類學思想不僅可以爲高麗民族所接受，而且也爲人類各個民族所接受，因爲「身心和諧」的思想是從自然人類學中演繹出來；「身心和諧」是人的生存和發展的基本要求。

地說，自然是其自己的立法者（自然的自治）。[49]因此，基於自然人類學的立法思路就是實在法應該符合自然法則。可以推論，作爲自然存在物，人是在生態法中被規範的社會關係對象，[50]生態立法和法律的完善應立基於自然生態平衡的保存和保護原則，人類的生態立法是爲了避免過度地、非法地損害動植物的生命及所有生命型態。[51]基於這樣的認識，生態立法應該秉持崇敬自然宇宙和科學思考兩個基本原則。

1. 生態立法應遵從自然的內在目的性

自然的內在目的性意味著自然事物的目的也是內在的，生物的生成和變化是由自身驅動的，是生物在奮力完善其生活方式過程中產生的。人的生存目的應該從屬於自然的內在目的。雖然「根據自然法，每一個人有利於環境的自然權利包括一個人使用自然資源作爲其生活和活動基礎的固有權利；正如Rousseau早已說過，生命與自由被承認爲自然賜予的基本禮物。」[52]但是，這些自然權利是從自然中演繹出來的，因而行使自然權利不能違反自然的內在目的性。雖然維持生命和生存自由需要物質基礎，它們與自然關聯密切，但是，「生態權利是包括有利於自然生態的各種權利和使用自然資源的人權；這些權利在功能上被聯合爲一個權利束，旨在滿足人們對自然資源的需要。」[53]因此，「有利於自然生態」是行使生態權利的前提。這是人與自然的關係的基本面向。與此同時，人與自然還有更多的實際關係。

天地循環，人在其中；這就是人在自然宇宙中的地位。太陽輻射到達地面使大氣增溫流動，致使土壤中水分及地表水源的蒸發，又驅使水的循環包括雨水，而輻射、溫度、水、空氣運動等因素相互作用、轉化循環，

---

49 Schelling, *Erster Entwurf eines Systems der Naturphilosophie Zum Behuf seiner Vorlesungen*, Jena und Leipzig bey Christian Ernst Gabler, 1799, S. 81.

50 М. М. Бринчук, Экологическое право: объекты экологических отношений. М., 2011, С. 54-56.

51 М. М. Бринчук, Концепция рвзвития экологического законодательства Российской Федерации. С. 67, 68.

52 Никишин В. В., О естественном и позитивном праве на благоприятную окружающую среду // Экологическое право, 2011, № 5, С. 6-13.

53 М. М. Бринчук, Теоретические основы экологических прав челдвека //Государство И право, 2004, № 5, С. 8-11.

又形成各種各樣的天氣變化，直接影響土壤的結構和功能，尤其影響到地面接收太陽能量，使耕地、森林、草原符合比例地存在，從而影響到生態系統中各個因素之間的關係。這是一個自然規律，也是自然的內在目的的具體體現。因此，在基礎設施的建設中，大面積水泥瀝青覆蓋在地面阻隔了天地自然系統的循環，換來的是地下水污染、城市空氣乾燥、生活缺乏地氣的生活環境。因此，從科學上看，水泥瀝青已是地面建設的淘汰原材料；應該研製可滲水材料作爲地面建設的原材料。而在建設樓群時，完全可以研製和使用輕質材料，以減少使用原材料、減輕對地面的負擔。古希臘人和古羅馬人神化自然崇敬自然的意義在今天仍然十分醒目。自然諸神比如地神在這裡給人們的啟示是：凡是涉及自然實體本身的建設必須顧及自然本身，且是在非常必要時並具有證明力的科學根據。諸神還可以引起人們科學思考；當人們的建設面對自然實體時，人們不僅會對建設項目的科學性和必要性進行研究和論證，而且在研究和論證的過程中完全有可能產生科學發明。生態立法的科學性正在於此。生態立法的科學性包括對自然內在目的性的遵從，因爲「自然一直被認作是科學、生態法學說、神學中的自然概念，是保證宇宙之不可分離和相互聯繫所必需之物的宇宙能量；自然概念具有宇宙的科學景象之發展的趨向性。」[54]生態立法產生的是社會規範；「在必要的程度上，社會規範應當顧及自然法則，且應當符合生態律令。」[55]自然法理論以自然法則作爲法律標準，使人們不容置疑地服從於自然律令，[56]只有遵從自然內在目的性的生態立法才能堪稱爲具有科學性的立法。[57]

---

[54] М. М. Бринчук, Законы природы и общества. В 2-х т. Т. 1. М., 2015, С. 34, т. 1; Here citing from Сергей Александрович Боголюбов, Законы Природы и Законы Общества, Государство и Право, 2016, № 11, С. 22.

[55] М. М. Бринчук, Законы Природы и Общества, С. 107.

[56] Елизавета Александровна Фролова, Теория Естественного Права, Государство и Право, 2015, № 1, С. 72.

[57] 生態法學家М. М. Бринчук強調科學在認識哲學（包括東方哲學和神學）中作爲治理世界和人類工具的自然法及其內容的作用；他同時認爲人們很少關注Einstein對遵循特定法則的令人驚異的宇宙構造的揭示。М. М. Бринчук在闡述認識自然法的方法的同時，也闡述了自然法的型態、本質、功能和特徵。他從方法論上看到從整體中分離出來的東西，自然法與其說是一種物質性的成分，還不如說是一種具有影響的普世精神。參見Сергей Александрович

2. 生態立法應遵從自然必然性

自然必然性的一個邏輯特徵是自然的連續性。「自然中存在一個理由，用於說明爲何有一些事物存在而不是沒有任何事物存在。」[58]凡具有更多理由的事情終將會發生。[59]這個理由必定存在於某個實在的實體裡或原因裡，因爲一個理由就是一個實在事物存在的理由。這個實體必定具有必然性。這個實體是萬物的終極原因。[60]自然哲學認爲自然是自我存在的。自然無非是自我意識的機能。自然中的一切都具有必然性只是因爲通過這樣的自然的媒介，自我意識才會發生。[61]由於一切思維最終可簡約爲自我生產和再生產，因此在思想中沒有什麼是不可能的，自然自我生產以致每一個階段都是連續的；思想以同樣的活動自我生產。[62]自然必然性意味著自然法則和宇宙法則既約束自然宇宙系統持續地生存和發展，也約束人類社會符合自然地生存和發展。「宇宙是恪守正義的，因爲對於心靈來說，正義就是秩序或完滿性。」[63]自然的連續性包含人類社會的持續性，人類社會的持續性必須遵從自然的連續性。自然必然性具有主動性，生態立法對於自然必然性而言是受動的行爲活動。這就是自然與生態立法的關係，它們是支配與被支配的關係。生態法學家M. M. Бринчук批評說，「生態學的活動要麼只顧及周圍環境，要麼只對人自身負責，是兩極化的原始觀念。」[64]「原始」在這裡意味著這種觀念早已過時。

遵從自然必然性的生態立法必須有利生態。生態立法只有在有利於生態的前提下，才能有利於人類自身。人與自然存在於一個生態系統中。生態系統是指在一定的空間內，生物的成分和非生物的成分通過物質的循環

Боголюбов, Законы Природы и Законы Общества, Государство и Право, 2016, № 11, С. 26。

58　Leibniz, *Die philosophischen Schriften* 7, hrsg. Von C. I. Gerhardt, Hildsheim; Georg Verlag, 2008, S. 289.

59　Leibniz, *Philosophical Essays*, translated by Roger Ariew and Daniel Garder, Hackett Publishing Company, 1989, p. 28.

60　Leibniz, *Philosophical Writings*, edited by G. H. R. Parkinson, 1973, p. 145.

61　Schelling, *Erster Entwurf eines Systems der Naturphilosophie Zum Behuf seiner Vorlesungen*, Jena und Leipzig bey Christian Ernst Gabler, 1799, S. 273.

62　a. a. O., S. 274.

63　Leibniz, *Philosophical Writings*, edited by G. H. R. Parkinson, J. M. Dont & Sons Ltd., 1973, Parkinson, 146.

64　М. М. Бринчук, Законы Природы и Общества, С. 253.

和能量的流動互相作用互相依存而構成的一個生態學功能單位。自然的生
態系統大至生物圈、海洋、陸地，小至森林、草原、湖泊；人爲的生態系
統如農田、果園、太空船。生態系統是一個動態系統、循環系統、調節系
統。[65]人無時無刻不是處在這個系統的任何環節上。這個認識就是基於本
文界定的自然人類學的一個方面。「有利生態的概念密切地關聯到表示環
境與自然環境的組成要素的術語，它們是由立法者通過嚴格地界定它們的
內涵與外延而確定的。」[66]這種界定方法的用處是保證這些組成要素具有
可持續地發揮功能的資格（качество）。[67]有利生態是對生態立法的概括
要求。因此，有利生態這個術語的定義並不包含可以釐清保證自然生態系
統、自然的和自然—人類的客體的可持續發揮功能的法律標準。[68]法律標
準是具體的。法律標準高於現實狀況低於理想狀態。「對自然生態權利的
立法認可未必能被看作是達到了關於生態利益的性質和本質的理想發展的
最佳狀態。」[69]

　　有利生態才能產生生態利益。有利生態的立法才能保護生態利益。
「生態利益體現在對保障人的生活和健康的自然環境的維持狀態中，包括
對自然資源的利用、生態增長的平衡、作爲人們生活和活動的基礎。對於
在自然環境中作爲生物社會學物種的人類的生存和發展，這種生態利益不
可否認是主導性的。」[70]在今天，隨著人口的增多，「社會需要的增多導
致對自然物的使用日益增多。這就要求社會和國家建立可持續的自然物使
用規範。」[71]自然資源法被認爲是生態法的綜合領域的一個結構部分，作
爲一個整體的生態關係不能被機械地分解爲生態保護關係和關於自然資源
使用的關係。[72]「受生態法保護的生態利益的特性不僅取決於品質而且也

---

65 李海東等著，《自然科學基礎》，中國社會出版社，2007年，第295頁。

66 ст. 1 Федерального закона "Об охране окружающей среды" от 10 января 2002 г. // Собрание
законодательства РФ. 2002, № 2, Ст. 133.

67 Комментарий к Федеральному закону от 10января 2002 г. № 7-ФЗ "Об охране окружающей
среды"/ Под ред. О. Л. Дубовик // СПС "Гарант", 2010.

68 М. М. Бринчук, Теоретические основы экологических прав человека, С. 7.

69 М. И. Васильевой, Публичные экологические интересы: проблемы теории, С. 15, 20.

70 М. И. Васильевой, Публичные экологические интересы: проблемы теории, С. 12, 13.

71 Спиноза Б., Богословско-политический трактат. Избр. Произв. Т. 2. М., 1957, С. 263.

72 Малышева Н., Непыйвода В., Соотношение приодоресусного права и права окружающей

取決於數量，前者指有利於生活、人的健康和社會發展的自然環境，後者指自然物的數量，保障平等使用自然資源是當代和未來各代生活和活動基礎的權利。」[73]

　　生態立法有利生態才能可持續發展。1987年，以挪威前首相Mrs. Brundtland為主席的聯合國環境與發展委員會發表了具有里程碑意義的報告《我們共同的未來》，其中對「可持續發展」作出定義：可持續發展是既能滿足當代人的需要又不對後代人滿足其需要的能力構成危害的發展。從這個定義可以看到，可持續發展是生態系統本身的發展，是生態系統整體的發展，人類在這個系統中與其他自然物一起發展。可持續發展是以自然為本位，而不是以人、社會、經濟為本位。以自然為本位的生態立法意味著自然同時包含著人、社會和經濟諸因素，而以人、社會、經濟為本位的生態立法把自然作為客體、把人置於生態系統之外，不免損害自然和生態系統，因而也難以可持續發展。有利生態的立法才能保證生態系統的完整和再生，才能使自然與人類互利共生，才能使包括人在內的生態系統整體性地可持續發展。

三、立法與生物學

（一）生物學中的人

　　著名俄國生物學家П. К. Анохин提出並發展了機能系統理論，該理論基於超前反映現實的功能原理。超前反映現實的功能有助於回答從屬於自然法基本原理的人的自然性問題。這種自然性應該被理解為發生在人的中樞神經系統的神經生理過程，這個理解以經驗資料為基礎。[74]

　　中樞神經系統包括腦和脊髓。腦是神經系統的最高級部位，是全身的統帥部位。人的智慧活動主要與大腦皮質的功能活動有關。腦的功能尤其

среды: новый взгляд на старую поблему // Государство И право, 2007, № 5, С. 34.

[73] М. И. Васильевой, Публичные экологические интересы: проблемы теории, С. 19, 20.

[74] Игоръ Ъорисович Калинин, Естественнонаучные Основания Jus Natural, Государство и Право, 2017, № 1, С. 100-101.

是高級功能分散於腦的若干部位，甚至是許多部位相關活動的總和。大腦功能既是定位的又是整體的。腦的功能分為五個層次：第一個層次是人與動物共有的，如食物、睡眠、性功能、防禦等為生存和繁衍後代的本能行為。這些本能行為是有明確機能定位的，如大腦中有食物中樞、防禦中樞、睡眠中樞、呼吸中樞和血壓調節中樞等。第二個層次是脊椎動物共有的形成高級條件反射的功能，即腦如何反映和改造外部世界。第三個層次是人類所特有的語言和意識。人與動物的本質區別是在勞動過程中產生了語言和意識。第四個層次是個體發育中形成的習慣行為。第五個層次是個體的高級意識。大腦的構築為意識活動的產生提供了一個穩固的基礎。[75]

從腦的功能可以看到：1.人的自然性與動物的自然性基本相同，不僅與動物一樣具有生物需要而且與動物一樣具有對外部世界的反射功能。人的其他功能基於這些功能。2.人的自然性需要是人的語言和意識的發動機。3.人的自然性需要和意識先於現實存在、先於現實發生。也就是說，人的自然性需要和意識具有超前反映現實的功能。這就是機能系統理論的基礎內容。對於人的自然功能作出這樣的理解具有重要意義：

第一，天賦權利即自然權利的存在不容質疑。這類權利是基於人的自然性，而人的自然性是無須通過實在法認可或確定的。它們是源於自然法的權利。「因此，似乎可以將人的自然性作為自然法的基本原理。」[76]

自然權利不僅先天存在，而且是人的生物需要的權利。這樣，自然權利便理所當然地是人的法律權利和人在實際生活中行使的權利而不論實在法是否作出規定。Aristotle說，自由和納稅是競爭公職的必要條件。[77]自由就是自然權利和天賦權利。

第二，自然權利是人的可能行為的標準的必要權利。機能系統理論對認知人的可能行為提供了根據。進而，對通過法律規定人的權利提供了理論根據。「如果人們評價包含於自然法中的天賦人權，那麼很容易斷定，

---

75 李海東等編著，《自然科學基礎》，中國社會出版社，2007年，第172-179頁。

76 Игорь Ђорисович Калинин, *Естественнонаучные Основания Jus Natural*, Государство и Право, 2017, № 1, С. 102.

77 Aristotle, *Politics*, 1283a15-20, *The Politics, and the Constitution of Athens*, Cambridge University Press, 1996.

所有天賦人權都體現爲主體的可能行爲的標準的必要規則，這些行爲是獲
得具體最終結果的系統所規定的應有行爲，即自由、與他人的平等權、基
於正當性的財產所有權，以及被認爲是內在於人的自然性的其他權利。自
然法也可以被視爲生物系統本身的目標指示，即決定人的機能的關鍵方向
的目標指示。」[78]

　　第三，就評價人的自然性而言，А. К. Крылов和Ю. И. Александров得
出這樣的結論：分子生物學、心理物理學、心理學、社會學、文化學和其
他學科都研究一種規律性，它以一種循環——從主體的經驗結構到社會結
構——的不同環節和面向爲特徵。[79]主體的經驗結構部分地基於人的生物
功能即自然功能，在此際，經驗來源於知覺或知性；部分地基於人的社會
意識即社會屬性，在此際，經驗通過社會意識形成經驗結構。

（二）生物學與立法

　　任何立法實踐都基於確定的理念或理論。立法和法律只有從理論上得
以證立，才能在實踐中可行和行之有效。自然中的自然法則在規範的意
義上與法律發生關聯，在生物學和社會學的領域裡與法律發生關係。那
麼，生物學與立法是何種關係。生物學是研究生命的學問，也稱作生命
科學。生物學研究生命的所有方面，包括生命現象、生命活動的本質、特
徵和發生發展的規律，以及各種生物之間和生物與環境之間相互關係的科
學。[80]從生物學上看，人的自然性是立法的基礎。這個認識的意義是：第
一，在立法的起點上將人與其他生物作爲同等的自然事物整體地對待。這
是人與自然關係的最佳聯結。如此，法律體系就是從自然中演繹出來的；
法律秩序也就是從自然秩序中複製出來的秩序。自然法則和自然法就是實
在法的來源和基礎。自然權利就是個人的應然權利。第二，人的社會性與

---

78 Игоръ Ъорисович Калинин, *Естественнонаучные Основания Jus Natural*, Государство и Право, 2017, № 1, C. 102.

79 См.: Крылов А. К., Александров Ю. И., Парадигма активности: от методологии эксперимента к системному описанию сознания и культуры. Компьютеры, мозг, познание: успехи когнитивных наук / Под ред. Б. М. Велчковского, В. Д. Соловьёва. М., 2008, C. 133-160.

80 陳鷗主編，《生物》（第2版），高等教育出版社，2018年，第2頁。

自然性不是統一關係。傳統上，馬克思主義學派是以社會和個人的統一爲指導思想；這種思想的基本觀點是個人是社會的存在物，並強調應當避免把「社會」當作抽象的東西同個人對立起來。馬克思主義學派將社會與個人統一起來實際上是將個人置於社會之中。這種理解與社會契約論的觀點相反。如果基於這種思想立法，那麼立法就會將人的社會性作爲法律的邏輯起點。這樣的立法就與自然失去了聯結，或者說，立法是在自然之外或之上；從而違反了自然人類學的邏輯，因爲人不可能脫離自然而存在。這樣的立法不可能以自然法則爲根基和根據。馬克思主義社會型態理論的根本錯誤就在這裡。人的自然性簡言之就是人性。人性是立法的起始點和歸宿。第三，人的社會性基於人的自然性；社會性是從自然性演繹而來。個體的人之間發生關係時產生人的社會性。人的社會性只是立法的社會學基礎。以個人及其社會行動爲研究對象的社會學與立法發生邏輯關係，它是立法的一個知識領域。毫無疑問，人的自然性具有必然性，因爲人是自然存在物；同樣毫無疑問，人的社會性也具有必然性，因爲人必然地依賴於群居生活。立法就是從自然法則和自然法（它們是人的自然性的法律根據）中演繹出法律規範（它們是人的社會性的法律根據）。這樣的立法不會脫離自然，也不會不利於生態。這樣的立法既將人作爲自然存在（自然中的生物）又將人作爲社會存在（社會關係中的存在）。

　　這種思想和認識在法學中還十分陌生，但在生物學中已是定見。生物學家們認爲，欲使對社會的研究眞正具有科學性，必須將人類社會看作是一個活的有機體，像自然中的個體生物那樣由細胞組成。Лилиенфельд認爲，人類社會與自然有機體一樣，是一個實在的有機體，它是自然的一種延伸，是自然現象背後相同力量的更高表達。有機的自然呈現爲三種情景：植物不能自主移動，無論是作爲一個整體還是作爲分離的部分；動物可以移動，但只是作爲部分；社會聚合體既可以作爲個體也可以作爲整體自由移動。只有在人類社會中，自然才完全實現了其最高程度的有機生命：同一個個體在部分和整體中的自主性。[81]德國社會學家Schäffle認爲，

---

[81] Paul von Lelienfeld, *Gedanken über die Socialwissenschaft der Zukunft*, vol. 1, Mitau: E. Behre's Verlag, 1873, p. v; Howard Becker, Lilienfeld-Toailles, Pavel Fedorovich, in *Encyclopaedia of the*

社會組織與有機組織之間並無本質區別。社會的基本單元必須是生物細胞的對應物。家庭具有細胞組織的所有特徵，有機細胞的結構和功能的基本特徵都在這裡得到複製。[82]法國社會學家René Worms認爲，社會必定是一個有機體，因爲它是有組織的生命體的集合，滿足了生物系統的所有規定性要求。個人雖然是社會肌體中的一個細胞，但個人不是直接受制於生物學法則，出於個人的自由意志的力量，個人在很大程度上受制於個人爲自己規定的法律和所簽訂的契約。[83]這是用生物規律理解社會現象；這是社會現象的生物學解釋方法。法律既體現自然的規律性也體現社會的規律性。關聯到人的生物學法則既具有自然的規律性也具有社會的規律性，因此，立法必然地受到生物學法則約束；生物學法則通過約束立法約束社會成員個人。

（三）生物學與自由法治國和社會福利國

人類社會建立自由法治國和社會福利國可以從生物學的基本原理中獲得很多啟示。

1. 生物學生物群落的原理

在自然界，任何生物都不是孤立地生存，總是與許多其他生物物種共居，形成一個完整的生物群體。生物群落是一定範圍的生物種群的集合。它包括植物、動物和微生物等各類物種的種群，是生態系統中有生命的部分。生物群落是物種個體自然結合的系統。生物的種間關係有三類，其中

Social Sciences, vol. 9, Macmillan Company, 1933, 1937.

82　Albert Eberhard Friedrich Schäffle, Bau und Leben des sozialen Körpers: Encyclopädischer Entwuf einer realen Anatomie, Physiologie und Psychologie der menschlichen Gesellschaft mit besonderer Rücksicht auf die Volkswirthschaft als socialen Stoffwechsel, vol. 1, Tübingen: H. Laupp'sche Buchhandlung, 1875, S. 286, 33, 57. Werner Stark, The Fundamental Forms of Social Thought, Rouledge & Kegan Paul, 1962, pp. 64, 66, 67. Albert Eberhard Friedrich Schäffle（1831-1903年）在《社會有機體的結構和生命（*Bau und Leben des sozialen Körpers*, 4 Bände, 1875-1878年）》中嘗試創建一個聯結自然科學和社會科學的統一體系；他試圖表明人的社會行爲與自然科學觀察到的生物過程的一致性。Fritz Karl Mann, *Albert Eberhard Friedrich Schäffle*, in Edwin R. A. Seilgman ed., Encyclopaedia of the Social Sciences: vol. 13, Macmillan, 1937, pp. 562-563.

83　V. D. Sewny, *Encyclopaedia of the Social Sciences*, vol. 15, Macmillan Company, 1934, pp. 498-499; Werner Stark, *The Fundamental Forms of Social Thought*, Rouledge & Kegan Paul, 1962.

一類是正相互作用，包括偏利共生、互利共生、原始協作；它們的共同特徵是共生。生態系統是生物群落與其環境之間通過不斷進行物質循環和能量交換過程而形成的統一整體。生態系統中的生物根據它們在能量和物質運動中所起的作用，可以分為三類即生產者、消費者、分解者。所有生態系統都可以區分為四個部分即非生物環境（包括氣候因數、無機物質、有機物質）、生產者（系自養生物，主要是植物；太陽光能只有通過生產者才能源源不斷地輸入生態系統，成為消費者和還原者可以利用的能源）、消費者（系異養生物，是以其他生物或有機質為食的動物；除生產者以外的所有其他生物都是消費者，通常他們直接或間接地以植物為食）、分解者（系異養生物，主要是細菌和真菌，也包括某些原生動物和腐食性動物，它們把動物植物的有機殘體分解為簡單的無極化合物，歸還到環境中，故又被稱作還原者）。生態系統就是在一定地區內，生物與它們的環境之間進行著連續的能量和物質交換而形成的一個生態學功能單位。整個自然界就是在這種能量流動和物質循環的過程中不斷地變化和發展。[84]

2. 生物學與自由法治國和社會福利國

毫無疑問，生物群落是自然規律的體現，受自然法則的支配，是自然選擇的結果。在自然界，各種生物物種處於自由狀態，僅受自然法則約束。這是基本的啟示。更為重要的啟示是各種生物物種的自然選擇是在自然限度內。人與生物群落的關聯是同在生態系統內生存和生活。換言之，人與生物群落都是從自然中產生的。人與生物群落的區別是人不僅受自然法則的約束而且受社會規範的約束。重要的是社會規範基於自然法則。

各種生物物種在自然法則約束下的自由狀態為各個社會共同體建立自由法治國提供了思考途徑；各種生物物種在自然限度內的自然選擇為各個社會共同體建立社會福利國提供了思考途徑。各種生物物種在自然法則約束下的自由狀態和各種生物物種在自然限度內的自然選擇是從自然宇宙系統中演繹出來的兩個公理。兩者都是自在自為的，且合比例地存在與發展。人們不只是存在於這個系統；人們的生存和生產活動不免要介入這個

---

[84] 靳德明主編，《現代生物學基礎》（第3版），高等教育出版社，2017年，第276-288頁。

系統。因此當人們介入這個系統時，應該參照這兩個公理，立法應該符合這兩個公理。自由法治國與社會福利國是一個國家的兩個不同面向，也就是說，它們同時存在於一個國家中。自由法治國是一個國家的主要面向；社會福利國是次要面向，是對自由法治國的補充和約束。

在自由法治國的面向上，個人的權利和自由是消極權利和自由；國家權力天然地受到限制，以確實保障個人的權利和自由。對國家權力的限制手段，主要藉由對個人自然權利的保障、國家權力直接來自於人民、國家權力分立與制衡的原理來達成。此種理論與自由主義的「社會」概念有關。自由主義者倡導國家—社會二元論，認爲社會領域是不受國家干預的領域，保障社會領域存在的重要工具即爲憲法承認個人的自然權利，通過承認自然權利的先在性及先於立法而存在的屬性確保根據自然權利產生的基本權利不受國家權力干預。「人始終是自由的，因爲除自然法外，沒有其他法應該服從。」[85]這就是說，自由法治國中的社會個體主要是受自然法則或自然法的約束，其行使的天賦權利或自然權利不受國家和其他法律約束。這個自古希臘哲學的人類學時代即已存在的法律原理在生物學中也能找到根據。生物學是對自然哲學中的倫理學的補充。因此，在自由法治國面向上，立法須符合生物學的基本原理，或者說，生物學的基本原理是立法必須考慮的因素。

在自由法治國面向上，立法就是發現和承認個人的自然權利與自由。法律權利是從自然權利中演繹而來。Kant說，立法者必須從權利科學中推演出全部實在的立法之不可改變的原則。Kant認爲，權利科學是有關自然權利原則的系統的哲學知識。關於權利和法律的理論知識原則上屬於純粹的權利科學。權利科學的研究對像是可能通過外在立法公布的一切法律的原則。任何一個行爲，如果它本身或者它依據的準則是正確的，這個行爲根據一個普遍法則便能夠與每一個人的意志自由同時並存。[86]這是自然狀

---

85 Поль Анри Гольбах, Основы Всеобщей Морали, или Катехзис Природы, Издательство Социально-Экономической Литературы, Москва, 1963, vol. I, cha. 2, § 1.

86 Kant, *The Metaphysics of Morals*, translated by Mary Gregor, Cambridge University Press, 1991, pp. 229-230.

態中個體之間的平等和自由關係的另一種表達。

在社會福利國面向上，[87]「福利契約主義通過訴諸相互性原則而正當化；福利契約主義將福利權利建構爲相對權利；福利契約主義需要權利的先集中化；福利契約主義意味著福利政策的分權化和個人化及強調個人責任；福利契約主義具有民主潛力而根植於非對稱的權力關係之中；福利契約主義包含權利與義務座標的變化，從不同權利取向的社會公民身分概念向基於契約關係的社會公民身分概念轉化；福利契約主義更集中於義務而不是權利，並與鼓勵的運用密切關聯。」[88]福利契約主義可以保證：

(1)社會政策中個人契約的正當性。自上世紀80年代以來的歐洲社會政策改革越來越多地設計爲促進工作年齡的人就業。與工作有關的社會權利被轉化爲相對權利——這些權利是附條件的，即個人需要履行一定的義務。這種契約政策根植於國民與國家之間的新型社會契約之中。這種契約類型對權利與義務進行新的建構；在這種契約中，權利與義務通過相互性的分配正義而正當化。[89]

(2)契約作爲一種社會—法律技術。從歷史上看，現代福利國的發展

---

87 在社會福利國面向上，基於民生福利的目標，國家需要積極行政以輔助社會，政府對社會負有積極義務，通過保障社會成員的機會均等而調和社會矛盾，以保護和照顧經濟上的弱者。國家實現民生福利的目標基於稅賦；同時，非稅賦的財政手段，僅在具有正當理由下始得許可；國家對社會自由給付。基於自由給付的社會，職業及營業等基本權利受保障，工作所得由勞動協約而分配，營利及繼承所得的財產應予保障。通常所説的福利國家、積極國家和行政國家就是指國家有必要積極參與經濟及社會中的問題。社會福利國的憲法原理就是力求使個人的自然權利得以實現。個人人格發展的可能性，首先須具備實現個人自然權利不可讓與的社會條件。個人自然權利實現的條件，在於先擁有物質實體及精神條件作爲自我決定的前提。社會福利國的原則，在於國家通過確保對個人提供必要的物質和精神條件，來達成個人自由的社會發展機會。（參見陳慈陽著，《憲法學》（第2版），元照出版，2005年。）社會福利國的立法已具有豐富的實踐經歷，出現過福利國的黃金時代。所謂福利國的黃金時代（1945-1973年）是以強化社會權利和去商品化過程爲特徵的。這樣的福利政策具有平均主義的性質而是社會使社會的自由競爭的功能衰退，最後導致通貨膨脹和高失業率。自20世紀80年代起，福利契約主義已經成爲一般公共改革特別是社會政策改革的有效的有機化（organising）原則。福利契約主義包括使一般福利政策正當化的方式，特別是具體的社會法律政策制度建構。參見Rune Ervik, Nanna Kildal and Even Nilssen eds., *New Contractualism in European Welfare State Policies*, Ashgate publishing limited, 2015, p. 1。

88 Rune Ervik, Nanna Kildal and Even Nilssen eds., *New Contractualism in European Welfare State Policies*, Ashgate publishing limited, 2015, p. 6.

89 Ibid., pp. 2-3.

始終與官僚化、專業化和公法的實體化這樣的過程聯繫著。[90]作爲一種再分配和調整的工具，人們可能認爲福利國對公民中日益增長的平等和安全做出了貢獻。但是，一些學者也認爲古典社會法不適合用作解決現代性社會問題的工具。社會的複雜性使得通過實在法實現社會目標幾乎不可能。例如，法律工具主義被認爲是無效的，即社會法不適宜用作一種控制機制，因爲它只是停留在一個給定社會領域的內部動態性上。[91]政府與社會成員之間、社會機構與社會成員之間和社會成員之間的契約主義是制定法的必要補充。綜上，福利契約主義既可以作爲正當化特定社會政策的方法，又可以給與福利國與國民的聯結以生機。

(3)福利契約與公共行政。新公共管理與契約主義之間有某種關聯。一般地，社會契約的理念已經成爲一般公共改革特別是社會政策改革的有效的有機化原則。特別是，新公共管理理論已經使公共領域中的交往媒介契約化。[92]將契約引入公共政策的主要理由是契約化增強了效率。在達到政府目的方面，它被認爲是優於行政協調有力的工具。[93]今天，福利國取向是以集體主義的名義而使個人主義價值更強。在整個歐洲，支撐當前福利修辭和改革的價值首先是個人義務、自給自足和自立性。[94]如上所述，自然限度的公理絕對地制約著立法，無論人們是否認識到這一公理，也無論人們是否有意識地還是無意識地迴避這一公理。具體地說，自然限度的公理特別關聯到人口的數量。人口就是存在於特定地域的群體的人。從生物學意義上說，人就是一個種群，與一般生物群落類同，是自然人群。自

---

90 J. Habermas, *Om det indre sambandet mellan rättsstat och demokrati*, in E. O. Eriksen and A. Molander eds., *Diskurs, rätt och demokrati: Politisk-filosofiske tekstar i urval*, Göteborg: Daidalos, 1996; C. Henrichsen, *Rettsikkerhed- en begrebsanalyse*, in P. Blume and H. Pedersen eds, *Retilig Polycentri, Festskrift til Henrik Zahle*, Copenhangen: Akademisk Forlag, 1993; G. Teubner, *The Transformation of Law in the Welfare State,* in G. Teubner ed., *Dilemmas of Law in the Welfare State*, Firenze De Gruyter, 1986; Citing from Rune Ervik, p. 4.

91 A. -M. Magnussen and E. Nilssen, *Juridification and the Construction of Social Citizenship*, Journal of Law and Society, 40: 2, 2013, 228-48.

92 J.-E. Lane, *Contractualism in the Public Sector,* Public Management Review, 1: 2, 1999, 179-94.

93 E. Nilssen and N. Kildal, New Contractualism in Social Policy and the Norwegian Fight against Poverty and Social Exclusion, Ethics and Social Welfare, 3: 3, 2009, 303-21.

94 Rune Ervik, Nanna Kildal and Even Nilssen eds., *New Contractualism in European Welfare State Policies*, p. 10.

然人群有其自身的數量增減和空間移動規律，這些規律因自然人群存在於整個生態系統中而要受到系統中其他自然要素的影響和制約。當自然人群以其自身的目的進入和介入生態系統的發展過程而成為社會人群時，便與生態系統的各個自然要素發生直接關係。因此，生態系統的可持續發展自始就與人口數量緊密聯繫在一起。[95]

能量流動和物質循環是生態系統的基本功能。在生態系統中，能量通過食物鏈按照遞減規律單向流動，因此生態系統需要不斷地輸入能量。生物有機體在生活過程中需要的各種元素首先被植物從空氣、水、土壤中吸收利用，然後以有機物的形式從一個營養級傳遞待下一個營養級，當動植物有機體死亡後被分解者分解時，它們又以無機形式的礦質元素歸還到環境中，再次被植物吸收利用。能量流動與物質循環緊密結合同時進行。在整個地球上，能量流和物質流網路系統把各種自然成分和自然地理單元聯繫起來，形成整體即生物圈。[96]

所謂生態平衡就是生態系統中生物種類的組成和數量比例相對穩定，非生物環境保持相對穩定。這給人們的啟示是：生物種類的存在在組成和數量上是有比例的，這種比例是在沒有人們以自身的社會目的介入情況下自然生成的；一旦失去比例性，生態系統就失去平衡。由於自然資源是人類生存的物質基礎，所以，人們不可能不介入自然系統。所謂社會福利國面向上的稅賦終極地來源於自然資源。與其他生物種類處於同一生態系統中的人們對自然資源的使用不應該影響和干擾自然的生物地球化學循環。因此，社會福利國面向上的立法可以類比於生態系統中的生物種類組成和數量比例性。[97]其中，人口與食物相平衡的法則也是一種自然法則。英國人口學家R. Multhus早在1798年就告誡人們，人種繁殖的能力遠遠大於地球供養人類的能力。如果不抑制人口增長，人口便會以幾何級數增加，而

95　1972年，羅馬俱樂部發表了研究報告〈增長的極限〉，其中，人口是影響增長的第一參數，要求人類必須自覺地抑制人口增長。

96　葉勤主編，《人類與自然》，高等教育出版社，2009年，第163頁。

97　Plato說，第一流的立法者在於培養比例意識。參見*The Works of Plato - A New and Literal Version*, Chiefly From the Text of Stallbaum, by George Burges, M. A. Trintty College, Cambridge, vol. 5, *The Laws*. London: George Bell And Sons, York Street, Covent Garden, 1896, pp. 182-183。

生活資料只是以算術級數增長。[98]失業與貧困、自然資源減少與生態系統的失衡是人口無限增長的必然後果。在「自然限度」公理下的立法，日本國的「循環經濟社會」法律體系是一種典範。本世紀初，日本國政府以可持續發展爲指導思想，把建立循環經濟社會作爲建構21世紀社會結構的目標，採取了抑制廢棄物的產生，促進資源循環利用，合理處理廢棄物，抑制天然資源消費，減輕環境負擔等措施，徹底拋棄20世紀的大量生產、大量消費、大量廢棄的社會發展型態；並參考德國的循環經濟立法，制定了一系列法律，構成循環型社會法律體系，包括：《環境基本法》、《建立循環社會基本法》、《廢棄物處理法》、《資源有效利用促進法》、《容器包裝再生利用法》、《家電再生利用法》、《建築材料再生利用法》、《食品再生利用法》、《汽車再生利用法》、《綠色採購法》。[99]從這個法律體系可以看到，日本國政府是將人自身置於生態系統中與其他生物種類共存和持續發展；這個法律體系實施的結果可以將人們對生態系統中能量流動和物質循環的介入降低到最低程度。生態系統的可持續發展只有在這樣的法律體系下才能實現。印度爲了實現生態正義，議會於2010年通過並實施《國家綠色特別法庭法》（National Green Tribunal Act, 2010），於2011年通過並實施《國家綠色特別法庭（訴訟與程序）規則》（National Green Tribunal (Practices and Procedure)Rules, 2011），受理涉及生態環境的民事、行政、刑事、以及各類公益訴訟，特別是，特別法庭的生態環境公益訴訟已具有廣泛影響。[100]Plato早就說過，立法者在立法時應服從於三個目的：法律能爲城邦帶來自由；法律與城邦自身處於和諧的關係；法律使城邦成爲合理的。眞正的立法者遵從自然中存在的最初的法，立法過程就是遵從自然的過程；通過立法使公民盡可能地接受德性、將社會生活引入一個由自然法則規範的德性狀態。一流的立法者的所有立法活動都是能夠用法律聯合社會成員，使他們處於良好關係中，爲他們帶來和諧的未

---

[98] R. Multhus, *An Essay on the Principle of Population*, London, 1798, pp. 2-3.
[99] 蔡茂寅著，社會法之概念、體系與範疇——以日本法爲例之比較觀察，《政大法律評論》，2003年；佐藤孝弘著，日本循環型社會立法，《北京市政法管理幹部學院學報》，2002年。
[100] Gitanjali Nain Gill, *A Green Tribunal for India,* in *Journal of Environmental Law*, 2010, 22(3).

來。[101]第一個目的就是通過立法使城邦處於自然法則約束下的自由狀態；第二個目的法律能夠使城邦本身處於和諧狀態；第三個目的就是立法使城邦成爲合理的存在。根據Plato的自然觀和宇宙論，城邦合理地存在就是城邦與自然宇宙一體存在、合比例地存在。這樣的存在就是正當的存在，就是符合自然正義的存在。

在社會福利國面向上，任何立法合法性的解釋必須符合兩個適當性條件：(1)對民主政治獨立的規範性約束。立法合法性問題不能完全絕對地通過訴諸民主過程解決。在多元社會中，合法性的一個適當解釋必須說明對民主過程的某種獨立的規範性約束。(2)獨立於競爭性的具體的實質權利觀念。立法合法性問題也不能完全絕對地通過訴諸具體的有爭議的實質權利觀念。在多元社會中，合法性的一個適當解釋必須說明對民主過程施加的規範性約束不僅獨立於民主立法的結果，而且具有獨立於且約束具體的實質權利概念的規範性效力。這兩個條件要求突破法律實證主義與自然法學說的二元論。[102]立法及其結果基於民主程序的合法律性，對立法的合法律性的正當標準是法律的合法性即正當性。法律的合法律性與合法性即正當性應該是一致的。各種生物物種在自然法則約束下的自由狀態和各種生物物種在自然限度內的自然選擇是立法的實質標準，因爲違反這個實質標準等於違反自然法則。根據古希臘自然哲學的原理，違反這個實質標準也等於違反自然正義。基於程序民主的立法和法律也要受到這個實質標準的約束。Plato說，「財產、身體和靈魂這三種事物是每個人必須以正當方式認眞對待的。處於最低層次的是財產，居於第二的是身體，位於第一的是靈魂。如果立法者以這種順序和根據它們的比例構建城邦，那麼立法者制定的法律就能得到實施。」[103]眾所周知，這三件事情都密切地關聯到自然。財產終極地關聯到自然和自然資源；身體和靈魂不僅存在於自然之中而且應該與自然宇宙系統一致地運行。Plato之所以強調靈魂是第一位

---

[101] Plato, *Laws*, 701d, 718c, 720d-721a, 627e-628c, Benjamin Jowett, *The Dialogues of Plato*, Thoemmes Press, 1997.

[102] Tatsuo Inoue, The Rule of Law as the Law of legislation, in *Legislation in Context: Essays in Legisprudence*, edited by Luc J. Wintgens and Philippe Thion, Ashgate, 2007, pp. 59, 63.

[103] Plato, *Laws*, 743e-744a, Benjamin Jowett, *The Dialogues of Plato*, vols. 1-5, Thoemmes Press, 1997.

的，至少可以認為認真對待靈魂就是認真對待自然，因為個人的靈魂是自然的流溢物；個人的靈魂與自然宇宙的靈魂是部分與整體的關係；只有認真對待靈魂才能認真對待身體和財產。

在立法效果方面，德國聯邦憲法法院創制的原則要求立法機構有義務：(1)調查法律的影響。(2)尊重任何特定時代的科學知識。(3)提供未來發展的預測。(4)在意外後果已經得到認可後，承擔修改法律的職責。[104]這些要求使立法和法律始終能夠及時地處在合理正當的狀態之中。保證立法和法律合理正當，德國的做法具有普遍效應，這些做法是：憲法法院通過司法審查體現制約功能；通過實施管理來衡量法律的可行性；通過政策諮詢機構和議會對法律進行評估。其中，大多數深思熟慮的制約是由憲法法院實施的。因此，日本法學家Tatsuo Inoue說，「需要作為正義設計的法律概念。這樣的概念包含如下關鍵信條：(1)正義主張是法律固有的。(2)正義審查的權利作為法律的承諾，意即符合正義應是法律的標準。(3)普世的正義概念優先於具體的正義概念。」[105]

立法在社會福利國面向上的綜合性遠遠高於自由法治國的面向，因為自然限度不僅對生物群落產生制約作用而且也對任何社會共同體自身產生制約作用。一方面，自然生態系統整體性地約束社會福利國面向上的立法；另一方面，人類共同體的整體對各個社會共同體的社會福利國的立法也產生制約作用。法國啟蒙思想家Гольбах（Holbach）這樣論述自然、社會和立法的關係。他說：自然決定人們在社會中生活，把人創造成具有感覺能力的生物，促使人們與自己的同類共同生活的志趣，這是人類由理性培育和發展起來的自然感情。只有理性才能使人們感覺到作為整體的一部分，自己的實際利益完全依賴於整體的幸福和安全。當法律旨在保障社會的福利和安全時，法律就體現了社會成員的意志。因此，在此意義上，最高權力實質上就是立法權。而行政權是這樣一種社會力量，它把政治體系

---

[104]BVerfGE 50: 334; 65: 55; BVerfGE 49: 90; Ulrich Karpen, *The Constitution of the Federal Republic of Germany: essays on the basic rights and principles of the Basic Law with a translation of the Basic Law*, 1986, p. 22; BVerfGE 49: 50.

[105]Klaus von Beyme, *The Legislator: German Parliament as a Centre of Political Decision-making*, pp. 141, 64-66, Ashgate, 1998.

中的一切單獨的力量聯合到一個聚集著整體幸福和安全的公共中心。立法權與行政權一起構成完整的最高權力。[106]

---

[106] Поль Анри Гольбах, Основы Всеобщей Морали, или Катехзис Природы, vol. I, cha. 1, § 1; vol. I, cha. 3, § 4, vol. I, cha. 3, § 3; vol. I, cha. 3, § 4; ИздательствоСоциально-Экономической Литературы, Москва, 1963.

結　語

　　立法權是基於民主的權力；這一思想在古希臘哲學人類學時期即已
出現。在古希臘哲學體系化時期，Aristotle在《政治學》中說議事權力是
由全體公民或部分公民行使的。自那時起，立法權基本上是在民主的基
礎上演進，直到主權在民原則在憲法上確立。主權在民原則是憲法的首
要原則，其他原則如三權分立原則都是建立在這個原則之上。主權在民原
則的基本內涵是「民即主」。這一思想可以追溯到Plato的國家觀念和法
律思想。個人最初只是被當作自然存在。個人→家庭→氏族（社會）→城
邦（國家）的演進過程表明個人即民先於國家存在。在國家建立後，個人
既被視爲自然存在也被作爲社會存在。國家基於人們的同意而產生。歷經
2300多年，「民即主」思想已經被公認爲是顛撲不破的眞理。

　　成文的法律起源於自然風俗。因此，最初的法被稱作physis。後來的
nomoi（風俗習慣、人定法）也被認爲是從physis演繹而來。後人理解的
自然法與實證法的對立在古希臘哲學中實際上是physis與nomoi的對比。
古希臘哲學家基本一致地認爲實證法來源於自然法；自然法就是自然法則
或者來源於自然法則。法律存在於自然之中。

　　當人們思考立法權與法律的關係時，幾乎每一個問題都關聯到自然概
念和自然哲學。在這一關係中，就現代憲法的立論而言，立法權的基礎仍
然是民主。根據自然概念和自然哲學，在這一關係中，立法和立法權的概
念具有更爲豐富的內容。民主產生的立法權如何行使才能符合自然的要
求；立法者具有何種程度的認識能力才能制定出符合自然秩序的法律；立
法者的認識過程如何與自然的運動過程達到一致；如何理解法律秩序是自
然秩序的人類版；法律是先於立法權存在還是立法權先於法律存在，當人
們具體地研究一個法律概念、術語／語詞、規則／規範、原則、制度、體
系時，特別需要思考這個問題；具有水平關聯和垂直約束力的大小共同體
的法律體系如何基本一致地與自然秩序一致。可以肯定地認爲，與自然秩
序一致的法律體系才能夠產生效力，才會成爲整個法律秩序的最高法律體
系，以及成爲其他法律體系的立法標準。這是自然宇宙法則對人類社會的
法律的約束功能。行使立法權和制定法律的基本標準都在自然概念中。本

文的意義就在於將立法權、立法和法律引入到自然概念中；本文基本地解釋了上述問題，並通過將自然哲學定義爲關於宇宙、自然和人類之關係的學說，普遍主義、自然主義和人文主義的融貫理論，物理學、邏輯學和倫理學的合體，從而將法學研究的應然領域提升到自然哲學。本文認爲，當人們在研究法律時，應該將每一個概念、術語／語詞、規則／規範、原則、制度、體系等都溯及到自然概念，並以自然哲學爲理論基礎，始能獲得法律和法學的眞理。法學研究在於有所創造，而各種創造是否爲眞理需要在自然哲學中得到證立。

國家圖書館出版品預行編目資料

論立法權／戚淵著. ——初版. ——臺北市：
　五南, 2019.07
　　面；　公分
　ISBN 978-957-763-283-8（平裝）

　1.立法權

572.62　　　　　　　　　　108001206

4U12

論立法權

作　　　者 ― 戚淵（497）

發 行 人 ― 楊榮川

總 經 理 ― 楊士清

總 編 輯 ― 楊秀麗

副總編輯 ― 劉靜芬

責任編輯 ― 蔡琇雀、呂伊真、李孝怡

封面設計 ― 姚孝慈

出 版 者 ― 五南圖書出版股份有限公司

地　　　址：106台北市大安區和平東路二段339號4樓

電　　　話：(02)2705-5066　　傳　　真：(02)2706-6100

網　　　址：http://www.wunan.com.tw

電子郵件：wunan@wunan.com.tw

劃撥帳號：01068953

戶　　　名：五南圖書出版股份有限公司

法律顧問　林勝安律師事務所　林勝安律師

出版日期　2019年 7 月初版一刷

定　　　價　新臺幣400元